Velho é lindo!

Mirian Goldenberg (Org.)

Velho é lindo!

2ª edição

CIVILIZAÇÃO BRASILEIRA
Rio de Janeiro
2018

Copyright © da organizadora: Mirian Goldenberg, 2016

Capa: COPA

Foto da 1ª capa: Peter Case/Getty Images

Foto de orelha: Wallace Cardia

CIP-BRASIL. CATALOGAÇÃO NA PUBLICAÇÃO
SINDICATO NACIONAL DOS EDITORES DE LIVROS, RJ

G566v   Goldenberg, Mirian Velho é lindo! / Mirian Goldenberg. – 2ª ed. –
2ª ed.   Rio de Janeiro: Civilização Brasileira, 2018.
         280 p.

         ISBN 978-85-200-1278-9

         1. Velhice – Aspectos sociais. 2. Envelhecimento – Aspectos sociais.
3. Idosos Condições sociais. I. Título.

                                        CDD: 305.26
16-30869   CDU: 316.346.32-053.9

EDITORA AFILIADA

Todos os direitos reservados. É proibido reproduzir, armazenar ou transmitir partes deste livro, através de quaisquer meios, sem prévia autorização por escrito.

Texto revisado segundo o novo Acordo Ortográfico da Língua Portuguesa

Direitos desta edição adquiridos
EDITORA CIVILIZAÇÃO BRASILEIRA
Um selo da
EDITORA JOSÉ OLYMPIO LTDA.
Rua Argentina, 171 – Rio de Janeiro, RJ – 20921-380 – Tel.: (21) 2585-2000

Seja um leitor preferencial Record.
Cadastre-se no site www.record.com.br
e receba informações sobre nossos lançamentos e nossas promoções.

Atendimento e venda direta ao leitor:
mdireto@record.com.br ou (21) 2585-2002

Impresso no Brasil
2018

Sumário

Apresentação   7
Mirian Goldenberg

1. Da terceira idade à idade avançada: a conquista da velhice   11
Vincent Caradec

2. Mulheres de cabelos brancos: reflexões sobre desvio e padrões de feminilidade   39
Diana Felgueiras das Neves

3. A longevidade da juventude   79
Fernanda dos Reis Rougemont

4. O envelhecimento e as mudanças no corpo: novas preocupações e velhas angústias   107
Beatrice Cavalcante Limoeiro

5. Coroas piriguetes: uma análise sobre envelhecimento, gênero e sexualidade   133
Larissa Quillinan

6. Internet, sexo e velhice   163
Veronica Tomsic

7. Corpo, envelhecimento e sociabilidade no bairro de Copacabana   191
Mayara Gonzalez de Sá Lobato

8. "Jovens há mais tempo"   219
Fernanda Carmagnanis

9. Nós somos uma família   245
Thiago Barcelos Soliva

Apresentação

Mirian Goldenberg

Durante anos tive o hábito de anotar meus sonhos. Acordava de madrugada e escrevia tudo o que havia se passado neles. Depois do registro, tentava pegar no sono novamente, o que não era nada fácil. Em razão da insônia, decidi então parar de registrar os meus sonhos. No entanto, recentemente tive um sonho muito especial. Nele, eu dizia para mim mesma: "Este sonho eu preciso anotar, é importante para as minhas reflexões sobre envelhecimento." Eu estava dando aula e dizia a meus alunos: "A única categoria social que inclui todo mundo é velho. Somos classificados como homem ou mulher, homo ou heterossexual, negro ou branco. Mas velho todo mundo é: hoje ou amanhã. O jovem de hoje é o velho de amanhã. Por isso, como nos movimentos libertários do século passado do tipo *Black is beautiful*, nós deveríamos vestir uma camiseta com os dizeres: 'Eu também sou velho!' ou, melhor ainda, 'Velho é lindo!'"

Fomos em passeata até Copacabana, todos nós unidos, os velhos de hoje e os velhos de amanhã, vestindo camisetas e levando cartazes com as frases "Eu também sou velho!" e "Velho é lindo!".

Na manifestação, inspirada em Martin Luther King, fiz um discurso apaixonado: "Eu tenho um sonho de que um dia o velho será considerado lindo e que todos nós poderemos viver em uma nação em que as pessoas não serão julgadas pelas rugas da sua pele, e sim pela beleza do seu caráter. Livres, enfim! Somos livres, enfim!"

APRESENTAÇÃO

Acordei de madrugada repetindo alegremente: "Somos livres, enfim!". E com vontade de ir para Copacabana me manifestar gritando "Eu também sou velha!" e "Velha é linda!".

Na semana seguinte, participei de um congresso internacional de moda. Durante minha apresentação, afirmei que o mercado continua reproduzindo as imagens dos velhos do século passado e não enxerga os "novos velhos", que têm projetos de vida, saúde, amor, felicidade, liberdade e beleza. Convoquei o público a mudar essas antigas representações e participar da campanha "Velho é lindo!".

Contei que muitas mulheres que tenho pesquisado, de mais de 40 anos, afirmam ser ignoradas pelo mercado, já que não encontram roupas adequadas para sua idade. Elas também se sentem invisíveis, pois não são mais olhadas ou elogiadas como quando eram mais jovens.

Uma nutricionista de 47 anos disse:

> Sou magra e tenho um corpo bonito. Fui comprar uma calça jeans de uma marca famosa e a vendedora olhou para mim dos pés à cabeça como se dissesse: "Não temos roupas para velhas. Não queremos a nossa etiqueta desfilando em uma bunda de uma velha ridícula e sem noção." Saí de lá arrasada, me sentindo uma velha ridícula.

Outras querem se diferenciar das adolescentes, mas sem se vestir como velhas.

Uma professora de 41 anos contou:

> Não posso usar os mesmos jeans das minhas alunas. Tento encontrar um que não seja colado e de cintura baixa, mas é impossível. Não quero parecer uma garotinha, mas também não gosto de parecer uma velha. As opções para uma mulher da minha idade são horrorosas.

A grande dúvida é a de como se adequar à idade sem abrir mão de roupas bonitas. Tais demandas evidenciam que o mercado está voltado para mulheres jovens e magras e exclui aquelas que não se enquadram ou não aceitam essa padronização.

Uma arquiteta de 56 anos afirmou:

> Sempre usei biquíni e minissaia. Agora não posso mais? Adorei quando a Betty Faria, depois de ter sido cruelmente criticada e chamada de "velha baranga" por usar biquíni aos 72 anos, disse: "Querem que eu vá à praia de burca, que eu me esconda, que eu me envergonhe de ter envelhecido?"

De biquíni ou de maiô, minissaia ou calça jeans, salto alto ou sapatilha, o que interessa é que somos cada vez mais livres para inventar a nossa "bela velhice". E para mostrar, aos velhos de hoje e aos velhos de amanhã, que "velho está na moda!"; mais ainda, que "velho é lindo!".

Em entrevista sobre a passagem do tempo e a velhice, a atriz Marieta Severo disse:

> Vejo tanta gente preocupada em colocar botox na testa. Eu queria poder colocar botox no cérebro. Tenho verdadeiro pavor de perder a capacidade mental, é isso o que mais me assusta quando penso na velhice. Quero ser uma atriz velha com capacidade de decorar um texto, quero ser lúcida na vida e na família.

A beleza da velhice está exatamente em sua singularidade. Também nas pequenas e grandes escolhas que cada indivíduo faz, em cada fase, ao buscar concretizar seu projeto de vida e encontrar o significado de sua existência. Como mostro em meus livros e palestras, a "bela velhice" não é um caminho apenas para celebridades.

Daí o título deste livro ser *Velho é lindo!*. Aqui estão reunidos artigos com pesquisas empíricas e reflexões teóricas sobre o processo de envelhecimento no Brasil e na França. O livro apresenta um artigo do sociólogo francês Vincent Caradec, referência importantíssima nesse

APRESENTAÇÃO

campo de conhecimento. Em seguida, Diana Felgueiras das Neves traz o resultado de sua pesquisa de mestrado no Programa de Pós-graduação em Sociologia e Direito da Universidade Federal Fluminense (UFF), da qual fui coorientadora. Esta obra é composta também de textos dos meus orientandos do mestrado e do doutorado do Programa de Pós-graduação em Sociologia e Antropologia do Instituto de Filosofia e Ciências Sociais da Universidade Federal do Rio de Janeiro (UFRJ): Fernanda dos Reis Rougemont, Beatrice Cavalcante Limoeiro, Larissa Quillinan, Veronica Tomsic, Mayara Gonzalez de Sá Lobato, Fernanda Carmagnanis e Thiago Barcelos Soliva.

Os artigos buscam trazer reflexões importantes e originais para pensar o envelhecimento de maneira mais positiva, plena e feliz. Em diferentes perspectivas com base no universo pesquisado, os autores revelam que a velhice é uma fase da vida repleta de descobertas, de amizades, de liberdade e de felicidade. Mais ainda, todos enxergam a beleza da velhice, ou melhor, acreditam que ser "velho é lindo"!

1. Da terceira idade à idade avançada: a conquista da velhice

Vincent Caradec

Na França, como em muitos outros países, o imaginário do declínio está no centro das representações contemporâneas da velhice e do envelhecimento. Esse imaginário está por trás, por exemplo, das definições propostas nos dicionários. O *Le Robert* define a velhice como o "último período da vida, sucedendo à maturidade, e caracterizado por um enfraquecimento global das funções fisiológicas e das faculdades mentais e por modificações atróficas dos tecidos e órgãos". Quanto ao envelhecimento, é associado à senescência, termo forjado pela geriatria no fim do século XIX para designar "o enfraquecimento e retardamento das funções vitais, em decorrência da velhice".

Esse imaginário do declínio encontra-se também em aforismos sempre repetidos, como o famoso "o envelhecimento é um naufrágio", expressão atribuída ao general De Gaulle, que por sua vez citava Chateaubriand. Esse imaginário também inspirou uma simbolização gráfica das idades da vida na forma de degraus ascendentes, do nascimento até o meio da existência, seguidos de uma série de degraus descendentes, conduzindo à morte. E se materializa hoje, mais particularmente em várias figuras emblemáticas: a da pessoa idosa dependente, que não se basta a si mesma e está aos cuidados de parentes e da sociedade; a da pessoa acometida do mal de Alzheimer, que perdeu suas capacidades psíquicas e já não passa

DA TERCEIRA IDADE À IDADE AVANÇADA

da sombra de si mesma; ou ainda, em menor grau, a do assalariado idoso cujo saber é considerado obsoleto e que é julgado incapaz de se adaptar.

A força e a permanência dessa associação da velhice ao declínio contrastam com as profundas transformações que esse período da vida vem sofrendo há meio século, nos países do Norte, em geral, e na França, em particular. Pretendemos apresentar essas transformações neste capítulo, sustentando que se desenrolaram – e continuam a se desenrolar, já que o movimento está longe de ter sido concluído – em duas grandes etapas, uma ocorrida nas décadas de 1970 e 1980 e a outra desdobrando-se atualmente ante nossos olhos.

Esses dois momentos são constitutivos do que poderíamos chamar de conquista da velhice, ou seja, a invenção de maneiras novas e positivas de viver esse período da existência. O primeiro momento – que podemos caracterizar como do surgimento da terceira idade – envolveu os primeiros anos de aposentadoria. O segundo, que está em curso, centra-se na conquista da idade avançada. Examinando esses dois momentos, vamos frisar ao mesmo tempo as condições estruturais dessas transformações e o papel desempenhado pelos aposentados das gerações que descobriram em massa esses períodos até então pouco explorados da existência, e que, de certa forma, tiveram de decifrá-los, como pioneiros.

O surgimento da terceira idade

Na década de 1970, surgiu na França uma nova expressão para designar a população de mais idade, ou pelo menos a parte mais jovem dessa população: terceira idade. A expressão, que seria amplamente difundida, e aos poucos se impondo, é o símbolo de uma transformação profunda do mapa das existências individuais: com a terceira idade, uma nova idade da vida adquire consistência e passa a ocupar um espaço temporal situado entre a idade adulta e a real velhice.

Vamos mostrar aqui essa conquista da terceira idade. Para começar, lembraremos quais foram suas condições demográficas e econômicas de possibilidade. Em seguida, esboçaremos os contornos do novo modelo cultural que progressivamente se desenhou para essa nova fase da existência. Por fim, descreveremos algumas transformações no modo de vida dos aposentados.

O contexto demográfico e econômico da invenção da terceira idade

Na França, foi no fim da Segunda Guerra Mundial que se criou um sistema de aposentadoria cobrindo toda a população, no contexto da *Sécurité Sociale*, vasto sistema de solidariedade coletiva, montado em 1945, que visava a proteger os indivíduos dos riscos da vida (acidentes de trabalho, doença, velhice etc.). Embora numa primeira etapa as pensões fossem pouco elevadas, pois os aposentados das décadas de 1950 e 1960 tinham contribuído pouco, seus valores foram aumentando à medida que novas gerações de aposentados chegavam à idade da aposentadoria, tendo acumulado mais direitos. Assim foi que as pessoas de mais idade, até então consideradas "velhos", em muitos casos "economicamente fracos", aos poucos se transformaram em "aposentados" de renda razoável.[1]

A evolução de sua condição econômica foi espetacular, pois em meados da década de 1990 o nível de vida dos aposentados era, em média, equivalente ao dos ativos, e os índices de pobreza na população idosa tornou-se mais baixo do que entre os jovens. Além disso – e este é um ponto que deve ser particularmente frisado –, como sua remuneração estava vinculada a direitos sociais, os aposentados passaram a desfrutar de dupla independência: em relação ao mercado de trabalho e frente à família, particularmente aos filhos.

Paralelamente a essas mudanças econômicas e de estatuto, assistimos a uma expansão extremamente importante e rápida do tempo de aposentadoria, fruto de dupla dinâmica. A primeira é o aumento da expectativa de vida depois de 60 anos, que decolou na segunda parte do século XX. É importante notar, com efeito, que até a década de 1950 a expectativa de vida aumentava basicamente graças à queda da mortalidade infantil e dos jovens, e que só posteriormente os ganhos da expectativa de vida se deslocaram para as idades mais avançadas. A partir de então, como escreveu o demógrafo Jacques Dupâquier, em matéria de prolongamento da expectativa de vida, "a terceira idade desempenha o papel principal".[2] A segunda evolução reside na queda da idade de saída do mercado de trabalho. Na França da década de 1970, diante da crise econômica, estabeleceu-se um consenso de luta contra o desemprego, exortando os mais velhos a se retirar do mercado de trabalho, o que levou ao desenvolvimento de pré-aposentadorias e ao recuo da idade legal de aposentadoria, que em 1982 passou de 65 para 60 anos.[3]

Essa dupla dinâmica – aumento da expectativa de vida e saída precoce do mercado de trabalho – teve como consequência um rápido aumento da expectativa de vida na aposentadoria. Em 1950, um homem francês podia ter a expectativa de viver uma dúzia de anos depois de cessar sua atividade profissional aos 65 anos. Quarenta anos depois, em 1990, aos 60 anos, a expectativa de vida era de cerca de 20 anos no caso dos homens e de 25 no das mulheres. Em quatro décadas, assim, a duração média de aposentadoria aumentou em cerca de dez anos: cinco anos em decorrência do aumento da expectativa de vida e cinco anos em decorrência do abandono precoce de atividade.[4]

Embora o alcance dessas mudanças não tenha sido imediatamente perceptível, entende-se que elas tenham, aos poucos, aberto novos horizontes para os que encerravam sua atividade profissional: a aposentadoria, até então associada à velhice e considerada a antecâmara da morte, podia transformar-se num tempo a ser vivido e investido de expectativas e projetos.

VELHO É LINDO!

Um novo modelo cultural para
o início da aposentadoria

Analisando o surgimento da terceira idade, o sociólogo britânico Peter Laslett chamou a atenção para a conjunção de três fenômenos: o aumento sem precedentes da expectativa de vida, o crescimento da riqueza produzida (que permitiu transferências sociais para os mais idosos, a partir do estabelecimento dos sistemas de aposentadoria) e uma mutação cultural que levou a uma visão mais positiva da aposentadoria.[5] Este último aspecto, o surgimento de um novo modelo cultural para esse período da vida, é que agora merecerá nossa atenção.

Dois dispositivos desempenharam papel importante na elaboração desse modelo cultural. Em primeiro lugar, diferentes entidades, especialmente prefeituras, caixas de aposentadoria complementar e profissionais da gerontologia, criaram uma oferta de atividades voltadas para os aposentados da terceira idade: "clubes da terceira idade" passaram a oferecer atividades de lazer (degustações, passeios, atividades esportivas, viagens etc.); "universidades da terceira idade" convidavam ao cultivo pessoal, assistindo a conferências (a primeira dessas universidades foi criada em Toulouse em 1973); viagens organizadas permitiram a pessoas que muito poucas vezes tinham saído de férias descobrir destinos distantes e tomar um avião pela primeira vez na vida.[6]

Em segundo lugar, os meios de comunicação – especialmente as revistas que começaram a florescer nessa época, voltadas especificamente para essa nova categoria da população – contribuíram para forjar e difundir um ideal de vida destacando valores de desenvolvimento pessoal e valorizando ao mesmo tempo o lazer e diferentes formas de participação social. Eles convidavam os aposentados a assumirem novos papéis sociais, especialmente como voluntários e avós: o voluntário procura ser ainda útil à sociedade e põe seu tempo livre e sua competência profissional a serviço de causas diversas (luta contra a exclusão, ajuda no trabalho escolar das crianças etc.); o avô ou a avó deve estabelecer com os netos relações afetivas na base da confiança e da cumplicidade e livres das questões de autoridade que incumbem aos pais. Paralelamente, os meios de comunicação deram ênfase à importância da vida afetiva e sexual, proclamando que "o amor não tem idade" e preconizando a preservação da sexualidade.

Forjou-se, desse modo, uma nova imagem desse período da vida, associada ao lazer e ao cultivo pessoal e construída em oposição à velhice, que já agora se supõe surgir mais tarde, numa segunda etapa da aposentadoria. A terceira idade veio então a ser definida como um tempo de liberdade, inaugurado pelo desaparecimento das obrigações profissionais, e como uma "nova juventude" que todos devem aproveitar. Foi associada à possibilidade de descobrir novos horizontes e considerada um tempo de realização e desabrochar pessoal, propício à realização de projetos que não puderam ser concretizados até então e à exploração de aspectos inexplorados da personalidade.

Uma boa ilustração do que é promovido nesse novo modelo é apresentada em um filme do cineasta René Allio, lançado na França em 1965, *A velha dama indigna*, sobre uma mulher idosa que, após a morte do marido, em vez de aceitar o convite dos filhos para morar com eles, decide aproveitar a vida e fazer o que lhe agrada: conhecer pessoas, comprar um carro e sair em descoberta de novos horizontes.

O advento desse modelo cultural muito positivo da terceira idade, em um contexto marcado pela considerável ampliação do horizonte temporal no momento da suspensão da atividade profissional, teve como consequência que a aposentadoria se tornou um período da vida cada vez mais valorizado e desejável. Embora numerosas pesquisas deem conta desse caráter desejável da aposentadoria, o testemunho mais notável nesse sentido encontra-se nos trabalhos da socióloga Françoise Cribier. Comparando dois grupos de aposentados parisienses, que suspenderam a atividade profissional respectivamente em 1972 e 1984, ela observa que no segundo grupo a aposentadoria é vivenciada com mais frequência de maneira positiva, sendo menos numerosos os que declaram sentir saudades do trabalho ou desejar ter trabalhado mais tempo.[7] Esses resultados deixam particularmente claras as mudanças extremamente rápidas ocorridas na década de 1970 nas atitudes frente à aposentadoria.

Transformações nas práticas
dos jovens aposentados

Paralelamente à difusão desse novo modelo de vida na aposentadoria, assistimos a profundas mudanças nas práticas dos aposentados, mudanças focalizadas em diversos trabalhos de pesquisa, especialmente nos grandes levantamentos quantitativos realizados em intervalos regulares desde o início da década de 1970 com amostras representativas da população francesa. Vamos aqui nos limitar a três setores: a participação dos aposentados em atividades fora do domicílio, suas práticas de mobilidade e sua vida conjugal e sexual.

Embora convenha ter em mente as diferenças verificadas nessa população, os aposentados ampliaram consideravelmente, em média, a partir da década de 1970, sua participação em atividades fora do domicílio. É o caso das atividades de lazer: eles saíram mais à noite para ir ao cinema, ao teatro ou ao restaurante, foram mais numerosos na prática de esportes ou em viagens de férias.[8] Isso também se aplica às atividades associativas e de voluntariado (apoio escolar e ajuda à integração profissional dos jovens, missões em países em desenvolvimento, valorização do patrimônio cultural).

A partir da década de 1980, o envolvimento de aposentados em atividades de utilidade social foi observado e documentado.[9] Essas formas de aposentadoria dita "solidária"[10] revelaram-se tanto mais interessantes na medida em que traduziam uma recusa do papel do consumidor de lazer inicialmente atribuído aos aposentados da terceira idade, atestando sua capacidade de inovar e imbuir a aposentadoria de novos significados. Devemos acrescentar que, em virtude dessas mudanças, a especificidade dos aposentados em relação às camadas etárias mais jovens reduziu-se consideravelmente em certo número de práticas: seu índice de viagens de férias aproximou-se do índice dos mais jovens; seu envolvimento em associações é hoje maior que os de menos de 60 anos; as defasagens entre faixas etárias são menores no que diz respeito a idas ao cinema, ao teatro e ao restaurante.

Os primeiros anos de aposentadoria também se tornaram um tempo privilegiado de mobilidade, com viagens de descoberta ou estadas em residência secundária. Na década de 1980, uma pesquisa mostrou que, três anos depois da aposentadoria, um quarto dos aposentados parisienses que cessaram sua atividade profissional em 1984 vivia fora de Paris mais de três meses por ano.[11] Essa mobilidade dos jovens aposentados ainda é mais acentuada na geração dos *baby boomers*.[12] Ela não deixa de ter consequências em outros aspectos de seu modo de vida: representa um contexto propício ao uso de tecnologias como a internet e o telefone celular, que lhes permitem preparar viagens e manter-se ligados aos parentes e amigos. A mobilidade no momento da aposentadoria é uma tendência que tende a se impor como norma: os que não conseguem adaptar-se a ela, por motivos econômicos ou de saúde, sentem-se relegados e numa espécie de prisão domiciliar.[13]

Com frequência cada vez maior, a vida na aposentadoria também é vivida em casal, não só porque a idade da viuvez recua, mas também porque as pessoas viúvas ou divorciadas voltam com mais frequência a formar um casal. A recomposição conjugal tardia, na idade da aposentadoria, constitui um fenômeno de observação particularmente interessante, pois permite ver a capacidade dos aposentados de inventar modos de viver inéditos.[14]

Entre os que voltam a constituir um casal, muitos, com efeito, recusam-se a se casar, seja por motivos pragmáticos – não perder a pensão,

VELHO É LINDO!

não enfrentar o risco de brigar com os filhos –, seja por fidelidade ao cônjuge falecido. Além disso, pode ocorrer que os dois cônjuges desejem conservar sua residência, pois estão apegados e ela representa um lugar repleto de lembranças e no qual se encontram filhos e netos, ou então porque a prudência leve a preservar uma posição de recuo em caso de desentendimento ou falecimento do parceiro, ou ainda por desejo de independência.

Eles então organizam a vida em função de uma coabitação que pode ser intermitente ou alternada. No primeiro caso, não vivem constantemente juntos e compartilham o tempo entre períodos de vida em comum e períodos em que cada um vive na própria residência. No segundo caso, os cônjuges vivem continuamente juntos, alternando a residência de um e de outro. Cabe notar que, se a coabitação intermitente é observada em casais mais jovens, a coabitação alternada é característica dos casais idosos. Ela representa uma inovação por eles criada, pois parecem se adaptar bem à sua situação.

Finalmente, no terreno da sexualidade, as mudanças ocorridas desde a década de 1970 também são impressionantes. Em 1972, metade das mulheres de 50 a 70 anos vivendo em casal não tinham mais relações sexuais. Pesquisas mais recentes mostram que essa proporção baixou consideravelmente: em 1992, isso ocorria apenas com um quarto das mulheres nessa faixa etária vivendo em casal, e em 2006, com um décimo.[15]

Rumo à conquista da "idade avançada"

Com o surgimento da terceira idade, os primeiros anos da aposentadoria vieram a ser dissociados da velhice. Esta, de certa de forma, foi empurrada para uma segunda etapa da aposentadoria, ao mesmo tempo que continuava a ser definida de maneira negativa, como o tempo da senescência e do declínio.

Hoje, esse período da idade avançada é que está se transformando. Como veremos, vários fenômenos contribuem para essas mudanças. Para começar, no plano demográfico, assistimos hoje a um "envelhecimento no envelhecimento". Depois, vê-se surgir um modelo cultural mais positivo da idade avançada. Finalmente, os que chegam a essa idade da vida, cada vez mais numerosos, se veem defrontados com o que poderíamos chamar de teste da idade avançada. Eles buscam respostas individuais e coletivas aos desafios com que se deparam, inventando, assim, maneiras de viver nesse período ainda muito pouco explorado da existência.

Um contexto demográfico marcado pelo "envelhecimento no envelhecimento"

Na França, o fenômeno demográfico mais notável hoje, e que mais nitidamente vai marcar os anos vindouros, diz respeito ao aumento do número de pessoas muito idosas. Já agora, não é mais apenas a expectativa de vida aos 60 anos que aumenta, mas também a expectativa de vida aos 70, aos 80 e aos 90 anos.

Assim, na França metropolitana, pessoas de 85 anos ou mais, que representavam 0,5% da população em 1950, são 2,7% em 2012 e deverão representar 7,5% da população em 2050. Já o número de centenários passou de 200 em 1950 a 17.000 hoje, devendo chegar a 60.000 em 2050. É o que os demógrafos chamam de "envelhecimento no envelhecimento".

Tal fenômeno é acompanhado de um aumento da expectativa de vida sem incapacidades e da chegada à idade avançada de pessoas em condição física relativamente boa. Essa realidade é em parte ocultada pela focalização dos políticos e dos meios de comunicação nas pessoas idosas que vão mal, que sofrem de alguma deficiência física ou psíquica e não conseguem mais realizar sozinhas certas atividades básicas da vida cotidiana, como a higiene pessoal, vestir-se ou alimentar-se.

Eles esquecem que a idade avançada é uma seara de fortes contrastes: se é verdade que certas pessoas – minoritárias – sofrem de uma deficiência considerável, outras envelhecem até uma idade avançada escapando das limitações funcionais, e outras ainda se adaptam no cotidiano às dificuldades físicas encontradas. E essa diversidade de situações se enraíza nas trajetórias passadas: as pessoas de classes abastadas desfrutam ao mesmo tempo de uma expectativa de vida mais elevada e de melhor estado de saúde.

O aumento do número de pessoas muito idosas começa a se traduzir em maior número delas no espaço público, muito embora o fenômeno seja muito recente e esteja, sem dúvida, destinado a se acentuar nos próximos anos. Podemos considerar que essa presença ampliada de idosos no espaço público não é um simples efeito mecânico de seu crescimento numérico: decorre também do fato de que, mais numerosas, as pessoas muito idosas temem, um pouco menos que antes, sair de casa e frequentar certos espaços.

Chama a atenção que, embora tenha sido demonstrado em pesquisas que as pessoas idosas evitavam o espaço público, temendo o confronto com os mais jovens,[16] hoje elas podem ser vistas cada vez mais frequentemente nesses espaços, inclusive quando têm dificuldade de se deslocar e precisam fazê-lo com ajuda de andador. Por outro lado, as políticas públicas que até recentemente não se interessavam muito pelos idosos começam a levantar a questão dos equipamentos urbanos capazes de facilitar a mobilidade dos mais velhos (estado das calçadas, existência e ergonomia dos bancos públicos, tempo para que os pedestres atravessem a rua, espaços verdes etc.), especialmente por meio do programa Cidades Amigas dos Idosos, lançado pela Organização Mundial da Saúde (OMS) e adotado por várias cidades francesas.

DA TERCEIRA IDADE À IDADE AVANÇADA

Em busca de um modelo cultural
para a idade avançada

Segundo o psicólogo Paul Baltes, as pessoas muito idosas têm, por um lado, um inimigo: seu equipamento biológico, que se degrada com o tempo.[17] Por outro, dispõem de um possível aliado: o ambiente social e cultural, que tanto pode contribuir para lhes garantir condições de vida mais favoráveis quanto ajudá-las a conferir sentido ao que vivem. Desse ponto de vista, a constituição de um modelo cultural do envelhecimento na idade avançada constitui um dado essencial.

Um primeiro modelo surgiu ao longo da última década: o do "envelhecimento bem-sucedido" ou do "bem envelhecer" – sob a influência de certos trabalhos gerontológicos, como os de Rowe e Kahn –, retomado pelas políticas públicas, como, na França, o plano governamental Bem Envelhecer, que estimula os aposentados a praticar esportes, ter uma alimentação equilibrada e consultar regularmente o médico.

Esse modelo também é difundido, numa versão um pouco mais radical – pois passamos então do "bem envelhecer" ao "não envelhecer" –, pelo discurso das indústrias farmacêuticas e cosméticas, que desenvolvem produtos e técnicas "anti-idade", com o objetivo de lutar contra o envelhecimento, recusá-lo, apagar suas marcas graças aos avanços científicos.

Essa representação do envelhecimento como "bem envelhecer", se à primeira vista pode parecer oposta à representação em termos de declínio, está na verdade intimamente ligada a ela. Na base do "bem envelhecer", com efeito, há a ideia de que é necessário, justamente, escapar ao declínio: se é necessário cuidar de si mesmo, praticar esportes, ter uma alimentação equilibrada, é para "prevenir a dependência". E, se é necessário recorrer a técnicas "anti-idade", é para escapar às marcas corporais do avanço da idade.

VELHO É LINDO!

Além disso, esse modelo do "bem envelhecer" apresenta um duplo perigo. Por um lado, tende a pensar a idade avançada exclusivamente em relação ao modo do desempenho, negando a especificidade e as dificuldades próprias dessa fase da vida. Propõe, assim, um modelo inacessível para a maioria, que pode tornar ainda mais inaceitável a situação dos velhos que vão mal. Por outro lado, ele representa um discurso de responsabilização, que torna os indivíduos os únicos responsáveis pelo seu "bem" ou "mal envelhecer". Como diz muito bem Cornelia Hummel, "o 'mal-envelhecer' seria sinônimo de falência pessoal".[18]

Outro modelo delineia-se atualmente, embora seus contornos ainda sejam pouco claros. Ele aparece de maneira esparsa na imprensa, ao sabor de depoimentos de personalidades públicas sobre sua maneira de viver a velhice avançada, ou ainda graças à produção literária ou cinematográfica de artistas idosos, que, por meio de suas obras, produzem relatos do envelhecimento na idade avançada.

A visão do declínio nem sempre está ausente nesses depoimentos e relatos. Mas outra realidade também surge. É o que evidenciam, por exemplo, as declarações do ator francês Michel Galabru:

> Aos 40 anos, eu não estava maduro. Agora, tenho a estranha sensação de despertar. Descubro como representar, como ser verdadeiro. Aos 87 anos, estou à beira do buraco, e fico pensando que é uma pena, pois mal começo a aprender o meu ofício.[19]

Um testemunho dessa natureza abala a representação do envelhecimento como declínio. E faz eco a outros, como os dos esportistas veteranos entrevistados pela socióloga Pia Hénaff-Pineau, que se tornam campeões tardiamente e têm a sensação de alcançar o melhor de si mesmos, como um homem de 83 anos campeão do mundo de caminhada na categoria dos veteranos, que explica:

DA TERCEIRA IDADE À IDADE AVANÇADA

> Foi com a idade que vieram as minhas vitórias, e então, quanto mais eu envelheço, mais rejuvenesço [risos]... sabe como é. Quase... pois, quanto mais envelheço, mais obtenho vitórias... e então é como se estivesse rejuvenescendo... na verdade, estou envelhecendo melhor que os outros... Não me sinto velho. E por sinal nunca me senti tão velho quanto aos 42 anos. Mas agora estou feliz com o que tenho alcançado.[20]

Na mesma ordem de ideias, assistimos ao surgimento de novos esquemas narrativos na ficção literária e na cinematográfica. Dois desses esquemas nos parecem especialmente notáveis, sendo encontrados em particular nos filmes de Clint Eastwood (como *Menina de ouro* e *Gran Torino*) e em certos romances de Philip Roth (por exemplo, *Fantasma sai de cena*).

O primeiro é o que poderíamos chamar de narrativa da renovação: envolve uma pessoa idosa que vive rotineiramente e não espera mais nada da vida, mas que de súbito é posta novamente em movimento por algum acontecimento (ao conhecer uma pessoa, ao fazer um deslocamento geográfico). Esses relatos nos dizem que na velhice avançada, apesar do cansaço que pode ocorrer, apesar dos problemas de saúde e dos males físicos que podem limitar, a vida continua, que seu fogo não se apaga e uma fagulha sempre pode voltar a acendê-la, ainda que por algum tempo apenas.

O segundo esquema presente nesses relatos, não raro articulado ao primeiro, é o da relação amistosa e amorosa com uma pessoa mais jovem, relação que está justamente na origem da renovação da vida.

Enfrentar a velhice avançada: o "teste" da idade avançada e suas questões

Enquanto esses modelos culturais da idade avançada delineiam-se aos poucos, é cada vez maior o número de pessoas que alcançam essas paragens até então inexploradas da existência. Elas se defrontam então com dificuldades diversas, ainda que de maneira muito variável.

VELHO É LINDO!

Essas dificuldades têm origem, por um lado, em transformações fisiológicas: problemas de saúde, limitações funcionais, maior cansaço. Também têm sua fonte nas transformações do ambiente humano e material: morte dos contemporâneos; amigos e parentes que às vezes se fazem excessivamente protetores; um mundo exterior menos acolhedor, no qual as pessoas velhas se defrontam com manifestações variadas do *âgisme*.

É importante não negar a existência dessas dificuldades. Entretanto, em vez de pressupor que levam a um declínio inelutável, mais vale considerar que são constitutivas do que poderíamos chamar de "teste" da idade avançada. Pois é também enfrentando esse teste e nele encontrando soluções que se conquista a idade avançada.

Com base em entrevistas realizadas com pessoas muito idosas, octogenárias ou nonagenárias, podemos descrever esse teste ressaltando quatro questões do envelhecimento na idade avançada: conservação dos contatos com o mundo; manutenção da capacidade de decidir por si mesmo; preservação do sentimento do valor próprio; manutenção de espaços de familiaridade com o mundo.

A questão da conservação dos contatos com o mundo

Ao analisar o envelhecimento, a sociologia francesa[21] destacou a importância de um fenômeno a que deu o nome de *déprise*, que pode ser definido como o processo de adaptação da vida que se verifica quando as pessoas que envelhecem se defrontam com as dificuldades que mencionamos anteriormente. Essa adaptação da existência é marcada pelo abandono de certas atividades e relações, mas não se resume a isso. As atividades e relações abandonadas podem ser substituídas por outras, que exigem menos esforço. O que está em jogo consiste, na verdade, em manter "vínculos" significativos com o mundo. Frente às dificuldades que encontram, as pessoas idosas montam estratégias de reconversão. Podemos distinguir três grandes modalidades: adaptação, abandono e recomeço.

A adaptação consiste em dar prosseguimento a uma atividade anterior, mas se ajustando às novas limitações. Diante de uma limitação funcional, alguns conseguem manter sua atividade recorrendo a ajudas técnicas (uma prótese auditiva, por exemplo), a aparelhos mais adequados ou ainda a certas astúcias: uma mulher que conhecemos desistira de usar o forno da cozinha por causa da artrose, mas, graças a um miniforno presenteado pelos filhos, continuava cozinhando; outra usava uma vassoura de cabo longo para limpar os azulejos, pois fazia questão de cuidar ela própria da limpeza da casa, embora a fraqueza dos joelhos a impedisse de subir numa escada. Certas dificuldades funcionais são assim compensadas, de modo a evitar a restrição das atividades.[22] Desse ponto de vista, a pesquisa mostra que pessoas com nível de instrução elevado têm mais facilidade para compensar suas dificuldades funcionais.[23]

A segunda estratégia – o abandono de uma atividade – assume formas muito diferentes caso se trate de um abandono-substituição, de um abandono-seleção ou de um abandono-renúncia.

O abandono pode consistir numa transferência para outra atividade, que se situa no mesmo registro que a atividade abandonada, representando um substituto. Assim, não é raro que pessoas velhas que não podem mais ir à igreja assistam à missa pela televisão; outras, não podendo mais fazer viagens, leiam revistas ou vejam programas que lhes permitam continuar descobrindo países estrangeiros.

O abandono pode ser seletivo e circunscrito, quando diz respeito a uma atividade secundária ou quando a atividade anterior tem prosseguimento em escala menor ou num ritmo mais lento: determinado indivíduo continua dirigindo, mas em trajetos mais curtos; outro persevera em sua atividade de jardinagem, mas reduzindo a superfície cultivada da horta; outro ainda mantém seu envolvimento em associações, mas se limita a uma participação direcionada. Nesse caso, o abandono pode ter como objetivo "poupar-se", para que a pessoa continue fazendo o que tem mais importância aos seus olhos: "é para aguentar melhor de um lado que largamos do outro".[24] Uma mulher de 89 anos que perdera a visão de um olho e enxergava mal com o outro explicou-nos que tinha parado de ver televisão à tarde para conseguir acompanhar o telefilme da noite, que gerava nela grande expectativa, sendo uma oportunidade de encontrar seus "amigos" televisivos.

As reduções sucessivas do perímetro de atividades praticadas podem, a longo prazo, levar ao total abandono: aquele que até então continuava dirigindo se conforma em dispensar o carro; o jardineiro abre mão do pequeno cultivo; o militante associativo deixa a instituição com a qual se envolvera. Bem se vê que esses abandonos-renúncias podem ser dolorosos e o quanto essas "decisões" podem ser difíceis de tomar – e de vivenciar – quando se traduzem na suspensão de uma atividade importante para a pessoa idosa.

Finalmente, existe uma terceira estratégia, a estratégia do "recomeço" (com certo parentesco com a narrativa de renovação que mencionamos anteriormente), que consiste, no sentido inverso do abandono, em retomar uma atividade abandonada, envolver-se numa atividade nova ou aumentar o envolvimento com uma atividade já praticada. É o que ocorre quando um acidente ou um problema de saúde, que levou à interrupção de uma atividade, vem a ser resolvido, permitindo retomá-la. Depois dos 80 anos, ainda existem chances de recuperação, embora sejam muito menores que em idades anteriores.[25] É igualmente o que observamos às vezes depois da viuvez: o tempo que era dedicado aos cuidados e à presença junto ao cônjuge doente vem a ser convertido em um novo envolvimento, e o falecimento dele pode levar ao estabelecimento de relações novas ou à participação em viagens organizadas.

Por fim, o recomeço também pode decorrer de uma "consciência ampliada da própria finitude", como no caso daqueles que aumentam a frequência de suas viagens de férias, antecipando o momento no qual não será mais possível partir para destinos distantes.[26]

A questão da autonomia

A questão da manutenção dos vínculos com o mundo através da preservação de atividades significativas, que acabamos de evocar, é acompanhada de outra: a questão da preservação da autonomia, vale dizer, da capacidade de decidir por si mesmo quanto aos assuntos que dizem respeito à própria vida, inclusive quando se está fisicamente fragilizado e os outros, sejam eles parentes, amigos ou profissionais de saúde, tendem às vezes a considerar que os velhos não devem mais ter opinião.

É verdade que existem pessoas velhas que abriram mão da própria autonomia, que passam a entregar as decisões a outros, que se deixam levar pelos filhos ou pelos profissionais, desenvolvendo uma espécie de indiferença às coisas. Mas são muitas, em sentido inverso, as que se esforçam por preservar tanto quanto possível sua autonomia, valendo-se, para isso, de toda uma série de estratégias. Algumas ocultam dos parentes e amigos certos acontecimentos que poderiam preocupá-los, para evitar que interfiram ainda mais (por exemplo, omitem uma queda para não serem obrigados a aceitar um sistema de teleassistência). Outras não aceitam as ajudas profissionais que são propostas quando não podem escolher o assistente ou os horários. E as que vivem em casas de repouso podem resistir à ordem da instituição, contestando as prescrições que ela tenta impor-lhes em matéria de higiene, alimentação ou medicação, ou ainda recusando-se a participar das atividades coletivas que tenta promover.[27]

A importância assumida por essa questão da autonomia se explica pelo caráter central dessa norma social. Os indivíduos contemporâneos são convidados a ser atores e responsáveis por sua vida e a decidir por si mesmos quanto a sua existência. Em outras palavras, a matriz cultural segundo a qual a vida é um "projeto", exigindo que sejam feitas escolhas, está no cerne da modernidade.[28] E essa exortação a fazer escolhas, inicialmente limitada à juventude, estendeu-se agora a toda a existência. Hoje, devemos fazer escolhas e decidir sobre nossa vida até o fim, como evidencia, por exemplo, o desenvolvimento do hábito de preparo antecipado do funeral, com crescente número de pessoas idosas se incumbindo do próprio enterro.[29]

As novas gerações de aposentados que chegam à idade avançada estão impregnadas desse valor de autonomia. Entre esses aposentados, alguns participaram dos movimentos sociais das décadas de 1960 e 1970, lutando em especial pela liberação das mulheres. Chegando à idade avançada, eles/elas desejam continuar escolhendo sua vida, não aceitando que outros decidam em seu lugar.

Começamos a entrever hoje essa reivindicação crescente no sentido de poder decidir sobre a própria vida até o fim. Citaremos aqui três exemplos. O primeiro é o de um grupo de mulheres idosas lideradas por Thérèse Clerc, militante das lutas feministas, que se denominam *babayagas* e inovaram criando um lar coletivo autogerido, com isso assumindo conjuntamente as rédeas de seu tipo de hábitat. O segundo exemplo é a criação recente de uma associação *Old-Up*, que, como indica seu site na internet, "está voltada prioritariamente para pessoas que envelhecem, por volta da segunda etapa da aposentadoria", que "querem conferir sentido e utilidade ao 'tempo' que lhes é proporcionado pelo prolongamento da vida" e desejam "afirmar a capacidade de autonomia dessa geração, ou seja, refletir por si mesma, para si mesma, e decidir livremente quanto a suas opções de vida". O terceiro exemplo remete às declarações feitas a respeito do fim da vida durante os debates preparatórios para a nova lei prometida por François Hollande quando era candidato à Presidência da República francesa. Esses debates mostraram como era forte a demanda da possibilidade de o idoso, em caso de um fim de vida insuportável, tomar a decisão de morrer, em vez de depender da decisão dos médicos.

A preservação do próprio valor social

Uma importante questão da idade avançada está relacionada à preservação do próprio valor social. Na idade avançada, com efeito, a identidade está sujeita a duas grandes tensões.

A primeira tensão – entre "ser" e "ter sido" – remete à questão de saber em que espaço temporal as pessoas muito idosas podem basear o sentimento do próprio valor – sua "autoestima" – para estabelecer uma relação positiva com elas mesmas.

Certas pessoas continuam a ter compromissos e responsabilidades até uma idade avançada e podem valer-se deles para se definir. É o caso, naturalmente, daqueles cuja carreira – artística, política, intelectual – tem prosseguimento, beneficiando-se de múltiplas solicitações. Mas o embasamento da identidade no presente pode se escorar em realizações aparentemente bem mais modestas, como continuar cuidando da casa ou conseguir subir escadas várias vezes por dia.

Cabe frisar, com efeito, que o julgamento que as pessoas velhas têm a seu próprio respeito também se forja na comparação com pessoas da mesma idade, e que, desse ponto de vista, a estratégia do "contraste descendente" – a comparação com alguém que consideram estar menos bem – é de longe o mais frequente dos tipos de comparação utilizados pelas pessoas idosas.[30]

Todavia, quando os compromissos presentes diminuem, o passado torna-se o principal ponto de apoio para salvaguardar o sentimento do próprio valor. Essa autovalorização enraíza-se nos compromissos

VELHO É LINDO!

marcantes da existência, assumindo a forma de uma identificação com a sociedade de outros tempos, que vem a ser valorizada em detrimento da sociedade de hoje, considerada de maneira muito menos favorável. A televisão constitui aqui um auxiliar precioso. Por um lado, certos programas (filmes antigos, programas de variedades dedicados a canções antigas) constituem formidáveis máquinas de volta no tempo e abrem espaço para os prazeres da revivescência. Por outro lado, outros programas (encenando, por exemplo, os costumes familiares contemporâneos) permitem-lhes criticar moralmente a sociedade de hoje, assim reafirmando seus valores morais e preservando o valor do seu ser social.[31]

Cabe notar que outras fontes de valorização permitem associar o presente e o passado, o que se é e o que se foi. Por exemplo, o recurso à valorização indireta de si mesmo, por intermédio dos sucessos dos filhos ou dos netos, sinaliza o êxito da própria existência. Da mesma forma, a solicitude da família contribui para a valorização de si mesmo, pois constitui a prova de que o indivíduo é importante para os seus.

Outra tensão manifesta-se a propósito do posicionamento adotado na idade avançada em relação à identidade dos "velhos". Enquanto for possível, as pessoas que envelhecem preferem definir-se à distância dessa identidade estigmatizada e desvalorizada, na qual não querem se reconhecer. Pesquisa efetuada com octogenários e nonagenários mostra que, se uma minoria se considera velha, muitos acham que estão ficando velhos, sem sê-lo ainda.

Ser velho, ficar velho: esses dois modos de definição de si mesmo remetem a duas "identidades narrativas",[32] duas maneiras de estabelecer o vínculo entre o presente e o passado e se projetar no futuro. Por um lado, os que reconhecem que são velhos têm a sensação de uma ruptura em sua existência – que muitas vezes conseguem datar – e de terem se tornado diferentes do que eram. O leitmotiv, aqui, é: "Agora eu não sou mais como antes." E, nada mais esperando hoje senão a morte, não se projetam num futuro diferente do presente.

Por outro lado, os que afirmam que não se sentem velhos têm um discurso que estabelece uma continuidade com o passado: não têm a sensação de que existe uma ruptura radical entre o que são e o que foram. "As coisas continuam como antes, apesar das dificuldades": é esse o leitmotiv desse discurso. Paralelamente, eles podem projetar-se num futuro de "velhos" diferente da realidade atual. Apoiam-se então em elementos muito diversos (determinada atividade que continuam a praticar, saúde relativamente boa, faculdades intelectuais preservadas, temperamento inalterado, o mesmo interesse pela atualidade etc.) para estabelecer uma continuidade com seu passado, definir-se à distância da velhice e assim preservar seu valor social.

A preservação de espaços de familiaridade com o mundo

Finalmente, uma última questão diz respeito à preservação de certa familiaridade com o mundo. Com o avanço da idade, a vinculação com o mundo tende a se tornar problemática: as pessoas muito idosas, às vezes, têm o sentimento de que já não possuem realmente um lugar na sociedade de hoje – que se transforma em grande velocidade – e sentem dificuldade cada vez maior de compreender esse universo que tende a não mais entendê-las. Entre diversos depoimentos extraídos de entrevistas de pesquisa ou diários de escritores muito idosos, citamos a declaração de Claude Lévi-Strauss aos 96 anos: "Estamos num mundo ao qual já não pertenço. O mundo que eu conheci, que eu amei, tinha 1,5 bilhão de habitantes. O mundo atual tem 6 bilhões de seres humanos. Não é mais o meu mundo."[33]

Essa dificuldade de aderir à sociedade atual se forja em razão de uma pluralidade de mecanismos. Assim, o abandono de atividades que davam a sensação de continuar ligado ao mundo pode criar maior distância em relação a ele: "Acabou-se essa história de pertencer ao seu tempo",

VELHO É LINDO!

ressalta, por exemplo, um homem de idade quando é mencionada a possibilidade de deixar de fazer uso do seu automóvel.[34]

A morte dos contemporâneos que atravessaram as mesmas épocas, com os quais existia uma conivência e que "nos entendiam com meias palavras"[35] desempenha um papel importante na construção desse sentimento. Outros mecanismos também concorrem nesse sentido: o afastamento dos netos, envolvidos com sua vida de adultos; as transformações do ambiente (basta pensar nos avanços tecnológicos e nas mudanças dos currículos escolares e universitários, que dificultam a identificação dos estudos feitos pelos netos ou bisnetos); a difusão, pelos meios de comunicação, de programas dos quais os mais velhos se sentem distantes, dando-lhes a sensação de pertencer a outra época (é o caso, em especial, dos novos programas de entretenimento e dos filmes recentes, nos quais os mais velhos condenam as cenas de violência e sexo).

Ante esse crescente estranhamento em relação ao mundo, coloca-se para as pessoas muito idosas a questão da preservação de certa familiaridade com o ambiente que as cerca. Para isso, elas se valem de duas estratégias muito diferentes. A primeira consiste em lutar contra esse estranhamento. Assim é que encontramos pessoas que se converteram às novas tecnologias, vendo nisso um meio de "continuar na corrida".

A segunda estratégia consiste em recuar para um espaço próximo, familiar e seguro, opondo-se à estranheza e à insegurança do mundo externo. Esse espaço é o espaço da casa. Diversas pessoas muito idosas valorizam fortemente seu domicílio, que é, para retomar a expressão de Bernadette Veysset,[36] ao mesmo tempo toca e referencial: uma toca onde se sentem protegidas das pressões externas; uma referência de identidade (o domicílio simboliza a pessoa em sua continuidade), espaço (ele é um espaço familiar, intimamente apropriado, de uso fortemente enraizado nos hábitos corporais) e tempo (pois está carregado de lembranças).

Os objetos do ambiente doméstico desempenham então um papel fundamental: com sua presença, garantem a permanência do mundo que cerca o idoso e assim permitem-lhe perenizar a sensação de estabilidade, ao passo que lá fora tudo se transforma. E por sinal é cercando-se de objetos materiais – móveis e bibelôs de família, fotografias dos parentes e amigos, vivos ou mortos – que as pessoas internadas em casas de repouso conseguem às vezes recriar um "estar em casa" e recuperar certo equilíbrio.[37]

Considerações finais

Embora continue muito presente, o imaginário do declínio parece muito insatisfatório para apreender o envelhecimento contemporâneo. Parece-nos necessário substituí-lo por outras representações. Neste texto, propusemos duas: a da conquista e a do teste.

Em nível coletivo, é sem dúvida a ideia de conquista que melhor permite dar conta do que aconteceu no último meio século. Essa conquista, como vimos, efetuou-se em duas etapas. Assistimos inicialmente à conquista de uma nova fase da vida, a terceira idade, tempo liberado das obrigações profissionais e que veio a ser definido como período de realização e de cultivo próprio, de que foram pioneiros os aposentados das décadas de 1970 e 1980. Hoje, está em curso uma nova conquista: a conquista da idade avançada, "terra incógnita" que está sendo decifrada pela geração de pessoas que chegam à idade da velhice avançada, inventando maneiras de viver esse último período da vida.

Em nível individual, é a palavra teste que nos parece mais indicada para designar o que acontece na idade avançada. À medida que se avança em idade, com efeito, aumenta a probabilidade do surgimento de dificuldades diversas: limitações funcionais, crescente fadiga, declínio das solicitações do ambiente, interações com os mais jovens consideradas perigosas, consciência intensificada da própria finitude. As pessoas muito idosas estão desigualmente sujeitas a esse teste, dispondo de recursos diferenciados para superá-lo. Para todas elas, contudo, esse teste desemboca em questões múltiplas e cruciais: trata-se, simultaneamente, de conservar pelo maior tempo possível atividades e relações que fazem sentido, manter a capacidade de decidir quanto à própria vida, preservar o sentimento do próprio valor e conservar espaços de familiaridade com o mundo.

Notas

1. Anne-Marie Guillemard, *Le déclin du social*; Feller, 2005.
2. Jacques Dupâquier, "Les progrès de la longévité", *in L'espérance de vie sans incapacités*.
3. Anne-Marie Guillemard, *Le déclin du social*.
4. Alain Parant, "Longévité et retraite", *in Population et sociétés*.
5. Peter Laslett, *A fresh map of life*.
6. Vincent Caradec, Ségolène Petite, Thomas Vannienwenhove, *Quand les retraités partent en vacances*.
7. Françoise Cribier, "Les générations se suivent et ne se ressemblent pas", *in Annales de Vaucresson*.
8. Christiane Delbès, Joëlle Gaymu, "Le repli des anciens sur les loisirs domestiques", *in Population*.
9. Monique Legrand, "Du néo-bénévolat au 'nouvel âge'", *in Gérontologie et Société*.
10. Anne-Marie Guillemard, "De la retraite mort sociale à la retraite solidaire. La retraite une mort sociale (1972) revisitée trente ans après", *Gérontologie et societé*, nº 102, 2002, p. 53-66.
11. Françoise Cribier, "Les générations se suivent et ne se ressemblent pas", *in Annales de Vaucresson*.
12. Catherine Bonvalet, Ogg Jim, "Les baby-boomers: une génération mobile", Paris--La Tour d'Aigues, Editions de l'Aube/INED, 2009.
13. Anne-France Wittmann, "Vieillir dans une cite", *in Sociétés Contemporaines*.
14. Vincent Caradec, "Les formes de la vie conjugale des 'jeunes' couples 'âgés'", *in Population*.
15. Nathalie Bajos, Bozon Michel (orgs), "Enquête sur la sexualité en France. Pratiques, genre et santé", Paris, La Découverte, 2008.

16. Serge Clément, Jean Mantovani, Monique Membrado, "Vivre la ville à la vieillesse", *in Les Annales de la Recherche Urbaine.*

17. Paul Baltes, "L'avenir du vieillissement d'un point de vue psychologique: optimisme et tristesse.", *in L'espérance de vie sans incapacités.*

18. Cornelia Hummel, "Les paradigmes de recherche aux prises avec leurs effets secondaires", *in Gérontologie et société*, p. 51.

19. *Le Monde*, 4 de agosto de 2010.

20. Pia-Caroline Hénaff-Pineau, "Vieillir actif ou sportif ou l'âge mis à l'épreuve", *in Vivre les âges de la vie*, p. 95.

21. Jean-François Barthe, Serge Clément, Marcel Drulhe, "Vieillesse ou vieillissement? Les processus d'organissation des modes de vie chez les personnes âgées.", *in Les Cahiers de la Recherche sur le Travail Social*; Isabelle Mallon, *Vivre en maison de retraite*; Vincent Caradec, "L'épreuve du grand âge", *in Retraite et Société*; Serge Clément, Monique Membrado, "Expériences du vieillir", *in Penser les vieillesses.*

22. Emmanuelle Cambois, Jean-Marie Robine, "Vieillissement et restrictions d'activité: L'enjeu de la compensation des problèmes fonctionnels.", *in Études et Résultats.*

23. *Idem.*, "Problèmes fonctionnels et incapacités chez les plus de 55 ans", *in Études et Résultats.*

24. Serge Clément, Jean Mantovani, "Les déprises en fin de parcours de vie", *in Gérontologie et société*, p. 100.

25. Emmanuelle Cambois, Agnès Lièvre, "Risques de perte d'autonomie et chances de récupération chez les personnes âgées de 55 ans ou plus", *in Études et Résultats.*

26. Vincent Caradec, Ségolène Petite, Thomas Vannienwenhove, *Quand les retraités partent en vacances.*

27. Isabelle Mallon, *Vivre en maison de retraite*, p. 147.

28. Martin Kohli, "Le cours de vie comme institution sociale", *in Enquête.*

29. Bérangère Véron, *Préparer sa fin de vie et ses obsèques.*

30. J. Graham Beaumont, Pamela M. Kenealy, "Quality of Life of Healthy Older People", *in Growing Older Program Findings.*

31. Vincent Caradec, "La Telévision, analyseur du Vieillisemente", Réscaux, nº 119, 2003, p. 121-152.

32. Paul Ricœur, *Soi-même comme un autre.*

33. Bernadette Puijalon-Veysset, "De la parole des vieux: le sentiment d'étrangeté", *in Evolutions technologiques et vieillissement des personnes.*

34. Marcel Drulhe, Maryse Pervanchon, *in Vieillir et conduire.*

35. Serge Clément, "Vieillir puis mourir", *in Prévenir.*

36. Bernadette Veysset, *in Dépendance et vieillissement.*

37. Isabelle Mallon, *in Vivre en maison de retraite.*

VELHO É LINDO!

Referências bibliográficas

BALTES, Paul. "L'avenir du vieillissement d'un point de vue psychologique: optimisme et tristesse". In: DUPÂQUIER, Jacques (org.). *L'espérance de vie sans incapacités*. Paris: PUF, 1997. p. 243-264.

BARTHE, Jean-François; CLÉMENT, Serge; DRULHE, Marcel. "Vieillesse ou vieillissement? Les processus d'organisation des modes de vie chez les personnes âgées". *Les Cahiers de la Recherche sur le Travail Social*, n. 15, p. 11-31, 1988.

BEAUMONT, J. Graham; KENEALY, Pamela M. "Quality of Life of Healthy Older People: Residential Setting and Social Comparison Processes". *In: Growing Older Program Findings*, n. 20, 2003.

CAMBOIS, Emmanuelle; LIÈVRE, Agnès. Risques de perte d'autonomie et chances de récupération chez les personnes âgées de 55 ans ou plus: une évaluation à partir de l'enquête Handicaps, incapacités, dépendance. *Études et Résultats*, n. 349, 2004.

CAMBOIS, Emmanuelle; ROBINE, Jean-Marie. "Vieillissement et restrictions d'activité: l'enjeu de la compensation des problèmes fonctionnels". *Études et Résultats*, n. 261, 2003.

CAMBOIS, Emmanuelle; ROBINE, Jean-Marie. Problèmes fonctionnels et incapacités chez les plus de 55 ans: des différences marquées selon les professions et le milieu social. *Études et Résultats*, n. 295, 2004.

CARADEC, Vincent. "Les formes de la vie conjugale des 'jeunes' couples 'âgés'". *Population*, n. 4-5, 1996, p. 897-928.

CARADEC, Vincent. "L'épreuve du grand âge". *Retraite et Société*, n. 52, 2007, p. 11-37.

CARADEC, Vincent; PETITE, Ségolène; VANNIENWENHOVE, Thomas. *Quand les retraités partent en vacances*. Villeneuve d'Ascq: Presses Universitaires du Septentrion, 2007.

CLÉMENT, Serge. "Vieillir puis mourir". *Prévenir*, n. 38, 2000, p. 189-195.

CLÉMENT, Serge; MANTOVANI, Jean. "Les déprises en fin de parcours de vie: les toutes dernières années de la vie". *Gérontologie et société*, n. 90, 1999, p. 95-108.

CLÉMENT, Serge; MANTOVANI, Jean; MEMBRADO, Monique. "Vivre la ville à la vieillesse: se ménager et se risquer". *Les Annales de la Recherche Urbaine*, n. 73, 1996, p. 90-98.

CLÉMENT, Serge; MEMBRADO, Monique. "Expériences du vieillir: généalogie de la notion de déprise". In: CARBONNELLE, Sylvie (org.). *Penser les vieillesses*: regards sociologiques et anthropologiques sur l'avancée en âge. Paris: Seli Arslan, 2010, p. 109-128.

CRIBIER, Françoise. "Les générations se suivent et ne se ressemblent pas: deux co-hortes de nouveaux retraités parisiens de 1972 et 1984". *Annales de Vaucresson*, n. 30-31, 1991, p. 181-197.

CRIBIER, Françoise. "Quand les citadins quittent leur ville à la retraite". *Retraite et Société*, n. 10, 1995, p. 6-25.

DELBÈS, Christiane; GAYMU, Joëlle. "Le repli des anciens sur les loisirs domestiques. Effet d'âge ou de génération?" *Population*, n. 3, 1995, p. 689-720.

DRULHE, Marcel; PERVANCHON, Maryse. *Vieillir et conduire*: usages et represen-tations. Rapport final de recherche pour la fondation MAIF, Université de Toulouse le Mirail, 2002.

DUPÂQUIER, Jacques. "Les progrès de la longévité". In: DUPÂQUIER, Jacques (org.). *L'espérance de vie sans incapacités*. Paris: PUF, 1997, p. 77-89.

FELLER, Elise. *Histoire de la vieillesse en France. 1900-1960*. Paris: Seli Arslan, 2005.

GUILLEMARD, Anne-Marie. *Le déclin du social*: formation et crise des politiques de la vieillesse. Paris: PUF, 1986.

HÉNAFF-PINEAU, Pia-Caroline. "Vieillir actif ou sportif ou l'âge mis à l'épreuve". In: CHAMAHIAN, Aline; LEFRANÇOIS, Claire (Ed.). *Vivre les âges de la vie*: de l'adolescence au grand âge. Paris: L'Harmattan, 2012, p. 85-107.

HUMMEL, Cornelia. "Les paradigmes de recherche aux prises avec leurs effets se-condaires". *Gérontologie et société*, n. 102, 2002, p. 41-52.

KOHLI, Martin. "Le cours de vie comme institution sociale". *Enquête*, n. 5, 1989.

LEGRAND, Monique. "Du néo-bénévolat au 'nouvel âge". *Gérontologie et Société*, n. 55, 1990, p. 59-69.

LASLETT, Peter. *A fresh map of life*: The Emergence of the Third Age. Londres: Wei-denfeld & Nicolson, 1989.

MALLON, Isabelle. *Vivre en maison de retraite*: le dernier chez-soi. Rennes: PU de Rennes, 2004.

PARANT, Alain. "Longévité et retraite". *Population et sociétés*, n. 310, 1996.

PUIJALON-VEYSSET, Bernadette. "De la parole des vieux: le sentiment d'étrangeté". In: *Evolutions technologiques et vieillissement des personnes*, MiRe-DREES/CNAV, 1999, p. 102-105.

RICŒUR, Paul. *Soi-même comme un autre*. Paris: Seuil, 1990.

VÉRON, Bérangère. *Préparer sa fin de vie et ses obsèques*: pratiques, enjeux, socia-lisation familiale. Le cas de la prévoyance funéraire. Thèse (Sociologie), Institut d'Etude Politique, Paris, 2012.

VEYSSET, Bernadette. *Dépendance et vieillissement*. Paris: L'Harmattan, 1989.

WITTMANN, Anne-France. "Vieillir dans une cité: un double stigmata". *Sociétés Contemporaines*, n. 51, 2013, p. 107-128.

2. Mulheres de cabelos brancos: reflexões sobre desvio e padrões de feminilidade

Diana Felgueiras das Neves

A história da luta feminista foi caracterizada por reivindicações que se transformaram em direitos formais, que por sua vez geraram confiança em um futuro de igualdade, com a efetivação dos direitos conquistados. A despeito dos avanços na paridade jurídica, outras desigualdades se revelaram nas últimas décadas do século XX, quando uma nova gama de exigências corporais foi imposta às mulheres: o *mito da beleza*, como denunciou Naomi Wolf.[1] O padrão de corpo jovem e magro teria instalado o pânico de envelhecer e de engordar em mulheres do Ocidente. Em razão disso, houve a intensificação de tratamentos e disciplinas dos corpos femininos, justamente em uma época marcada pela abertura do âmbito público às mulheres.

A antropóloga Mirian Goldenberg mostrou que a associação "corpo e prestígio" passou a ser um elemento fundamental na cultura brasileira.[2] A autora percebeu que a manutenção do corpo jovem seria a preocupação central das mulheres do país. Diante desse quadro, esta pesquisa teve como objetivo investigar os processos em que se envolvem sujeitos que não aderem a algumas dessas normas de aparência. Neste caso, mulheres de cabelos brancos.

Em um contexto brasileiro de valorização da aparência e da juventude, que discurso essas mulheres utilizam para justificar sua diferença? Teriam algo a contribuir para as reflexões sobre os modelos hegemônicos de feminilidade?

Não se trata, porém, de estabelecer uma relação necessária entre desvio e motivações contestatórias. A proposição oposta seria igualmente incorreta: mulheres que seguem precisamente os *scripts* de feminilidade e beleza correntes não necessariamente são submissas ou desejam a dominação. Como disse a poeta Linda Hardnett: "*Yes, my hair is/ straight/ but that don't mean that I ain't/ black/ nor proud/ all it means is that my hair is/ straight.*"

Os cabelos podem representar elementos de uma cultura, bem como constituir um indicador simbólico de idade, etnicidade, gênero, política, preferência sexual e classe social. Todavia, sua sutileza pode repercutir como tema menor, sobre o qual não haveria o que falar. "O corpo parece óbvio", afirmou David Le Breton,[3] como se não fosse, também, fruto de uma construção cultural.

Ainda que pareça "natural" e "universal", a mais simples observação mostra que o corpo humano é afetado pela religião, pela ocupação, pelo grupo familiar, pela classe e por outros intervenientes sociais e culturais. Meu interesse neste estudo se aguça por essa aparente naturalidade do corpo, sobretudo uma parte "menor", como os cabelos. Como afirmou Pierre Bourdieu, com hábitos corporais aparentemente insignificantes, como modos de vestir e de se comportar à mesa, a cultura se faz corpo.[4]

Como decidi estudar cabelos brancos? Minha trajetória acadêmica começou na graduação em Direito. Escrevi meu trabalho de fim de curso sobre a teoria agnóstica da pena de Eugenio Zaffaroni. Na produção dessa monografia, tive contato com Michel Foucault, em *Vigiar e punir.*[5] Assim, pela primeira vez, a temática do corpo se evidenciou nos meus estudos de forma direta: o corpo do condenado, corpos governados, vigiados, disciplinados.

Ao me formar, tornei-me servidora pública e, enfim, o dinheiro deixou de ser um empecilho ou um motivador para minhas escolhas. Aos 25 anos, no mercado corporativo, deparei-me com uma realidade do feminino completamente diferente do que havia vivido anteriormente. A temática do corpo passou a fazer parte de minhas indagações pessoais, agora que estava no mundo do trabalho, com tantas regras para o meu corpo: hora certa para acordar, roupas adequadas, onde sentar, por onde passar na repartição, que palavras usar. Para as mulheres, normas mais específicas. Unhas polidas e pintadas, ainda que para isso seja necessário utilizar o tempo do almoço e ficar sem comer. Muitos pares de sapatos, nem sempre confortáveis. Bolsas diferentes para cada dia da semana. As roupas conciliam as demandas da moda, do gosto pessoal, da sensualidade e da "postura profissional".

Depois de ser chamada a atenção algumas vezes – por outras mulheres, colegas de trabalho –, descobri que existem "jeitos de ser mulher". Os cabelos, por exemplo, seguem regras precisas. Quando voltei de uma viagem a Buenos Aires com um discreto *dreadlock*, uma colega reagiu: "Que coisa horrível, tira isso!"

Parece claro que há outras normas além das jurídicas que incidem sobre o corpo, sobretudo o corpo feminino. Não afirmo que não sabia, a essa altura, da existência do chamado "culto ao corpo". Obviamente já havia, ao longo da vida, deparado com outras normas, talvez igualmente rígidas, sobre o meu corpo. A experiência escolar é um exemplo disso. Porém, nunca havia me sentido impelida a aderir a um modelo de feminilidade tão rígido, que até aquele momento considerava irreal, "de revista". De fato, foi a primeira vez que certos hábitos "femininos" se materializaram em meu cotidiano. Venho de uma família predominantemente masculina, e as poucas referências femininas que tive fugiam ao padrão. Minha mãe passou anos sem usar brincos, maquiagem, anéis, pulseiras, saltos altos. E não porque adotasse uma filosofia de vida ou religião que a proibisse. Filha de portugueses da classe trabalhadora de regiões rurais, não foi estimulada a ser uma "princesinha".

Ao sentir na pele normas e hábitos que não existiam na minha infância e adolescência, o corpo feminino passou a ser cada vez mais relevante em minhas reflexões. E assim também o envelhecimento: vi-me cercada de mulheres de vinte e poucos anos que se lamentavam pelos sinais do tempo, que, diziam, começava a lhes acometer.

Diante desse percurso, na reflexão sobre um objeto de pesquisa, pensei em estudar mulheres que evitam cirurgias plásticas estéticas, que dispensam exercícios físicos e dietas, que recusam injeções de botox no rosto ou outros tratamentos estéticos disponíveis em um mercado tão amplo de intervenções corporais. Porém, o alto custo e o risco dessas intervenções são uma barreira para a adesão de um grande número de mulheres, que não podem arcar com os valores ou têm medo dos resultados e efeitos colaterais. Do mesmo modo, muitas mulheres não se exercitam porque não gostam, não conseguem, têm preguiça ou não têm vontade. O mesmo raciocínio pode se aplicar às dietas.

A prática de pintar os cabelos brancos, por outro lado, é amplamente difundida no Brasil. O fabricante Wella, em 2009, revelou que 59% das brasileiras colorem os cabelos. Dessas, 79% usariam produtos de coloração em casa.[6] Foi isso que me fez escolher a análise das mulheres que decidiram não pintar os cabelos.

Os primeiros cabelos brancos representam uma desgraça para muitas mulheres. A atriz norte-americana Jennifer Aniston declarou ter chorado "um pouco" ao deparar-se com um longo fio de cabelo branco em sua cabeça. As lágrimas, afirmou, vieram da reflexão "quantos mais existem, e o que significam?". A angústia e o questionamento da atriz manifestam uma mudança corporal incômoda. Seria a primeira vez que seus fios mudavam de cor?

Do nascimento à vida adulta, os fios de cabelo frequentemente passam por tonalidades e texturas diferentes: na infância, mais finos e claros, engrossam e mudam de forma na adolescência, e não é raro que se modifiquem também na vida adulta. "A lei da vida é mudar", disse Simone de Beauvoir.[7] Por que, então, certas mudanças têm o poder de ocasionar uma experiência dramática? Metamorfoses são sempre assustadoras. Contudo, os signos associados à "velhice" surgem como uma desgraça: remetem à noção de decadência física e debilidade.

Do mesmo modo, há centenas de matérias ensinando truques para evitar ou lutar contra os cabelos brancos – xampus especiais, cápsulas fitoterápicas, ultrassom, suplementos vitamínicos, simpatias – e pesquisas que visam a entender e impedir o mecanismo pelo qual o fio de cabelo perde o pigmento. Já se vislumbra a possibilidade real de eliminá-los: a L'Oréal estaria desenvolvendo uma pílula que impede a despigmentação dos fios – um comprimido que deverá ser tomado diariamente, por pelo menos dez anos.

Apesar de matérias recentes apontarem para uma tendência do "grisalho fashion", a linguagem midiática brasileira (e estrangeira) dirigida aos fios brancos de atrizes e modelos sinalizam uma proibição de revelá-los. Em 2010, Kate Moss foi tema de artigos de jornais e revistas por ter sido vista com uma mecha visível de cabelos brancos. Outros "flagras" foram reportados por canais de mídia, sempre referidos como "lapsos" ou "descuido" de atrizes famosas, como Nicole Kidman, Katie Holmes, Demi Moore, Maitê Proença.

A maneira como o tema é tratado pode levar à hipótese de que o cabelo branco é uma espécie de estigma: um atributo que torna o indivíduo diferente dos outros, transformando-o em uma espécie menos desejável, inferior, portador de um defeito, uma fraqueza ou uma desvantagem, como mostra Erving Goffman.[8] Por que, então, algumas mulheres não procuram salvar seus corpos do estigma?

O fator financeiro não parece determinante, já que há uma larga faixa de preços de tinturas de cabelo. Em uma pesquisa na ferramenta de busca do Google, realizada em 27/08/2013, encontrei, entre outros, os seguintes produtos e preços: Light Color – R$ 6,50; Bigen – R$ 7,80; Luminous Color – R$ 8,50; Pro-Vital (Wella) – R$ 8,77; L'Essenziale Nouvelle – R$ 9,44; Soft Color – R$ 10,43. Entre as mais caras, Koleston – R$ 35, 90; INOA – R$ 29,89 e L'Oréal – R$ 15,99. Em um salão de beleza, entretanto, os preços são mais elevados, já que a mão de obra e os custos de manutenção do estabelecimento variam conforme a localização e a infraestrutura.

É possível que uma parcela de consumidoras rejeite as tintas de baixo custo, optando por marcas mais caras ou pelo pagamento do serviço no salão de beleza. Um representante da Procter & Gamble afirmou que, no Brasil, as mulheres das classes C e D, com renda mensal em torno de R$ 1,2 mil, chegam a gastar 10% dos seus rendimentos com os cabelos. Ele disse também que em nenhuma outra parte do mundo se consome tanto condicionador, gel, musse, leave-in, leave-on, pomadas e outros tipos de finalizadores como no Brasil.[9] Não pretendo afirmar que rendas menores determinariam os valores e qualidades dos produtos de beleza consumidos, apenas registro a flexibilidade da faixa de preços de tinturas disponíveis no mercado, sem ignorar a possibilidade de que, em algum caso, a falta de dinheiro seja o principal motivador para não se pintar o cabelo. Nesta pesquisa, entretanto, não encontrei nenhum caso desse tipo.

O Brasil, ao lado dos Estados Unidos, está no topo da lista de maiores consumidores de colorante capilar do planeta. Em 2010, o país ultrapassou pela primeira vez os Estados Unidos, tendo auferido R$ 27,5 bilhões com vendas do produto, segundo pesquisa da Associação Brasileira da Indústria de Higiene Pessoal, Perfumaria e Cosméticos (Abihpec).[10] Somos o maior mercado do mundo em tinturas, segundo a associação. Pela característica minoritária e ao mesmo tempo opcional da manutenção do grisalho, optei por investigar a decisão feminina de não pintar os cabelos brancos.

Para tanto, entrevistei 17 mulheres de 29 a 58 anos que deixam seus cabelos grisalhos visíveis, a fim de analisar suas justificativas para expor um signo distintivo de envelhecimento em um universo que desvaloriza tais sinais. Optei por entrevistar mulheres mais jovens, que não pudessem ser consideradas idosas – fugindo do estereótipo da "velhinha de cabelos brancos" –, para que ficasse caracterizada uma aparência desviante. Desse modo, utilizei como limite etário a norma contida no Estatuto do Idoso, art. 1º da Lei 10.741/2003, que define idoso como pessoas com idade igual ou superior a 60 anos. Todas são moradoras do estado do Rio de Janeiro e suas rendas variam de 1.500 a 30 mil reais mensais. Uma das entrevistadas declarou ser gay e outra disse ter vivido relacionamentos com homens e com mulheres; todas as outras se definem como heterossexuais. Apenas uma pesquisada é negra.

Não pretendi, porém, encontrar fatores comuns de personalidade ou de história de vida que explicassem a decisão de não colorir os cabelos brancos. Howard Becker adverte sobre o cuidado que os estudiosos do desvio devem ter para não tratar as pessoas rotuladas de desviantes como uma categoria homogênea.[11] Busquei, desse modo, analisar o discurso das pesquisadas sobre os motivos para chegar a tal decisão, bem como compreender suas reações aos julgamentos dos outros.

Seria uma recusa à regra ou uma indiferença ao ato de pintar? Uma estética alternativa? A partir desses questionamentos, esperei encontrar nos depoimentos dessas mulheres possibilidades de reflexão sobre noções hegemônicas de feminilidade. Utilizei, ainda, materiais de mídia para dialogar com os depoimentos que obtive: revistas, jornais, blogs, vídeos e portais eletrônicos.

Grisalhas na mídia

A intensa produção e reprodução de saberes sobre o cabelo (jornais, revistas, artigos científicos) que torna milhões de mulheres especialistas em texturas, cheiros, brilho, cor contrasta com o escasso protagonismo de mulheres grisalhas em veículos de mídia, quase sempre limitado a cenários exóticos, "alternativos" e malignos.

Há alguns anos, porém, a beleza dos brancos vem sendo louvada por reportagens, que veem neles uma tendência ou mais uma possibilidade de "estilo": o branco *fashion*. O visual foi adotado artificialmente por fashionistas e jovens celebridades, como Kelly Osbourne e Lady Gaga, que figurou na capa da *Vanity Fair* de outubro de 2012, com os cabelos pintados de branco. Em 2013, a cantora Rihanna acinzentou os cabelos, declarando que "o cinza é o novo preto". A Paris Fashion Week de janeiro de 2013 reforçou a tendência, exibindo jovens modelos com cabelos embranquecidos.

Seriam indícios de que a moda estaria integrando sinais de envelhecimento ao "belo"? O caráter passageiro do que está na moda impede conclusões apressadas. Seria o fenômeno recente uma ressignificação de um símbolo da velhice em adorno fashion, que em nada modificaria as exigências de juventude de quem dele se utiliza? Boa parte das que ostentam o "estilo" é jovem, livre de rugas e sinais de expressão. As modelos dos desfiles recentes – adolescentes com os cabelos branqueados – dificilmente teriam fios despigmentados com tão pouca idade, não fosse o procedimento artificial.

Gilles Lipovetsky acredita que, quanto mais a moda se diversifica, mais se fortalece a imposição de um corpo esbelto e firme, em um paradoxo no qual o desenvolvimento do individualismo feminino andaria junto com a intensificação das normas sobre o corpo da mulher.[12] Com base nesse pensamento, pode-se sugerir que o grisalho *fashion* nada mais seria do que parte dessa diversificação massiva de estilos de roupa, cabelos, unhas, tatuagens e adereços. Variedade que acaba proporcionando apenas uma aparente democracia do corpo, pois os corpos jovens continuam protagonistas das mídias, ainda que amparados por recursos tecnológicos. Assim, o cabelo branco *fashion* em cabeças jovens constituiria um artefato "de velho" deslocado, compondo um visual exclusivo e pitoresco, num fenômeno no qual o choque entre o novo – belo – e o velho – feio – produziria um efeito de beleza com "algo a mais". Já o cabelo branco "ao natural" se afiguraria em seu devido lugar, sem deslocamentos ou choques que pudessem lhe retirar o estigma.

Da mesma forma, outras características "fora do padrão" têm sido exploradas em uma parcela de campanhas, já podendo ser dito que há um mercado desse tipo: olhos arregalados, pescoços compridos, dentes separados, testas largas, traços angulosos, androginia. Há mesmo modelos consagradas que se diferem da aparência das *the money girls* – modelos mais bem pagas do mundo –, ou das *super models* – aquelas que são conhecidas fora do mundo *fashion*. Daiane Conterato, Ashley Smith e Andrej Pejić – que fez cirurgia de mudança de sexo em 2014 e, desde então, assina como Andreja – são exemplos de modelos bem-sucedidas consideradas diferentes ou "exóticas". Todas elas, entretanto, são jovens, altas e magras, o que impossibilita acreditar em uma mudança inclusiva dos padrões da moda.

Uma estética desviante?

A maior parte das pesquisadas se mostrou satisfeita com a aparência de seus cabelos. Apesar de saberem que transgridem um padrão – mesmo que este seja revelado por seus amigos e familiares –, afirmam gostar do que veem. Não falam de uma desistência da beleza nem de um ato de rebeldia. Afirmam apreciar seus cabelos brancos, criando ou aderindo a uma estética minoritária, que vê beleza neles. O que faz gerar um senso estético – ou um discurso – desse tipo, a despeito de quase toda a publicidade e mitos de beleza louvarem "cabelos joviais" ou "não brancos"?

Os primeiros brancos trazem sofrimento para muitas mulheres. A maior parte das pesquisadas, entretanto, afirma ter recebido tranquilamente os primeiros fios: "Acho que vou te frustrar, porque foi absolutamente natural" (Clara, 50 anos); "normal" e "interessante" (Lana, 57 anos). Fabiana (37 anos) afirma não ter dado "confiança pra isso". Não há, contudo, como assegurar que tais depoimentos refletem o que viveram à época, já que são discursos. Nossas lembranças, ou os discursos sobre nossas lembranças, são sempre uma construção.

Parte das pesquisadas sugerem que o tema do cabelo branco não costuma frequentar seus pensamentos e suposições, sendo sempre lembrado pelos outros.

> Uma vez encontrei uma amiga na rua e eu tinha acabado de cortar o cabelo muito curto. E eu não via essa amiga havia muito tempo. Ela olhou e falou: "Nossa, seu cabelo está ótimo." E eu: "Pois é, tomei coragem, cortei bem curtinho." Ela falou: "Não, eu estou falando do branco." Achei que ela estava falando do corte. (Hermione, 44 anos)

Em alguns casos, parece haver uma indiferença que sequer enxerga o cabelo branco, seja como algo valioso, seja como um incômodo:

> Eu não acho mais bonito uma pessoa porque pinta o cabelo, não sei, acho que cada um tem a sua vaidade, acho que é essa a minha, ela não passa por aí, de repente. (Clara, 50 anos)

Hermione (44 anos) disse não ter motivos para pintar.

> Eu não tenho por que pintar, entendeu? Sou um pouco esquisita nesse sentido, eu já percebi. Mas, assim, não acho que eu tenha por que pintar o cabelo. Para mim, pintar o cabelo é o mesmo que pintar a minha cara. De repente, eu dizer assim: "Nossa, que rosto branco, vou ficar agora azul." Sabe? Não vejo um porquê. Não entendo muito isso.

Para além da indiferença em relação ao branco, algumas expressam um desejo em mantê-lo ou obtê-lo, chegando mesmo a afirmar que torceram por uma aceleração no processo de despigmentação: "Agora já quero que eles fiquem brancos, brancos mesmo. Que eu acho bonito" (Lana, 57 anos).

> Eu queria que embranquecesse rápido! Mas não adianta, né... Essa tinta é a tinta do tempo, então... Vai pintar no tempo que ele quiser. E eu queria muito que ficasse branco. Eu dizia: "Meu Deus, quando é que vai ficar tudo branco?" A minha mãe tem 90 e não tem tudo branco! Porque também descobri que tem pessoas que têm essa tendência de ficar tudo branco rápido! Eu acho lindo! Não gosto de química na cabeça. Na cabeça nem em parte nenhuma do corpo. (Graça, 55 anos)

O que poderia explicar a existência de uma estética tão díspar do que se define como normativo?

Algumas fundamentam a decisão na rejeição à artificialidade. Uma parte das pesquisadas afirma não aderir ao culto da juventude, a despeito da explosão de crescimento da indústria da beleza no Brasil. Encontrei, contudo, algumas contradições nesses discursos.

Uma parte das entrevistadas têm o cabelo grisalho como um item num conjunto de um corpo pensado, programado conforme as normas. Outra parte adota uma estética "natural", ou um discurso de "não vaidade", apesar de apresentarem hábitos de beleza sofisticados – e de crítica à artificialidade presente na vida humana contemporânea: "Vocês podem falar o que quiser. Eu quero meu cabelo do jeito que ele é, natural!" (Luiza, 58 anos). Existiria, nessa lógica, uma verdade do corpo – o corpo verdadeiro – que deveria ser respeitado, em nome de uma ordem maior, seja a natureza, seja o universo, seja algo divino.

> Quem foi que disse, meu Deus, que a pele com rugas é uma pele feia? Quem foi que disse que um cabelo branco é um cabelo feio? Porque eu entendo assim, tudo obedece a uma ordem universal, biológica, sei lá. Não estou seguindo a ordem natural das coisas? (Graça, 55 anos)

Em alguns casos, a aceitação do envelhecimento está ancorada na religiosidade:

> Eu não luto contra a vida, acho que as pessoas brigam... Existe um humano, existe uma pessoa muito mais inteligente do que eu, mil vezes. Acredito muito nisso. Acho que o cara é perfeito, e o cara sabe o que ele está fazendo. Então, prefiro confiar. (Clara, 50 anos)

> Acho que as pessoas começam a apagar esses sinais porque têm medo do fim. Mas acredito que não tenha fim! Que como é que pode, essa energia que está aqui me fazendo falar, raciocinar, essa energia toda não pode ir pra debaixo da terra e apodrecer lá, junto com os vermes na sepultura. Isso de alguma forma vai pra algum lugar... Eu acredito! Porque, entenda, a roupa, estou colocando em cima do meu corpo, o anel em cima do meu dedo, os óculos, os brincos, mas a tinta, a tinta é no cabelo que, na verdade, é meu, mas não é meu. Eu não me fiz. Acredito que, filosoficamente, é uma postura até desrespeitosa com essa energia, essa força que me criou. (Graça, 55 anos)

VELHO É LINDO!

Questionadas se fariam alguma cirurgia plástica contra o envelheci-mento, parte delas negou veementemente: "jamais" (Lana, 57 anos, e Simone, 51 anos); "acho que vai ser difícil fazer" (Gabriela, 54 anos); "é bem agressivo" (Nina, 29 anos); "a menor possibilidade! A não ser que eu saia daqui, dê de cara com um ônibus, quebre a minha cara inteira, aí vou ter que fazer" (Clara, 50 anos).

Sonia (32 anos), diferentemente, abre-se à possibilidade de fazer todo tipo de intervenção, sem entraves: "Ah, faria totalmente! Claro, com certeza." Aos 32 anos, além de fazer uso de cremes, planeja fa-zer preenchimento no "bigode chinês", assim que "tiver uma manhã livre".

Identidade e cabelos brancos

Os cabelos expressam a identidade de diversos grupos e ideologias: monges, executivos, adolescentes, militares, *rockabillies*, hippies, skinheads, punks, rastafáris, feministas, pessoas convencionais, re-beldes, entre outros. Anthony Synnott cogita a possibilidade de o cabelo ser um dos mais importantes símbolos de identidade individual e de grupo, pois, além de fazer parte da realidade física, é facilmente manipulável.[13] Stéphane Malysse afirma que "a estética capilar é uma das poucas controláveis e modificáveis ao longo do tempo vivido".[14] Assim, ao contrário da maior parte do corpo, os cabelos se regeneram, o que facilita a modificação: podem ser cortados, coloridos, alisados, enrolados, trançados, presos, soltos, falsos (no caso de apliques) e manuseados de incontáveis maneiras.

Algumas entrevistadas, ao serem questionadas por que não pintam os cabelos, afirmam ser *parte delas* ter cabelos brancos.

Se você me perguntar: "Você quer pintar para esconder?" Eu não... Não é uma coisa que me incomoda não esconder os brancos. Eu acho que é parte de mim ter cabelos brancos. As pessoas hoje em dia querem parecer muito, o tempo todo, novinhas, como se isso fosse um benefício, e eu não sei se isso é tão benefício assim. Acho que faz parte do processo de envelhecer. (Juliana, 42 anos)

Porque faz parte do meu patrimônio, sou eu, em cada uma das minhas... aparentemente imperfeições. Tudo isso faz de mim quem eu realmente sou. O meu tamanho, o meu peso, meu cabelo, minha pele, os meus olhos, a cor dos meus olhos, boca, enfim, minhas unhas. É patrimônio meu, meu. Então, é imexível. E assim fica. (Rosana, 50 anos)

A identidade delas está, nesse momento, atrelada aos cabelos brancos, na contramão do que Simone Beauvoir descrevera sobre o tema.[15] A filósofa francesa sugeriu que a velhice estaria desassociada do "eu" em cada um de nós, que veríamos no envelhecimento uma perda de nossa própria identidade. Quando jovens, não imaginamos que em nós já habita a velhice futura, e assim ela nos pareceria irreal, de tão distante.

Envelhecer pode tornar-se mais assustador do que a morte, pois pode significar tornar-se outra pessoa. "Eu não quero ter 25 anos, só quero parecer eu mesma", disse a atriz norte-americana Virginia Madsen, citada por Paula Sibilia.[16] A metamorfose para a velhice não proporcionaria as compensações da transformação da criança em adulto, quando se ganham privilégios que não se permitem à infância: beber, dirigir, ter dinheiro, namorar.

Todavia, o cabelo branco pode não ser associado ao envelhecimento. No depoimento de Nina (29 anos), que tem cabelos brancos desde os 9 anos, adotá-los não significa integrar ou aceitar o envelhecimento. Para ela, assim como para Juliana (42 anos), pintar o cabelo resultaria na perda de sua identidade, porque entre os amigos sempre foi "a grisalha". Ao falar dos cabelos, em nenhum momento alude à ideia de passagem do tempo, já que seus brancos chegaram ainda na infância.

A exposição do cabelo branco pode adquirir ainda uma característica de assumir, para si mesma, um "eu verdadeiro", antes escondido. A ideia é usada por algumas pesquisadas.

> E foi assim uma libertação, foi impressionante. Divisor de águas. É como se eu tivesse tirado a capa de uma pessoa que não era eu. E mostrado quem sou. E depois disso achei que ficou muito mais leve, a vida. Simplesmente deixei para lá o que a sociedade estava achando, eu assumi o que eu era. Quando assumi o cabelo branco, eu realmente me assumi. Eu era uma pessoa muito insegura, cheia de história... Divisor de águas. Tirei a carapaça. Como já tem 13 anos isso, na época, foi assim, uma... Como se eu tivesse realmente "Olha, eu sou assim. Aqui, esta é a Francine, aquela lá não era." (Francine, 55 anos)

O corpo, em sociedades ocidentais, é um signo do indivíduo, o lugar de sua diferença. Essa noção de pessoa organizada em torno do eu, contudo, é uma construção recente na história do mundo ocidental. Com o sentimento de ser indivíduo, antes de ser membro de uma comunidade, o corpo passa a ser a fronteira que marca a diferença de uma pessoa em relação a outra, como mostra David Le Breton.[17]

Hábitos de beleza e a aceitação do envelhecimento: contradições

Algumas entrevistadas se dizem não vaidosas. Em contrapartida, todas as informantes enumeram hábitos de beleza, de maior ou menor intensidade e tipos. Interessante notar a relativa noção de "vaidade", já que uma pesquisada pode afirmar ser pouco preocupada com a manutenção da beleza e dedicar muito mais tempo ao aprimoramento da beleza de seu corpo do que outra que se defina como vaidosa. Para além dessa constatação, é possível perceber uma contradição entre o que se fala (discurso) e o que se vê (práticas).

Julieta (58 anos), de aparência sofisticada, cabelos estilosamente cortados e maquiagem aparente, não se acha vaidosa.

> Não gosto de me maquiar. Em casa estou o tempo todo de cara lavadinha. Agora, quando vou sair, como acho que sou muito branca, passo um rímel, um protetor, passo um blush e um batonzinho, pronto.

Quando diz que não gosta de se maquiar, refere-se a estar em casa maquiada, pressupondo, ao que parece, ser esse o padrão. Moradora de São Conrado, é possível que conviva com pessoas para as quais certos hábitos de beleza são parte da vivência cotidiana. Outro fator importante é sua experiência familiar, que mostra uma relação com um feminino extremamente preocupado com a aparência.

> Lembro que a minha mãe falava para mim que eu era muito esculhambada, que não era vaidosa, que vivia saindo de cara lavada. A minha mãe era vaidosíssima. E ela morreu se maquiando, se sentindo mal, mas ela não ia para o hospital sem antes se maquiar. Aí ela pediu para a empregada um banquinho, que ela estava se sentindo mal e começou a se pintar. E caiu para o lado, morreu.

Outro tipo de contradição foi percebido em campo. Uma parte das entrevistadas justifica sua escolha de manter os cabelos brancos em razão da aceitação do envelhecimento ou da rejeição da artificialidade. Apesar disso, utiliza recursos contra os sinais físicos do envelhecimento. É o caso de Cássia (44 anos): "Eu uso um hidratante que vai acompanhando as idades, mais de 40, mais de 30, mais de 50. Vão botando os seus acidulantes, umas coisas para dar um certo tônus na pele."

Confrontada com essa contradição, utilizou um argumento biológico para justificar o uso do creme: "A pele fica mais ressecada por uma questão hormonal que acontece." Mas o que é o envelhecimento biológico se não um processo que inclui mudanças hormonais? Além do argumento biológico, ela procura argumentar com a categoria "saúde": "A pele fica mais viva... Respira melhor! Tem uma aparência melhor quando passo aquele creme!" "Respirar", sendo uma necessidade vital, transmitiria a ideia de imprescindibilidade.

> Esse creme na verdade não é nem anti-idade, é uma coisa assim que eu uso para hidratar a pele. Mas também não tem uma preocupação... Eu estou usando mais como um hidratante, mas não tenho uma preocupação com as rugas, não tenho mesmo, juro. Assim, elas vão aparecer. (Fabiana, 37 anos)

Parece haver uma unanimidade em relação à existência de um "bom senso", um "envelhecer bem" sem ficar obsessiva nem desleixada. Em um dos extremos dessa ideia, rugas aparentes, nenhuma plástica ou intervenção. No outro, o que seria a "obsessão": plásticas e intervenções "exageradas", que deformam o rosto ou o corpo. Elas criticam algumas pessoas famosas que "não sabem envelhecer".

É frequente a argumentação que utiliza categorias como "saúde", "cuidado" e "hidratação" para negar a existência de uma preocupação com o envelhecimento. Clara (50 anos) teve a contradição confrontada por uma colega de trabalho. Enquanto discutiam se ela deveria pintar o cabelo, a colega argumentou que, assim como ela pinta a unha, deveria também pintar o cabelo, como forma de se cuidar. Clara diverge.

> Não, pintar a unha é uma coisa mais higiênica, eu estou digitando, eu
> preciso me preocupar mais até com as minhas unhas, porque, coitadas
> das pessoas, está todo mundo olhando para as minhas mãos. Então é
> uma coisa higiênica, entendeu? E porque eu gosto, acho bonito, mas não
> para parecer mais nova. (Clara, 50 anos)

Além de ser questionável o caráter higiênico do procedimento de "fazer as unhas", é interessante notar que, apesar de os cabelos de Clara também ficarem expostos aos seus clientes, ela dá relevo ao fato de as pessoas olharem para suas mãos.

A dicotomia "higiene" x "esforço para parecer mais jovem" aparece mais uma vez, em uma escala de valores na qual a limpeza assume unanimidade. Ao mesmo tempo, a tentativa de parecer mais jovem é ridicularizada ou menosprezada, apesar de utilizada por elas.

> Então essa é a minha vaidade, muito limpo, meu corpo limpo. Eu não
> sou escrava de espelho, não. Tomo banho, penteio meu cabelo, me
> arrumo... Não uso perfume, muito raro. Gosto, sim, de um sabonete
> especial, isso eu gosto. Se eu puder, faço isso. Mas não tenho grandes
> vaidades, não. (Lana, 57 anos)

Luiza (58 anos) diz não fazer nada para parecer mais jovem: "Não tenho a menor preocupação com isso", mas usa creme nas mãos, pois "mão é a coisa mais preciosa" que ela teria na vida: "O corpo, você olha, a pessoa está gordinha, está tudo esticadinho, mas a mão é uma coisa impressionante, né? Ela denuncia logo, né? Mão e pescoço."

Perguntei a Luiza se ela gostava de ter uma mão jovem: "Eu não me preocupo com essa coisa não, eu me preocupo é com a saúde da minha mão. Tanto que eu ando meio triste que estou ficando com umas artroses aqui na mão, está vendo?"

Assim, as entrevistadas afirmam que é a saúde, e não a estética, o valor defendido por elas. As contradições percebidas nos discursos parecem corresponder às mensagens múltiplas e também divergentes de que é preciso cuidar para não envelhecer, mas que não é correto ser obsessiva. Assim, há uma série de limites, por vezes contraditórios entre si, que vão sendo traçados e recolocados não só em programas de televisão, blogs e revistas "femininas", como também em consultas médicas, visitas a especialistas e em conversas informais.

O tempo e os cabelos brancos

Susan Bordo caracteriza o "roubo do tempo" como a chave para o controle social das mulheres libertas pelas ondas de movimentos e conquistas feministas.[18] Algumas entrevistadas dizem ver no tempo necessário à coloração dos cabelos um dos motivos – talvez o principal – para deixá-los brancos.

> Eu gastava muito dinheiro e hoooras no cabeleireiro. Porque a tinta deixa o cabelo endurecido. Muito esquisito, parece uma palha, você tem que hidratar, que não sei o quê, tem que passar uma henna. Passava muuuitas horas no cabeleireiro. Primeiro que eu não tenho tempo pra isso. Não tenho paciência para ficar no cabeleireiro fazendo isso. Também foi outro agravante. Falei: "Gente, não aguento." E além do mais, financeiramente, é assim... Imagina eu, gastando R$300, R$400, todo mês. Todo mês, não. Toda semana. Entendeu? Não dá, né? Mas não foi por isso, não. Eu raspei porque eu estava de saco cheio mesmo. Estava me sentindo uma escrava da tinta. Eu demorei acho que um ano para falar "vou ficar de cabelo branco". (Francine, 55 anos)

> Aí eu tinha que ficar três horas com a henna. Eu trabalhava de segunda a sábado, aí no domingo eu ainda ia ficar três horas com a henna no cabelo. Eu não conseguia. Aí eu fui deixando, quando fui ver já tinha uns três dedos assim, porque o cabelo era mais curto... (Sonia, 32 anos)

Eu já reclamava um pouco desse tempo que eu perdia pintando o cabelo, arrumando. Já tentei fazer uma versão caseira que pudesse ser mais rápida, que eu achava que eu perdia muito tempo, três horas pintando, puxando raiz, puxando luz, sabe? Eu achava inútil aquilo, achava... Falava: "Meu Deus, que tempo precioso que eu perco!" (Cássia, 44 anos)

Mais do que apenas ganhar tempo, elas evitam o compromisso que o ato de tingir provoca, a certeza de que, regularmente, terão de investir energia nesse processo que se torna obrigatório. A "escravidão" aparece como associação ao ato de pintar: o trabalho, o tempo e a preocupação são perdas, incômodos.

Eu não gostava daquela coisa de ficar como se fosse escravizada, de 15 em 15 dias, e meu cabelo sempre teve um crescimento muito grande, crescia muito rápido. Aquilo me incomodava porque eu tinha que ficar sujeita a toda vez ficar comprando e passando, entendeu? Eu não tenho essas, vamos dizer, vaidades. (Luiza, 58 anos)

Não quero virar escrava da tinta. É, agora com 29 anos não sou mais tão novinha, mas mais nova eu pensava: "Eu não quero virar escrava da tinta com 20 anos." (Nina, 29 anos)

Por esses motivos, os cabelos brancos podem simbolizar uma libertação.

Libertação de não ter que ficar mais preocupada com pintar, com condicionar, fazer massagem para não ficar aquele cabelo horroroso, todo espigado. Aí, agora, assim, é só xampu. Olha a economia, também. De tempo e de dinheiro. (Julieta, 58 anos)

Algumas relatam não gostar de salão de beleza: comparam a uma "tortura".

> E eu nunca gostei de cabeleireiro. Só vou ao cabeleireiro cortar. Eu mesma faço minha unha... Então... Ir ao salão para mim é uma tortura. Eu vou porque eu vou ser atendida naquela hora, ele vai cortar o meu cabelo e eu vou embora. (Julieta, 58 anos)

> Era uma tortura para mim ter que fazer aquilo; postergava o máximo que eu podia. Aí teve uma hora que eu falei: "Vou parar com isso, não aguento mais isso." (Juliana, 42 anos)

Da mesma forma, o conforto parece ser importante para elas.

> Se o sapato me machuca, eu não consigo usar. Não tem assim a possibilidade de eu comprar um scarpin daqueles e passar o dia inteiro sofrendo com os dedos amassados. Não há possibilidade. (Juliana, 42 anos)

> Depois de certa idade, eu busquei conforto. Hoje não tem nada mais importante que o conforto dos meus pés. Não vou nunca comprar um sapato que não vai me trazer conforto. Por estar na menopausa, a gente sente muito calor. Uma gola rulê, por exemplo, no frio, vai me incomodar. Então para mim é muito mais prático usar um casaquinho com botão na frente. Então tem que ser confortável, tem que ser bonitinho e tem que ser fácil de tirar se precisar. (Lana, 57 anos)

> Então, eu gosto do conforto. Entre a beleza e o conforto, opto pelo conforto. Entre ficar mais confortável do que bonita, prefiro ficar mais confortável. (Fabiana, 37 anos)

Além do tempo recuperado com a ruptura do processo de coloração dos cabelos, pode-se pensar sobre o tempo simbólico que os cabelos brancos podem expressar. Existe uma temporalidade que prevê uma coerência narrativa de adolescência, início da idade adulta, casamento, reprodução, criação dos filhos, aposentadoria, morte.

Os cabelos brancos indicariam que o indivíduo não está mais nas primeiras fases dessa narrativa e que provavelmente se encontra, ao menos, numa idade adulta mais avançada. É certo que há mulheres grisalhas que podem desafiar essa lógica: seja por estarem numa fase não esperada para ter fios brancos (infância, adolescência ou início da idade adulta), seja porque têm idade biológica suficiente para tê-los, mas não o bastante para exibi-los sem tinta, ou, numa terceira hipótese, porque recusam um tradicional fluxograma de vida.

Na primeira situação, o cabelo branco está deslocado da sua realidade esperada, pois se encontra na cabeça de uma jovem. Os cabelos brancos são comumente associados à velhice. Porém, em mulheres jovens, heterossexuais, sexualizadas e reprodutivas, podem causar uma dificuldade de localização – e assim também de controle. "Sapatão", velha, desleixada, assexuada/infértil, mendiga/suja e bruxa são rótulos comumente associados aos cabelos brancos. O cabelo branco deslocado, por outro lado, pode ser estimulado e valorizado em contextos de moda, como já apontei. Quanto maior o deslocamento, maior sua capacidade de capitalizar a mulher – em razão do exotismo, da autenticidade, do estilo. Mas também apresenta ambiguidade: as entrevistadas mais jovens, Sonia (32 anos) e Nina (29 anos), ora são estimuladas à camuflagem dos fios, ora são elogiadas pela aparência.

Na segunda hipótese, há uma recusa à regra de pintar os cabelos, apesar da idade suficiente para tê-los, mas não suficiente para deixá-los visíveis: entre 40 e 50 anos. É o caso da maior parte das entrevistadas deste trabalho. Assim, manter os cabelos brancos nessa faixa etária dificultaria o reconhecimento da idade, pois se esperaria que uma mulher nessa situação pintasse os cabelos. "Eu acho que, quando você declara a idade, as pessoas não acreditam. O cabelo branco declara a idade", disse Gabriela, de 54 anos, sobre o episódio em que uma mulher achou que ela tivesse menos de 50.

Na terceira hipótese, o cabelo branco exposto poderia desafiar um roteiro de vida, uma recusa às regras de "crescimento", de entrada e permanência na vida adulta, em torno de práticas aceitas, como ir à escola, casar-se, ter filhos. Diante desse contingente de mulheres tentando parecer jovens, camuflando os cabelos brancos, poderia expressar uma relação diferente com o tempo, numa quebra dos paradigmas do que é ser adulto.

Graça (55 anos) relata o estranhamento que percebe à sua volta em relação aos seus cabelos e à sua aparência. De cabelos "black" com corte geométrico, botas de cano curto e saia longa, diz:

> Tem gente que olha com admiração, tem gente que ri. Tem gente que ri! Quando eu vinha pra cá, na outra calçada, vinham três jovens – uma mãe, uma filha e um filho – creio eu. Eles riram! Olharam assim, cochicharam, riram. Porque, entenda, é o que eu digo a você. Você olha bem pra mim: olha esse sapato, olha essa meia, olha essa blusa, olha esse cordão, olha esse cabelo... Não é o que se espera de uma pessoa da minha idade. Não é. Se estou com essa roupa, de vestidinho, eu tinha que estar com uma sapatilha. Isso aqui não é calçado de uma pessoa da minha idade. (Graça, 55 anos)

Os limites do desvio: a velhice "polida"

Apesar da atitude heterodoxa de não pintar os cabelos, a maior parte das entrevistadas concorda com a ideia de que o cabelo branco exige mais cuidados do que um cabelo pigmentado. Esses investimentos são de duas espécies: tratamentos da estrutura dos fios (hidratações e afins) e processos mecânicos para que pareçam arrumados/limpos (corte, escova, entre outros).

MULHERES DE CABELOS BRANCOS

Meu cabelo está sempre bem cortado. Para você ter cabelo branco, aí é uma coisa que eu, particularmente, acho, você tem que cuidar dele. Porque o fio do cabelo branco não nasce igual aos outros. E meu fio, por sorte, está nascendo com a mesma textura do preto. Mas normalmente ele nasce meio encaracolado, dá uma endurecida. (Clara, 50 anos)

Eu uso um xampu especial para ele não ficar queimado. Eu acho horrível também aquele branco amarelo. Tanto é que eu propus até usar um xampu especial para ele não ficar amarelo. Gel sempre... Pasta... Sempre... Não saio sem. Só no final de semana, ficando em casa, tudo bem, que eu não passo. (Joyce, 49 anos)

Uma vez fora da norma por não pintar os cabelos, poderíamos imaginar que as pesquisadas não se importassem com as regras de comprimento. Contudo, mesmo para essas mulheres, o cabelo grisalho "ao natural" é vedado. Assim como no trabalho de Flávia Rosário, percebe-se no discurso das entrevistadas a proibição aos cabelos brancos longos, associados a categorias como "feio", "de bruxa", "medieval".[19] O corte é visto como uma forma de neutralizar o efeito envelhecedor do cabelo branco.

Eu acho que cabelo muito grande não combina, principalmente cacheado, porque para parecer uma bruxa não demora muito... Acho que tem que ter alguma coisa, assim, um estilo, ter uma maquiagem, senão fica parecendo um descuido, um desleixo. (Sonia, 32 anos)

Tem que ser curto. Já me falaram que tem uma mulher aí que tem um cabelão branco, não conheço, mas acho esquisito. Me lembra uma bruxa. Me remete à Madame Min, aquele cabelo esquisito. Acho que, se você quer assumir o cabelo branco, tem que ser uma coisa *fashion*, diferente, já que você vai botar um cabelo diferente. É um cabelo que tem que ser curto, de alguma forma transado, bem tratado, né? Ter o cabelo branco de qualquer maneira, amarelo, fica muito feio. Que nem a gente vê as vovós, assim... Antigas, né? O cabelo com coquezinho. Aí você fica muito envelhecida, eu acho. Sem maquiagem nenhuma... (Francine, 55 anos)

Aí parece mesmo essas coisas assim de, sabe, Senhor dos Anéis (risos), essas coisas assim meio... Sabe? Aí eu acho meio estranho, não gosto, não, aí não. Cabelo branco tem que ser curto, comprido fica feio. (Luiza, 58 anos)

Julieta (58 anos), de forma diferente, passou a ter vontade de deixá--los crescer depois de ver cabelos brancos longos em outras cidades do mundo, como Nova York.

Eu vi tanta gente bonita lá fora com o cabelo branco comprido, que me deu vontade de deixar crescer, e eu vou deixar crescer. Essa coisa também de que cabelo branco tem que ter um bom corte... Eu acho que você tem que se sentir bem.

É preciso dizer que em nossa cultura o grisalho não é visto e vivido da mesma forma que em outros países. Mirian Goldenberg percebeu em sua pesquisa diferenças culturais importantes entre mulheres brasileiras e alemãs, de 50 a 60 anos, provenientes de camadas médias. Segundo a autora, as mulheres alemãs por ela entrevistadas acreditam ser uma "falta de dignidade" uma mulher desejar parecer mais jovem ou se preocupar em "ser sexy". A aparência corporal, para elas, seria um valor menor do que a realização profissional, a saúde e a qualidade de vida, e o envelhecimento não lhes pareceria algo tão incômodo quanto para as brasileiras.[20]

Além do cabelo branco, a idade pode ser um limitador social para manter os cabelos longos. "Eu acho que os cabelos grandes envelhecem. Acho que nenhuma mulher depois dos 40 deveria ter cabelo comprido" (Rosana, 50 anos). Já os cabelos "jovens" e socialmente bonitos, no Brasil, devem ser deixados grandes. Segundo Stéphane Malysse, na Europa a moda é ter cabelos curtos e estilizados, enquanto no Brasil o corte de cabelo funcionaria mais como manutenção, pois a moda é do "cabelão volumoso".[21]

Portanto, as mulheres mais velhas deveriam ter os cabelos mais curtos, ainda que pintados. Inúmeras matérias de revista listam os cortes permitidos para cada idade, frequentemente limitando-se a emitir regras para mulheres de até 60 anos. Com uma expectativa de vida de mais de 70 anos, a mulher brasileira com mais de 60 vê-se tão fora do padrão que não há norma que lhe comande. Se a feminilidade está culturalmente associada a um corpo jovem, o envelhecimento está fora dos limites da feminilidade.

Nesta pesquisa, a maioria das entrevistadas tem cabelos curtos; apenas Jussara (54 anos), Rosana (50 anos) e Nina (29 anos) têm cabelos (um pouco) abaixo dos ombros. Todavia, estas têm características que as diferem das outras: Jussara (54 anos) tem poucos fios brancos, Nina (29 anos) é a mais jovem de todas e Rosana (50 anos) fez uma promessa: não cortar os cabelos até que sua graça fosse alcançada.

Os cabelos brancos obedecem a condições muito precisas para serem considerados bonitos; a liberdade para mostrá-los não é irrestrita. Diversas matérias com cabeleireiros instruem aquelas que querem abandonar as tinturas. São prescrições de quanto espaço pode ocupar o cabelo, qual cor a pele deve ter e os investimentos que devem ser feitos para que seja aceitável.

> Se a mulher tiver a pele mais para rosada, o seu melhor tom de cinza será o de fundo azulado. Se a mulher for mais bronzeada, o melhor tom de cinza será o de fundo amarelado.[22]

Além da complexa gradação de cores, o "bom corte" e o "corte jovial" são categorias mencionadas pelas entrevistadas como requisitos para a manutenção ou resgate da beleza de quem exibe os grisalhos. São como antídotos para algo que está errado, ferramentas de polimento de um artefato corrompido.

O cabelo branco não é mesmo permitido a todas. Haveria outro requisito que impediria o efeito envelhecedor dos brancos: o rosto ainda jovial. "Alguns adoram, falam 'pô, ficou ótimo! Você com rosto jovial ainda!'" (Joyce, 49 anos). Lana (57 anos) acrescenta: "Eu acho que o branco, com corte jovial, se estiver com o rosto legal ainda, eu acho que fica bem, acho que não envelhece, não." Esse requisito torna a permissão para os cabelos brancos ainda mais restrita: cortar os cabelos é algo acessível para quem tem dinheiro para fazê-lo, mas um rosto jovem é requisito de alcance muito mais complexo e, na maioria dos casos, impossível de ser controlado, mesmo com técnicas e intervenções inacessíveis para a maioria das pessoas.

Diante da necessidade de tantos polimentos, parece haver um desvio da norma, porém um desvio organizado e calculado. A imposição de ser *fashion* revela a permanência de exigências opressoras de feminilidade. Requisitos igualmente opressores são impostos a outros grupos, como mulheres negras – cujos cabelos crespos devem ser estilosos – e mulheres gordas – eufemizadas em *plus size*. Suas belezas não são aceitas de forma natural, sendo exigido "algo a mais" (polimentos, sensualidade, hiperfeminilidade), além da limitação a espaços específicos ("étnicos", "estilosos", "alternativos", "inclusivos").

O cabelo branco e o outro

O surgimento de cabelos brancos frequentemente remete ao processo de envelhecimento. Este, fluido como o tempo, não é percebido dia a dia: "Hoje somos como ontem e amanhã seremos como hoje", dizia Mme. de Sevigné.[23] Porque o fluxo do tempo não é fisicamente perceptível. "É preciso necessariamente um intervalo e um exame consciente para perceber que o corpo mudou", afirma David Le Breton.[24]

Mudanças como a da expressão facial, da estrutura muscular e da disposição para atividades podem acontecer tão lentamente a ponto de serem percebidas somente em um evento, como ao se ver numa fotografia antiga. O fio do cabelo, entretanto, não costuma perder a cor gradualmente: um dia se revela branco. Esse evento pode ser notado pelo seu próprio portador ou pode não assumir importância até alguém notá-lo.

> Eu entrei no elevador, tinha uma ascensorista superlegal, ela baixinha, sentada, eu alta. Mas ela olhou para mim, olhou duas vezes e falou "Você sabe que está na hora de começar a pintar o seu cabelo, né?" Aí, eu fiquei com aquilo na cabeça. A partir daí, comecei a pintar o cabelo todo mês. Quando ela falou, foi a gota d'água. Falei: "Nossa! Então, tenho que pintar mesmo. E olha que ela está me olhando de baixo pra cima!" (Joyce, 49 anos)

As mudanças corporais podem ser percebidas pela própria pessoa, mas é o outro que nos revela o envelhecimento. Como mostra David Le Breton, a imagem do corpo não é um dado objetivo, não é um fato, mas um valor que resulta da influência do ambiente e da história pessoal do sujeito.[25] Para as mulheres, o fenômeno é especialmente sentido, já que socialmente são objetos simbólicos, seres que existem *pelo* e *para* o olhar dos outros, como afirma Pierre Bourdieu.[26] A autoimagem, como construção, parece ligar-se diretamente à forma como os outros veem o indivíduo. Francine (55 anos) relata esquecer que tem cabelos brancos na roda de samba, onde "jovem e velho se dão bem, dançam juntos sem problema nenhum... E nem me lembro que tenho cabelo branco".

Cotidiano: insistência e resistência

Rose Weitz investigou as relações que se constroem entre o cabelo e o poder das mulheres, que se utilizariam de estratégias variadas de manipulação dos fios em busca de afeto, crescimento profissional e autoafirmação.[27] A aparência de feminilidade, por exemplo, aumentaria o poder das mulheres nos relacionamentos com homens, mas diminuiria em reinos masculinos – profissionais, sobretudo –, por atribuir uma imagem de incompetência. Algumas os manteriam curtos para sentirem-se empoderadas por "bater no sistema". A autora observa os benefícios e limitações dessas tentativas, explorando a acomodação e a resistência presentes em suas atividades diárias. O cabelo da mulher, nesse sentido, muito mais do que o do homem, seria central para sua posição social.

As mulheres pesquisadas desafiam as normas de beleza e juventude feminina. A maioria não afirma querer contrariar um padrão, mas percebe a existência de regras através dos outros. Clara (50 anos) precisa enfrentar cotidianamente as "sugestões" para que pinte o cabelo.

> Por que eu tenho que querer parecer mais jovem do que a idade que eu realmente tenho? Por que eu tenho que fazer um esforço para parecer ter uma idade que eu não tenho? Quem disse isso, onde é que está escrito isso, que tem que ser assim?

Ela contesta a regra social, quando questiona sua origem. Não está escrito, mas a regra existe: é através do outro que descobrimos sua existência. Howard Becker afirmou que só podemos saber se há desvio até que a reação dos outros tenha ocorrido, uma reação ao descumprimento de uma regra estabelecida. Clara (50 anos) irrita-se com a insistência das pessoas para que pinte o cabelo: "Todo mundo, o tempo inteiro! Porre, é um porre, um porre, um porre." Quase todas relatam vivência semelhante:

MULHERES DE CABELOS BRANCOS

Ah, até hoje minha mãe fala, meus sobrinhos falam. "Mas quando é que você vai pintar o cabelo, você não vai esconder? Está branco, tia." Minha mãe fica paranoica até hoje: "Você tem que esconder esses cabelos brancos, está horrível." É muita dificuldade, as pessoas realmente não aceitam que a mulher não pinte o cabelo. (Juliana, 42 anos)

Todo mundo começa a achar aquilo feio. "Agora você está com cara de velha! Fanchona!" Aquilo enfraquece o seu eu, né... (Cássia, 44 anos)

Toda vez que eu encontrava com ela, ela falava assim: "Ah, passa lá no salão, meu tinturista é o máximo." E eu. "Ah, não, obrigada e tal." Aí, um dia eu estava num casamento, ela estava sentada do meu lado. Ela olhou para o meu cabelo, pegou assim e falou assim "ah, não, isso já é desleixo." Nossa, eu fiquei tão puta! "E isso já é falta de educação!" E falei: "Você está me chamando de desleixada?" Ela: "Não, mas porque você não pinta esse cabelo?" Eu falei: "Porque eu não quero!" (Hermione, 44 anos)

Não é só a exposição do cabelo branco que é um desvio. Aparentar velhice em espaços, roupas ou situações destinadas a jovens pode ser visto como um ato de transgressão. Francine (55 anos) e Graça (55 anos) vivenciaram o fenômeno em uma boate frequentada por pessoas mais jovens.

Ele falou alguma coisa como se eu fosse uma anciã. Um treco assim, eu não me lembro... "Ô Ana Maria Braga" Ele falou uma coisa bem agressiva. O velho é malvisto. Eu escutei em Búzios, não para mim, um senhor que estava na minha frente indo junto comigo; e ele olhou para uma menina e a menina fez para ele: "Sai, velho, eu tenho nojo de velho." (Francine, 55 anos)

Uma pessoa com o meu cabelinho branco, na fila da balada... Aí perguntam se eu sou a mãe de algum dos meus coleguinhas... Eu digo que não, mas eu poderia... Ou então perguntam para os coleguinhas: "É sua mãe?" "Não, não é minha mãe, não, é minha amiga!" Por que, onde é que tem que estar a pessoa de cabelinho branco duas, três horas da manhã? Em casa, dormindo... (Graça, 55 anos)

> Eu ia cortar o cabelo com a mesma pessoa... ela realmente ficou mobilizada com a minha decisão... "Tão nova, tão bonita, tão isso, tão aquilo!" E ela chegava e arrancava os cabelos brancos. (Cássia, 44 anos)

Há algo forte movendo essas críticas. Expor os cabelos brancos parece ser um desvio tão grave que amigas, familiares e conhecidas sentem-se impelidas a se manifestar, seja para advertir, seja para ajudar. Elas têm coragem para dizer o que pensam, para externar o que há de mais cruel no imaginário social. Tais advertências podem ser vistas como uma preocupação em evitar o sofrimento de um ente querido, tendo em conta a realidade da conjuntura dos julgamentos sociais. Outra hipótese seria possível: o trabalho de Flávia Rosário mostrou que as pessoas próximas às pesquisadas sentem-se confortáveis para emitir críticas à exposição dos cabelos brancos, apesar de nada comentarem sobre outras características fora do padrão, como sobrepeso ou um corte de cabelo "esquisito".[28] A maioria das pessoas terá, um dia, cabelos brancos, o que talvez estimule e permita as interpelações críticas. Além disso, sua eliminação é fácil, dependendo de um único ato – tingi-los –, diferentemente da gordura corporal ou de um cabelo considerado feio, que podem exigir muito mais esforço para sua transformação – e com menos segurança de sucesso.

Chama a atenção o gênero da crítica: são quase exclusivamente tecidas por mulheres.

> Quando o meu cabelo começou a ficar branco, aos 30 anos, as mulheres da minha idade foram extremamente desagradáveis. Eu fui muitas vezes agredida pelo fato de não pintar o cabelo. (Gabriela, 54 anos)

> A minha mãe nunca pintou o cabelo. Passa assim um ano, e ela fala: "Filha, experimenta." Eu acho que ela fica com peninha: "Tadinha, tão novinha com a cabecinha branca", sabe? Não sei. Tem uma coisa "experimenta, você trabalha". Na cabeça dela, ela acha que isso pode me prejudicar, sabe? No trabalho, nas relações... É engraçado. (Hermione, 44 anos)

Pela minha filha eu pintava. Pintava, eu cortaria ele bem curtinho e pintava. Porque minha filha é muito vaidosa. No caso dela, até demais. Aí ela quer que eu seja igual. (Jussara, 54 anos)

Muitas entrevistadas, contudo, relataram que a maior parte das pessoas silenciava sobre sua aparência – nem elogio, nem crítica. Os homens, na maioria das vezes, nada diziam.

Os homens, não sei, eu acho que têm menos essa coisa de dar um conselho, tipo, "Ai, coitada, vou falar para ela que tem uma tinta ótima que é superfácil de passar." Homem não tem isso, em geral. E também acho que liga menos, mesmo. Acho que é uma coisa bem de mulher, assim: "Coitada, está com o cabelo branco." (Hermione, 44 anos)

Se é certo que as mulheres são as mais cobradas em relação à aparência, são também as que mais cobram, exigem, criticam. Mas são também as que mais elogiam.

As mulheres elogiam bastante. Normalmente, dizem assim: "Ah, seu cabelo está tão legal, eu queria ter coragem." Como se fosse assim um ato de bravura ter o cabelo branco. Eu falo: "Corta curtinho, vai deixando, vai cortando, vai deixando, vai cortando, quando vê, já foi." Mas acho que nunca consegui converter ninguém. (Hermione, 44 anos)

Recebo elogio sempre das mulheres... Os homens chegam a elogiar, mas pouco, poucos homens elogiam. Eu até admiro quando um vem e elogia. Mas poucos elogiam. Mais as mulheres. (Joyce, 49 anos)

As mulheres têm um duplo papel, de amiga que quer ajudar, já que não quer vê-la estigmatizada, e de fiscalização e manutenção da própria condição, pois, como disse Pierre Bourdieu, a dominação não existe sem a adesão do dominado.[29]

O grisalho como capital

Apesar das críticas e das fortes reações, não é verdade que o cabelo branco é sempre rejeitado. "Uns adoram, outros odeiam" (Joyce, 49 anos). Profissionalmente, algumas associam o cabelo branco a uma ocasião em que foram valorizadas por uma imagem de experiência e solidez. As reações, todavia, são contraditórias entre si, pois os mesmos interlocutores que têm uma reação positiva podem ser críticos ao cabelo branco em outras situações.

> A minha diretora tem 36 anos e uma carinha de menina, né? E ela me colocava muito à frente dos negócios por eu ter mais experiência. Ela era dona do negócio, mas tinha menos experiência. Foi o único momento que eu percebi que ela falou assim: "Não, vai, se chega mais, as pessoas percebem que você é sólida, que você está no mercado há não sei quantos anos, que você sabe o que você fala, as pessoas confiam em você." E ela achava quase que tinha que botar três quilos de maquiagem... Se ela tivesse que ir comigo, "Você tem que botar no mínimo um chanelzinho, muita maquiagem, prender o cabelo". Ela ia construir uma coisa mais séria, né, então ela dizia: "Você passa essa confiança." Aí eu percebia que era um todo, não era só a minha experiência profissional, mas que tinha ali um vivido estampado, estampado na minha fisionomia, assim, no meu físico, que deixava claro que eu sabia o que eu estava falando, já tinha experiência. (Cássia, 44 anos)

A mesma diretora, contudo, havia criticado seu cabelo em um momento anterior.

> Quando eu voltei para o mercado de trabalho, a minha diretora rapidamente me questionou... "Pô, você é tão bonita, tal, vai ficar com essa aparência assim?"... Falei: "Não estou entendendo!" "Você lida com as pessoas, fica uma aparência meio suja, o cabelo não fica legal, esse cabelo meio morto..." (Cássia, 44 anos)

Outras experiências de respeito em virtude dos grisalhos são relatadas.

> Se você tiver com um grupo de pessoas mais jovens, mas que porventura estiver surgindo algum conflito ou de ideias ou de opiniões ou de posturas mesmo antagônicas, quando você, com cabelo grisalho, fala, é incrível! Você sente aquela postura, assim, as pessoas silenciam e começam a repensar a postura que elas estão tendo, entendeu? É como se fosse assim: a mãe está falando! (Graça, 55 anos)

> Numa festa que tem mais jovens, você chega de cabelo branco, parece que você consegue as coisas com mais facilidade, pelo respeito e tudo. Aí, estava uma bagunça na fila, o pessoal furando a fila, e eu na fila, né? Com minhas amigas na fila. Aí, eu fui lá, falei com o segurança, mas ele olhou pra mim, olhou, e ele falou: "Vamos organizar essa fila. Tem pessoas mais velhas na fila." (Joyce, 49 anos)

Além da maturidade profissional, há relatos de reconhecimento afetivo e sexual. Parece existir um público que aprecia o visual, a ponto de Gabriela (54 anos) brincar que cultivava o estilo como forma de paquera. Nina (29 anos) morou por seis meses em Nova York, onde duas vezes foi parada na rua para ouvir elogios a seus cabelos. Em outras ocasiões, tanto lá quanto no Brasil, ouviu comentários elogiosos.

Mas tem um grupo masculino que acha muito bonito, acha muito charmoso e vem falar isso para mim, sabe? Às vezes eu nem estou ficando nem nada com o cara, e o cara vem falar "Nossa, o seu cabelo é incrível." (Nina, 29 anos)

É muito interessante isso, como os homens recebiam o cabelo branco de uma maneira muito prazerosa, e as mulheres agredindo. Já os homens não, pelo contrário. Eles superfalavam bem. E aí eu falava assim: "Não, eu estou usando o cabelo branco como forma de paquera", porque eles chegavam perto para pegar assim... "Isso é natural?" Mas era, assim, muuuitos homens falavam assim: "Seu cabelo é esse mesmo?" (Gabriela, 54 anos)

Eu entro no táxi, o taxista: "Desculpe falar, seu cabelo é lindo." (Francine, 55 anos)

Eu percebi que comecei a chamar mais atenção na rua. De paquera, de homem olhar. Fazer umas gracinhas... Imagina, eu, com 58 anos. (Julieta, 58 anos)

Anne Kreamer, jornalista norte-americana que registrou em livro a experiência de abandonar a tintura, afirma ter passado a receber mais investidas em sua versão grisalha.[30] A romancista francesa Tatiana de Rosnay também disse se sentir mais atraente grisalha, julgando ser mais paquerada hoje do que quando era morena e mais jovem.

Considerações finais

Acreditando que o corpo é uma importante fonte de prestígio na cultura brasileira e que a manutenção do corpo jovem é uma preocupação central colocada às mulheres no país, busquei investigar os processos em que se envolvem mulheres que não aderem a uma norma de aparência: a do cabelo "jovem" ou colorido. Em um contexto em que os cabelos brancos são associados a categorias negativas e malignas; em que determinadas cores de cabelo podem aumentar a atratividade sexual; em que a aparência jovem é valorizada; e que pintar os cabelos brancos é acessível, barato e estimulado, perguntei: que discurso as mulheres que não pintam os cabelos usam para justificar sua diferença? Elas poderiam contribuir para uma reflexão sobre modelos hegemônicos de feminilidade? O trabalho de campo me apontou afirmativas, mas também ambiguidades.

Apesar de o nascimento dos primeiros fios brancos ser fonte de sofrimento para muitas mulheres, a maior parte das pesquisadas não relatou incômodo com a experiência. Algumas pareceram ter vivenciado apenas indiferença – e não uma ode ao surgimento do cabelo branco –, porque estavam imersas em situações mais significativas, como o nascimento de um filho, ou porque sequer lembravam como foi o ocorrido. Outras, mesmo lembrando-se da descoberta do primeiro fio branco em um momento qualquer da vida, afirmaram categoricamente não ter sofrido com o episódio.

As pesquisadas relatam uma satisfação com a atual aparência, seja porque apreciam o visual – "acho bonito" –, seja porque dizem fazer parte de sua identidade, ou porque o consideram tão possível – e bonito – quanto outras opções – outros cortes, outras cores. Tais posicionamentos contrastam com as severas críticas e incômodos cotidianos que vivenciam em razão do cabelo branco. Encontrei, ainda, o grisalho como resultado de uma conta entre os prós (beleza) e contras (perda de tempo, prejuízos à saúde) pertinentes ao hábito de pintar, bem como produto da aceitação do envelhecimento. Nesse ponto, percebi contradições nos discursos das entrevistadas, uma vez que também relatavam a utilização de recursos antienvelhecimento, sobretudo cremes para a pele.

Essas contradições, entretanto, não retiram o caráter desviante das mulheres de cabelos brancos, pois não é possível esperar de alguém o completo desvio, "a grande recusa" aos padrões estéticos vigentes, o que esconderia a complexidade dos processos de performance da feminilidade. Melhor fugir de simplificações ou estereótipos, como acreditar que feministas não devem se preocupar com a aparência e que mulheres hiperfemininas são despolitizadas. Assim, inúmeras regras e esforços de polimento dos fios brancos são incorporados pelas pesquisadas: xampus especiais, hidratações, cortes "modernos", escovas e a proibição de mantê-los longos, a fim de neutralizar o potencial envelhecedor do branco e evitar o aspecto feio.

O dado que mais me surpreendeu neste trabalho foi a descoberta da possibilidade de o grisalho ser um capital nas relações afetivas e profissionais. O visual pode ser associado a uma imagem de experiência e de solidez, bem como pode ser considerado uma fonte de atenção, elogio e "cantadas". As maiores fontes de elogio e de crítica, entretanto, são as mulheres, que parecem notar ou expressar mais suas impressões. Apesar da nova abordagem da mídia sobre o tema – que tem sido pauta, seja em matérias sobre as novas grisalhas, seja em aparições em desfiles e campanhas publicitárias –, não é possível inferir que o envelhecimento esteja sendo incorporado aos padrões estéticos. Não descarto ser um indício de um pequeno avanço nesse sentido, mas a juventude e a magreza dos corpos que portam os cabelos brancos *fashion* impossibilitam tecer tais conclusões.

Notas

1. Naomi Wolf, *O mito da beleza: como as imagens da beleza são usadas contra as mulheres*.
2. Mirian Goldenberg, "Corpo e dominação masculina na cultura brasileira", *in Corpo*.
3. David Le Breton, *Antropologia do corpo e modernidade*.

MULHERES DE CABELOS BRANCOS

4. Pierre Bourdieu, *Outline of a Theory of Practice*.
5. Michel Foucault, *Vigiar e punir*.
6. Daniella Clark. *Brasil é o país onde mais cresce consumo de produtos de beleza*. G1, 17/03/2009. GRISALHO, disponível em <http://g1.globo.com/Noticias/Rio/0,,MUL1045408-5606,00.html>. Acesso em: 10 set. 2013.
7. Simone de Beauvoir, *A velhice*: a realidade incômoda, v. 1.
8. *Ibidem*.
9 ABEVD — Associação Brasileira de Empresas de Vendas Diretas. "Vaidade não tem preço". *Revista Meio & Mensagem*, n. 40-41, 31 mar. 2008.
10. Noelly Russo. "Mudando a cabeça". *Folha de S.Paulo*, Caderno Equilíbrio, 12 abr. 2011. Disponível em: <http://www1.folha.uol.com.br/fsp/equilibrio/eq1204201106.htm>. Acesso em: 17 jan. 2013.
11. Howard Becker, *Outsiders*.
12. Gilles Lipovetsky, *A terceira mulher*.
13. Anthony Synnott, "Shame and Glory", *in The British Journal of Sociology*.
14. Stéphane Malysse, "Extensões do feminino", *in Studium*, p. 7.
15. Simone de Beauvoir, *A velhice: a realidade incômoda*, v. 1.
16. Paula Sibilia, "A moral da pele lisa e a censura midiática da velhice", *in Corpo, envelhecimento e felicidade*.
17. David Le Breton, *Antropologia do corpo e modernidade*.
18. Susan Bordo, "O corpo e a reprodução da feminidade", *in Gênero, corpo, conhecimento*.
19. Flávia Marques Rosário, *Comportamento desviante e padrões estéticos*.
20. Mirian Goldenberg, *Coroas*.
21. Stéphane Malysse, "Extensões do feminino", *in Studium*
22. Joana Dale. "Na 'onda prateada' que é moda lá fora, mulheres assumem, cada vez mais jovens, os fios brancos". *O Globo*, Caderno Ela, 12 maio 2013. Disponível em: <http://ela.oglobo.globo.com/beleza/cabelo/na-onda-prateada-que-moda-la--fora-mulheres-assumem-cada-vez-mais-jovens-os-fios-brancos-8366914>. Acesso em: 21 maio 2013.
23. Citada por Simone de Beauvoir, *A velhice: as relações com o mundo*, v. 2, p. 11.
24. David Le Breton, *Antropologia do corpo e modernidade*, p. 230.
25. David Le Breton, *Antropologia do corpo e modernidade*.
26. Pierre Bourdieu, *A dominação masculina*.
27. Rose Weitz, "Women and Their Hair", *in Gender and Society*.
28. Flávia Rosário, *Comportamento desviante e padrões estéticos*: um estudo exploratório com mulheres que não pintam o cabelo.
29. Pierre Bourdieu, *A dominação masculina*.
30. Anne Kreamer, *Meus cabelos estão ficando brancos*.

VELHO É LINDO!

Referências bibliográficas

BEAUVOIR, Simone de. *A velhice:* a realidade incômoda. Trad. Heloysa de Lima Dantas. São Paulo: Difusão Europeia do Livro, 1970a. v. 1.

BEAUVOIR, Simone de. *A velhice:* as relações com o mundo. Trad. Heloysa de Lima Dantas. São Paulo: Difusão Europeia do Livro, 1970b. v. 2.

BECKER, Howard. *Outsiders: estudos de sociologia do desvio.* Trad. Maria Luiza X. de Borges. Rio de Janeiro: Jorge Zahar, 2008.

BORDO, Susan. "O corpo e a reprodução da feminidade: uma apropriação feminista de Foucault". In: BORDO, Susan R.; JAGGAR, Alison M. (Org.). *Gênero, corpo, conhecimento.* Rio de Janeiro: Rosa dos Tempos, 1997.

BOURDIEU, Pierre. *Outline of a Theory of Practice.* Cambridge: Cambridge University Press, 1977.

BOURDIEU, Pierre. *A dominação masculina.* Trad. Maria Helena Kühner. 9. ed. Rio de Janeiro: Bertrand Brasil, 2010.

FOUCAULT, Michael. *Vigiar e punir.* Petrópolis: Vozes, 1977.

GOFFMAN, Erving. *Estigma:* notas sobre a manipulação da identidade deteriorada. Trad. Márcia Bandeira de Mello Leite Nunes. 4. ed. Rio de Janeiro: Guanabara, 1988.

GOLDENBERG, Mirian. "Corpo e dominação masculina na cultura brasileira". *In:* COCCHIARALE, Fernando; MATESCO, Viviane (Org.). *Corpo.* São Paulo: Itaú Cultural, 2005, p. 119-126.

GOLDENBERG, Mirian. *Coroas:* corpo, envelhecimento, casamento e infidelidade. Rio de Janeiro: Record, 2008.

KREAMER, Anne. *Meus cabelos estão ficando brancos:* mas eu me sinto cada vez mais poderosa. Trad. Helena Londres, São Paulo: Globo, 2007.

LE BRETON, David. *Antropologia do corpo e modernidade.* Trad. Fábio dos Santos Creder Lopes. 2. ed. Petrópolis: Vozes, 2012.

LIPOVETSKY, Gilles. *A terceira mulher:* permanência e revolução do feminino. Trad. Maria Lucia Machado. São Paulo: Companhia das Letras, 2000.

MALYSSE, Stéphane. *Extensões do feminino:* megahair, baianidade e preconceito capilar. Studium, Unicamp, n. 11, 2002, p. 1-26.

RODRIGUES, José Carlos. *Tabu do corpo.* 7. ed. Rio de Janeiro: Fiocruz, 2006.

ROSÁRIO, Flávia Marques. "Comportamento desviante e padrões estéticos: um estudo exploratório com mulheres que não pintam o cabelo". Dissertação (Mestrado em Administração) – Programa de Pós-Graduação em Administração, Instituto COPPEAD de Administração, Universidade Federal do Rio de Janeiro, Rio de Janeiro, 2006.

SIBILIA, Paula. "A moral da pele lisa e a censura midiática da velhice: o corpo velho como uma imagem com falhas". *In:* GOLDENBERG, Mirian (Org.). *Corpo, envelhecimento e felicidade.* Rio de Janeiro: Civilização Brasileira, 2011.

SYNNOTT, Anthony. "Shame and Glory: A Sociology of Hair". *The British Journal of Sociology*, n. 38, v. 3, 1987, p. 381-413.

WEITZ, Rose. "Women and Their Hair: Seeking Power Through Resistance and Accomodation". *Gender and Society*, 2001, p. 667-686.

WOLF, Naomi. *O mito da beleza:* como as imagens de beleza são usadas contra as mulheres. Trad. Waldéa Barcellos. Rio de Janeiro: Rocco, 1992.

3. A longevidade da juventude

Fernanda dos Reis Rougemont

Com base em uma pesquisa qualitativa realizada com homens e mulheres na cidade do Rio de Janeiro, este artigo apresenta a perspectiva da necessidade de evitar o envelhecimento físico e evidencia o papel do discurso médico-científico no enfrentamento da velhice. A análise aponta as percepções dos pesquisados sobre o processo de envelhecimento e a velhice, destacando a adesão ao discurso médico na definição de possibilidades de controle e retardamento da fragilização física. A segunda parte do artigo articula o anseio pela manutenção da juventude por mais tempo, presente nos discursos, à pesquisa que aponta mudanças na concepção de envelhecimento no âmbito médico e científico e sua relação com o aumento da expectativa de vida e as estimativas de mais idosos nas sociedades. O discurso médico-científico é considerado um viés privilegiado para compreender de que forma a emergência de pesquisas que visam à extensão da vida humana e ao combate ao envelhecimento dialogam com anseios dos indivíduos que temem envelhecer. Para tanto, são analisadas pesquisas de destaque sobre o tema, com foco especial no projeto Strategies for Engineered Negligible Senescence — Sens, do biogerontologista Aubrey de Grey, da Universidade de Cambridge.

O Brasil experimenta um rápido crescimento da população com mais de 60 anos, acompanhando uma tendência mundial. Segundo dados do Censo de 2010 do Instituto Brasileiro de Geografia e Estatística (IBGE), há atualmente cerca de 19 milhões de brasileiros nessa faixa etária, o que corresponde a mais de 10% da população. A estimativa é de que até 2025 serão mais de 32 milhões de idosos no país. No momento da escrita deste artigo, a expectativa de vida do brasileiro é de 73,5 anos, sendo 77,3 anos para as mulheres e 69,7 anos para os homens. A ampliação do tempo de vida é atribuída, principalmente, aos avanços da medicina e da tecnologia, que criaram novos recursos para os cuidados com a saúde e reduziram a mortalidade por doenças.

Tendo em vista as transformações da composição etária da sociedade brasileira e a expectativa de uma vida mais longa, este artigo, que faz parte da pesquisa *Corpo, envelhecimento e felicidade*, coordenada pela antropóloga Mirian Goldenberg, busca refletir sobre as representações da velhice e o significado desses anos a mais. Primeiramente, por meio da análise de discursos, procura analisar a percepção que os pesquisados têm do envelhecimento e da velhice. O objetivo é compreender de que maneira os pesquisados concebem o ciclo de vida, considerando as perspectivas apresentadas, os conflitos, os problemas e as expectativas referentes à experiência do envelhecimento.

A segunda parte do artigo visa articular os resultados da pesquisa com um estudo sobre a emergência de um campo de pesquisas científicas que têm o objetivo de compreender o envelhecimento biológico – a senescência – e criar meios de combatê-lo. Serão discutidas as transformações e inovações na compreensão do processo de envelhecimento do ponto de vista científico, especificamente das ciências biológicas.

A análise pretende apontar as modificações nos parâmetros médico-científicos a respeito do envelhecimento a fim de compreender de que forma as mudanças no discurso sobre o que significa envelhecer biologicamente podem influenciar a vivência desse processo. A proposta é traçar um panorama das pesquisas científicas e apontar suas potencialidades, buscando discutir os efeitos que os atuais estudos podem ter sobre a resistência ao envelhecimento e as possibilidades de lidar com ele, uma vez que esse campo de estudos tem sido tratado como "uma real fonte da juventude".

Para tais objetivos, foram utilizados questionários aplicados em 1.617 pesquisados de 18 a 97 anos, na cidade do Rio de Janeiro. Foram analisadas as respostas dadas às seguintes perguntas: "Quando uma pessoa pode ser considerada velha?", "Quando uma pessoa começa a envelhecer?", "O que você inveja em um jovem? Por quê?", "Dê um exemplo de uma pessoa famosa que você acha que envelheceu bem. Explique a sua escolha". A análise tem como recorte a comparação entre faixas etárias. Para tanto, os pesquisados foram divididos em três grupos etários: até 39 anos, 40 a 59 anos e 60 anos ou mais. Os grupos foram delimitados após avaliação prévia que observou similaridades das respostas que justificam seu agrupamento. Contudo, a análise pormenorizada permite outras formas de agrupamento quando necessário e possibilita destacar algumas especificidades dentro de cada grupo.

Para a segunda parte do artigo foram analisadas pesquisas sobre envelhecimento na área das biociências, com foco especial no projeto Strategies for Engineered Negligible Senescence, do biomédico gerontologista Aubrey de Grey, da Universidade de Cambridge. Foram levados em conta 96 artigos e dois livros publicados por Aubrey de Grey. Também foram utilizadas pesquisas publicadas na revista *Nature* e matérias de sites especializados em conteúdo científico.

O foco nas pesquisas de Aubrey de Grey deve-se à sua atuação em defesa da medicina *anti-aging* e do desenvolvimento de biotecnologias que interrompam o processo de envelhecimento.

Acredita-se que essa pesquisa pode contribuir para a identificação de mudanças na concepção de envelhecimento no âmbito científico e sua articulação com as modificações que estão ocorrendo nas pirãmides etárias das populações dos países capitalistas ocidentais. Nesse sentido, o discurso médico-científico, como um discurso de autoridade, é considerado um viés privilegiado para compreender de que forma as motivações e interesses de tais pesquisas dialogam com anseios dos indivíduos que vivenciam o envelhecimento nessas sociedades. Uma vez que a sociedade brasileira passa por mudanças rápidas em termos de expectativa de vida e registra a estimativa da presença de indivíduos cada vez mais longevos, a pesquisa realizada com homens e mulheres no Rio de Janeiro nos fornece dados a respeito das projeções para o envelhecimento e expectativas de intervenções possíveis, bem como sobre de que modo essas noções influenciam a vivência desse processo.

Decadência física e ganhos intelectuais

Myriam Lins de Barros destaca que a construção social da velhice é própria da modernidade e ocorre no contexto da consolidação da ideologia individualista.[1] Tal construção foi acompanhada da divisão e institucionalização de diferentes momentos do curso da vida: a infância, a juventude e a velhice. Para a autora, a velhice possui múltiplos significados culturais, de acordo com os contextos sociais específicos aos quais os indivíduos pertencem. Além disso, como afirma Alda Britto da Motta, as idades são elementos fundamentais na organização e na cultura da sociedade e participam de sua dinâmica, passando por um processo de construção e desconstrução que modifica seus significados.[2] Como uma categoria classificatória, a velhice é constituída de diversos critérios que se modificam de acordo com o lugar e o momento, sendo apropriada pelos indivíduos de maneiras distintas conforme a situação e os envolvidos.

Entre os diferentes aspectos do envelhecimento abordados pelos pesquisados, destaca-se uma diferenciação entre duas formas de envelhecimento: o físico e o não físico. O envelhecimento biológico é visto como algo inevitável e as transformações decorrentes dele são consideradas indesejadas e inconvenientes. Entre as principais mudanças no corpo estão as doenças, as limitações físicas, as rugas e os cabelos brancos.

Os fatores positivos apontados no envelhecimento são referentes ao intelecto. Visto como trajetória de vida, o envelhecimento é percebido como ganho de experiência, de conhecimento adquirido por tudo que foi vivenciado. Apesar das perdas físicas, envelhecer teria como compensação os ganhos intelectuais: a experiência, a sabedoria e a maturidade. Tais características indicam também uma forma subjetiva de sobrepor as limitações do envelhecimento físico.

O discurso dos pesquisados a respeito do que consideram ser o melhor de envelhecer sugere que os ganhos intelectuais são o aspecto mais valorizado no envelhecimento. A experiência foi o tema mais citado pelos pesquisados em todas as faixas etárias, representando 68% das respostas. Sabedoria foi o segundo, com 26%, seguida de conhecimento, com 20%, e maturidade, com 16% das respostas.

Os pesquisados afirmam que a experiência adquirida ao longo da vida é o melhor de envelhecer porque auxilia as pessoas a lidar com as situações cotidianas. Esse conhecimento permite reconhecer situações anteriormente vivenciadas, agir com mais segurança e evitar erros ao tomar decisões e lidar com a adversidade. Uma vez que esse conhecimento só é adquirido ao longo dos anos vividos, os mais velhos possuiriam essa vantagem em relação aos mais novos. Como aponta um homem de 20 anos: "Você pode dar esporro nos outros com o respaldo das maravilhas da experiência de vida."

Para os pesquisados de mais de 60 anos, além da experiência apontada por 60% deles, são fatores positivos ter netos (37%), filhos (34%) e as conquistas em geral (12%).

A diferença entre envelhecer e ficar velho

Como destaca Guita Debert, existem diferentes formas de periodização da vida.[3] As categorias de idade são vias importantes para pensar a produção e reprodução social. A velhice possui duas dimensões, a social e a biológica. A primeira está relacionada à segunda, uma vez que consiste em diferentes formas de perceber e de vivenciar o processo biológico de envelhecimento. É interessante, portanto, analisar a configuração das relações de poder, prestígio, direitos e deveres de acordo com as fronteiras etárias. Dessa forma, é possível verificar como as mudanças no organismo são interpretadas pelos pesquisados e quais as suas implicações morais.

Clarice Peixoto mostra que a representação da velhice passou por muitas transformações ao longo do tempo.[4] As mudanças sociais, oriundas principalmente do advento da aposentadoria, demandaram políticas sociais direcionadas à velhice e suscitaram a criação de categorias de classificação condizentes com a nova condição moral, bem como a construção ética do "velho".

Ao definirem o que consideram ser uma pessoa "velha", os pesquisados citaram principalmente mudanças físicas e comportamentos negativos. O velho é aquele cuja decadência física é evidente, tem rugas, cabelos brancos, limitações físicas, "a mente não acompanha mais o corpo". Tais transformações são consideradas inevitáveis, pois são manifestação do desgaste natural do organismo. Por outro lado, o velho é definido por uma gama de características que se referem ao seu comportamento. Nesse sentido, ser velho é ser inútil, ranzinza, acomodado, reclamar de tudo, não ter mais vontade de viver, deixar de sonhar, sentir-se incapaz, sentir-se velho.

Para os pesquisados, ser velho é: estado de espírito (95%); decadência física (49%); comportamento (27%). As mudanças de comportamento destacadas sugerem que o fator determinante da passagem

VELHO É LINDO!

para uma condição específica – a velhice – está na decisão pessoal de aceitar ou não o envelhecimento.

Para os pesquisados de até 39 anos, uma pessoa começa a envelhecer desde que nasce (41,5%). Eles afirmam que o envelhecimento como processo ocorre a todo instante e se difere da velhice em si. A definição do momento em que se chega à velhice dependeria principalmente do comportamento. Uma pessoa começa a envelhecer quando ela própria se acha velha (28%) e quando ela perde a vontade de viver (20%) ou tem limitações físicas (19%).

Para as faixas etárias mais velhas, são as limitações físicas o principal sinal do envelhecimento. Para os pesquisados da faixa de 40 a 59 anos, as limitações físicas representam 28% das respostas, seguidas de perder a vontade de viver (21%), a própria pessoa se achar velha (21%) e desde o nascimento (12%). Entre os pesquisados de 60 anos ou mais, as limitações físicas foram citadas em 74% das respostas, com destaque para o aparecimento de doenças.

As percepções do envelhecimento apresentadas pelas diversas faixas etárias indicam uma diferença entre projeção e experiência da velhice, bem como diferenças nos problemas que esperam enfrentar. Os pesquisados mais jovens dão menos destaque a uma condição física frágil, decorrente do declínio inerente aos efeitos da passagem do tempo no corpo. Uma vez que os pesquisados mais novos nasceram em uma época em que se vive mais e estão mais distantes da fase da velhice, é possível que tenham uma projeção influenciada pela expectativa de envelhecimento que pode ser controlado. Os pesquisados mais velhos indicam já vivenciar as limitações decorrentes do envelhecimento e se preocupar com suas consequências na vida cotidiana.

Para os pesquisados, envelhecer é uma questão biológica, porém ficar velho depende principalmente do comportamento. Para eles, é preciso saber usar a experiência de vida para não se tornar um estereótipo de velho e conseguir dar significado pessoal à própria trajetória de vida. A velhice parece ser vista por eles como uma condição de vida, com elementos que dependem das condutas adotadas por cada um. No entanto, a decadência do corpo é tida como uma mudança inevitável e determinante da velhice e seria o maior entrave para uma vida longa e saudável. É possível perceber uma constante tensão entre o envelhecimento físico inevitável e as estratégias propostas para não se tornar um "velho".

O foco no comportamento indica a responsabilização individual pelo próprio envelhecimento. Se o envelhecimento biológico é inevitável, a velocidade e a intensidade do declínio físico dependem também da conduta pessoal e do cuidado que se tem para evitá-lo, principalmente em termos de hábitos saudáveis. Ao se "entregar" à velhice, o indivíduo estaria sendo negligente, pois existiriam formas de amenizar ou até mesmo adiar o processo de envelhecimento.

A representação sobre a juventude

Ao responderem o que invejam em um jovem, os pesquisados de mais de 40 anos citaram determinados aspectos que são associados à juventude. O jovem é aquele que pode agir sem pensar, não tem responsabilidades, tem liberdade para se divertir e para ser impulsivo. É ousado, inconsequente, despreocupado. O jovem dispõe de força, vigor físico, saúde, pele lisa, beleza. O jovem tem toda a vida pela frente. A juventude tem como principal vantagem o fato de estar no início da vida, em contraposição ao fim que a velhice anuncia.

A juventude está associada à atividade, ao movimento, ao que ainda será formado, ao novo. Já a velhice está predominantemente associada ao passado, ao que já foi realizado, e representa uma redução dessa atividade. Essa associação pode ser percebida na fala de um homem de 74 anos que ao responder o que inveja em um jovem disse: "Ah, a juventude, a alegria, tem aquela esperança na vida, planejamentos. Eu, por exemplo, o que eu vou fazer? Eu tenho apartamento, vinte imóveis. Quero mais o quê?"

A velhice seria uma fase em que ocorre uma redução do ritmo da vida, na qual as pessoas buscariam atividades mais tranquilas, serenas, calmas, afastando-se principalmente das obrigações do trabalho. A aposentadoria é percebida como um dos principais marcos do envelhecimento, pois seria a concretização dessa redução do ritmo de vida e a saída da vida produtiva, dando lugar aos mais jovens na produção dos bens necessários à sociedade e sua renovação. Esta etapa da vida é vista de forma positiva pelos pesquisados, como uma nova fase em que podem receber o reconhecimento por tudo o que fizeram pela sociedade.

A velhice ideal

As pessoas públicas, como os ídolos, são personagens emblemáticas que de alguma forma venceram obstáculos que pareciam intransponíveis. Para Helal e Coelho, as trajetórias das personalidades públicas são editadas de forma a contar uma versão da sua história pessoal.[5] Contamos suas histórias para falarmos de nós mesmos.

Nesta pesquisa, buscou-se identificar exemplos de pessoas famosas que envelheceram bem. As características associadas às pessoas citadas permitem observar o que é valorizado e o que é desvalorizado no envelhecimento e na velhice.

As justificativas dadas para os exemplos citados são predominantemente relacionadas ao corpo, à vida profissional e ao estilo de vida. Envelhecer bem é estar em forma, não aparentar a idade que tem, continuar bonito ou ficar ainda mais bonito, ter saúde, vitalidade, energia e disposição, manter-se ativo, produtivo, trabalhando tanto quanto antes ou ainda mais. A fala de uma mulher de 39 anos mostra o que é considerado um bom envelhecimento:

A LONGEVIDADE DA JUVENTUDE

> Ela parece ser muito mais jovem do que é. Ou seja, o que invejo nela é a capacidade de permanecer com todas as características que julgo existentes principalmente na juventude: beleza, liberdade, descontração, sexualidade etc. Eu, imersa em todo o meu preconceito, não consigo (nem quero) imaginar a sexualidade de velhos.

Para envelhecer bem, é necessário não aparentar ter envelhecido e não deixar que o envelhecimento altere o ritmo da vida. Os exemplos citados de bom envelhecimento são de pessoas de mais de 60 anos que têm aparência e comportamento associados à juventude.

É possível apontar um paradoxo no discurso dos pesquisados. Se a aposentadoria, a tranquilidade, o tempo livre, a família constituída, as lembranças e, principalmente, a experiência, a sabedoria e a maturidade aparecem como vantagens que a velhice pode trazer, ao apontarem exemplos de bom envelhecimento os pesquisados citam características como a manutenção ou extensão de atividades, comportamentos e corpos jovens. Portanto, mostram que a velhice pode ser boa se cada um continuar a trabalhar, for ativo e retardar ao máximo a decadência física.

O natural e o artificial

As respostas revelam um ideal de envelhecimento ativo, profissionalmente bem-sucedido, com experiência de vida e muitas realizações. Fisicamente, é preciso não aparentar a idade que tem, continuar bonito, bem disposto, saudável. Mas o mais importante é envelhecer sem precisar recorrer a cirurgias plásticas e meios artificiais para ter uma boa aparência, principalmente no caso das mulheres.

Percebe-se, assim, o conflito entre dois fatores que são considerados necessários ao bom envelhecimento: não negar o envelhecimento, tentando ser alguém mais novo, por um lado, e manter a juventude ao longo dos anos, por outro. A resposta de uma mulher de 49 anos mostra essa contradição:

> Ela está mais bonita do que anos atrás, é uma pessoa de bem com a vida, não tentou mudar a aparência para parecer mais moça, tem muita dignidade e é tremendamente simpática e educada.

Destaca-se a existência de um tênue limite entre a manutenção de características próprias e a necessidade de interferir e controlar o envelhecimento, evitando a manifestação de seus sinais, principalmente fisicamente. O excesso de cirurgias plásticas e intervenções transforma a pessoa em algo que ela não é: é artificial. Por outro lado, apresentar excessos de marcas do envelhecimento contraria o ideal de uma aparência jovem. No comportamento, é preciso se adequar à sua trajetória de vida e à idade que tem, sem permitir que o envelhecimento reduza sua beleza ou atividades. Existe, então, um desafio: assumir a própria idade sem se deixar envelhecer, não permitir a decadência do corpo e continuar produtivo.

Por meio das respostas, foi possível identificar os fatores apontados para definir e julgar o que é um bom envelhecimento. Tais fatores lembram o debate proposto por Featherstone e Hepworth sobre o papel da ciência e da tecnologia no sentido de afastar a decadência física, o envelhecimento e a morte.[6] O conflito entre a intervenção no processo de envelhecimento e a manutenção da identidade pessoal é central para definir o que é um bom ou mau envelhecimento.

A revolução da longevidade

A expectativa de vida é uma questão que tem provocado debates na comunidade científica. Kalache, Veras e Ramos analisaram a diferença da expectativa de vida nos países desenvolvidos e nos chamados "países do Terceiro Mundo".[7] Estimava-se que da década de 1960 até 2020 a expectativa de vida nos países em desenvolvimento aumentaria 23 anos, chegando a 68,9 anos. Já nos países desenvolvidos esse aumento seria comparativamente menor, passando de 69,8 para 77,2 anos.

A previsão de estabilização nas taxas de crescimento da expectativa de vida nos países desenvolvidos baseava-se no limite biológico de vida da espécie humana, até então calculado em aproximadamente 120 anos. Estatísticas atuais apontam a superação desses números tanto no Brasil, onde a expectativa de vida passou a ser de 73,5 anos segundo o IBGE,[8] quanto em países como o Japão, com média de 83,5 anos, e Estados Unidos, com média de 78,5 anos, segundo dados da Organização das Nações Unidas (ONU).[9]

Os limites da vida humana começam a ser questionados. James Vaupel e Jim Oeppen afirmam que brevemente viver mais de 100 anos será comum.[10] Os dois pesquisadores contestam a existência de evidências que apontem um limite para a expectativa de vida humana.

Vaupel e Oeppen acompanharam as taxas de crescimento na expectativa de vida considerando os recordes em cada época. Utilizando como parâmetro a expectativa de vida feminina, historicamente maior do que a masculina, destacam que em 1840 o recorde de longevidade pertencia às mulheres suecas, que chegavam aos 45 anos. O recorde atual pertence às mulheres japonesas, que chegavam aos 85 anos em 2002. Eles mostram que o aumento da expectativa é linear e segue níveis regulares. A cada ano são acrescentados cerca de três meses à expectativa de vida. Afirmam que, se houvesse de fato um limite para a duração de vida, as taxas de aumento deveriam estar se tornando mais lentas, o que não ocorre.

De 1950 até atualmente, a expectativa de vida aumentou cerca de 45 anos e em cada década o número de centenários tem, ao menos, dobrado. As evidências relatadas na pesquisa levam os autores à conclusão de que, ao contrário do que vem sendo afirmado pelos cientistas, não há fatores que apontem a existência de um limite máximo para a vida humana. Em oposição à ideia de um limite inato para a duração da vida, os autores defendem a plasticidade da longevidade.

A principal questão que emerge desse cenário diz respeito ao caráter dessa vida mais longa e seus efeitos sobre a experiência do processo de envelhecimento. Segundo Elias, a atitude em relação à morte e sua imagem nas sociedades contemporâneas não podem ser compreendidas sem que seja feita uma referência à segurança relativa, à previsibilidade da vida humana e à expectativa de vida maior.[11] Ampliar cada vez mais o tempo de vida saudável é uma meta que pode ser observada nos esforços científicos para desvendar o processo de envelhecimento do organismo humano em busca de meios para controlá-lo e diminuir o máximo possível a fragilização física.

O combate à velhice

Por meio do discurso dos pesquisados, analisado na primeira parte deste artigo, é possível perceber que o envelhecimento ideal é aquele que mais se afasta da ideia de velhice e mais se aproxima da ideia de juventude. Embora o desgaste do organismo seja inevitável, ser velho não é meramente um resultado do processo, mas uma condição com diversos fatores envolvidos. As relações com outras pessoas e o comportamento individual perante a vida são determinantes para a velhice. Por outro lado, pode-se observar também que a própria conduta diante da velhice, as projeções e a forma como as pessoas organizam suas vidas dependem da expectativa de tempo que viverão e também das qualidades físicas que dispõem.

Destaca-se nos discursos dos pesquisados a subjetivação do processo de envelhecimento com a valorização de fatores relativos à trajetória pessoal, responsabilizando-se o próprio indivíduo pela velhice que tem ou terá. Tornar-se velho é diferente de envelhecer, pois o envelhecimento

A LONGEVIDADE DA JUVENTUDE

biológico pode ser atenuado e tornar-se mais lento, aumentando o período de plena atividade, o que significaria estender a juventude. Assim, os pesquisados demonstram acreditar que é possível intervir na forma como o corpo envelhece e que dessa intervenção resultará uma velhice mais ou menos saudável, com mais ou menos limitações.

No campo das biociências, o envelhecimento tende a ser questionado e investigado em múltiplos aspectos, com o objetivo de decifrar esse fenômeno. O desenvolvimento técnico-científico, que contribuiu para o aumento da expectativa de vida e para a reconfiguração etária das populações, impulsionou as pesquisas científicas a um novo patamar. Para compreender o impacto que o discurso médico-científico tem exercido sobre a experiência do envelhecimento, é necessário observar as tendências presentes nesse campo científico.

David Le Breton analisa o discurso científico contemporâneo e destaca que o corpo passou a ser pensado como matéria indiferente, um simples suporte do sujeito. O "corpo rascunho" é concebido como objeto passível de intervenção visando melhorá-lo e diluir nele a identidade individual. No que diz respeito à biotecnologia e à medicina modernas, Le Breton destaca que se privilegiam o mecanismo corporal e uma concepção do organismo como coleção de órgãos e de funções potencialmente substituíveis, enfatizando a fragilidade que o caracteriza. Na civilização ocidental, a alteração do corpo remete a uma alteração moral, ao mesmo tempo que a alteração moral acarreta a ideia de que o corpo não é apropriado e são necessárias correções para adequá-lo.[12]

A preocupação com o corpo que envelhece se manifesta intensamente tanto na parte fisiológica quanto na parte estética, como pode ser observado no discurso dos pesquisados. Apesar de inevitável, o envelhecimento do corpo é e combatido. Como destaca Guita Debert, ao abordar as tecnologias de rejuvenescimento, essas práticas visam driblar o normal, impedindo que a natureza siga seu curso.[13] A aversão ao corpo envelhecido organiza o uso das tecnologias disponíveis e o modo como esse uso se reproduzirá. Com o aumento no número de pessoas mais velhas na população, o mercado de bens e serviços especializados que emerge se empenha em mostrar como os "jovens de idade avançada" devem agir para reparar as marcas do envelhecimento. A autora ressalta que a materialidade do corpo envelhecido se transforma em norma, a partir da qual ele é julgado e suas possibilidades são restringidas.

As análises de Le Breton e Debert apontam aspectos que podem ser identificados nas atuais pesquisas sobre envelhecimento e também na responsabilização dos indivíduos pela condução desse processo, visto que o corpo se torna não apenas passível de alteração, mas passa a necessitá-la para seu melhor funcionamento.

Nesse âmbito se inserem as pesquisas de envelhecimento que apostam na medicina *anti-aging* como solução para o que consideram um problema: envelhecer. Destaca-se, nesse cenário, o projeto do biomédico gerontologista Aubrey de Grey.

Aubrey de Grey é um biogerontologista autodidata que obteve o Ph.D. em Cambridge com o estudo sobre os radicais livres mitocondriais, publicado como "The Mitochondrial Free Radical Theory of Aging."[14] Aubrey de Grey parte da teoria dos radicais livres mitocondriais proposta por Denham Harman na década de 1950 e que se tornou referência nos estudos sobre o envelhecimento. Aubrey De Grey estuda a trajetória da teoria que ganhou forma na década de 1970 com Harman, que indicou que a mitocôndria é, ao mesmo tempo, a fonte e a vítima direta dos radicais livres. Desde então, a teoria tem sido alvo de refutações e corroborações a respeito da relação entre os danos causados à mitocôndria pelos radicais livres e a expectativa de vida.

Para Aubrey de Grey, contudo, os radicais livres mitocondriais são apenas parte do problema.[15] Para ele, o envelhecimento é resultado do processo metabólico natural. As doenças relacionadas à velhice são derivadas do acúmulo de danos causados pelos efeitos colaterais desse processo. Nessa perspectiva, o envelhecimento é o conjunto de efeitos colaterais do metabolismo que altera a composição do corpo ao longo do tempo, tornando-o gradativamente menos capaz de se automanter e progressivamente menos funcional.

Aubrey de Grey defende que, ao remover os danos produzidos pelo metabolismo, é possível expandir o tempo de vida saudável. O Sens, criado por ele, consiste em um projeto que visa reunir recursos financeiros e especialistas de diversas áreas científicas para o desenvolvimento de pesquisas que alcancem soluções para os danos do metabolismo. O Sens reúne uma equipe multidisciplinar de cientistas de diversas universidades e instituições de pesquisa no mundo, fator que auxilia na disseminação da ideia de combate ao envelhecimento como meta científica.

O desafio proposto pelo projeto é desenvolver o *enhancement* do corpo, aperfeiçoando suas capacidades às necessidades metabólicas, partindo do princípio de que o corpo tem a capacidade latente de se regenerar. A utilização da biotecnologia permitiria explorar essa capacidade para além do que o corpo poderia desenvolver em condições naturais.

Aubrey de Grey considera ineficientes e paliativos os modelos geriátrico e gerontológico consolidados. Para ele, os problemas físicos estão vinculados ao envelhecimento e a única solução possível é intervir e parar a causa desses problemas. O alvo de intervenções deve ser, portanto, não as doenças associadas ao envelhecimento, mas o próprio processo de envelhecimento. Para Aubrey de Grey, é necessária a construção de uma legítima medicina *anti-aging*, que precisa ter dois objetivos: evitar o acúmulo de danos e reverter os danos já existentes.

A medicina regenerativa é a principal base do projeto, cujo objetivo é a restauração da estrutura molecular, celular e de tecidos individuais ao estado anterior à experiência de danos e degeneração. Como afirma Aubrey de Grey: "O envelhecimento é inequivocamente uma condição degenerativa. Por isso, parece ser um alvo natural da medicina regenerativa."[16]

A noção *anti-aging* tem na medicina regenerativa uma das principais condições para sua realização. Embora o termo *anti-aging* esteja sendo difundido amplamente, especialmente pela atuação de uma indústria crescente voltada para a atenuação dos sinais da velhice, Aubrey de Grey se empenha em diferenciar e definir o lugar da medicina *anti-aging* que propõe.[17] Para ele, a chamada "medicina *anti-aging*" ainda não existe efetivamente, embora sua construção esteja em curso. Vinculada a um contexto de fortalecimento da medicina regenerativa, da biotecnologia e das terapias genéticas, o projeto de Aubrey de Grey tem sua base na alteração corporal, em vista de um desempenho específico. Essa estratégia, ao menos nas metas defendidas, envolve a conquista da eficiência, funcionalidade, produtividade e resistência do corpo.

Se em determinado momento da história da humanidade chegar a ficar velho era sinal de ter vencido outras formas de mortalidade e a expansão da vida era um dos fatores indicadores do progresso, hoje, envelhecer pode adquirir o sentido de um declínio que obstrui o progresso. Essa concepção está claramente expressa no título de um artigo de Aubrey de Grey: "A resistência em debater como retardar o envelhecimento está atrasando o progresso e custando vidas."[18]

Como Gísli Pálsson mostra no artigo "Decode Me!", a genética é um novo campo de significações, influenciando diretamente na construção da identidade de indivíduos e de grupos.[19] Biotecnologia, de maneira ampla, consiste em técnicas desenvolvidas para alterar e controlar o biológico. Observa-se, portanto, a tendência de mudanças na concepção de humanidade e na experiência humana no mundo, na medida em que a dimensão molecular ascende como uma nova possibilidade de compreender a natureza dos humanos e promove novas vias de intervenção através da biotecnologia.

Tim Ingold ressalta que o pensamento ocidental foi durante muitos séculos marcado pela ideia de que a missão da humanidade era controlar a natureza.[20] A natureza, em seu estado original, é tida como um

A LONGEVIDADE DA JUVENTUDE

ambiente pouco favorável à humanidade. No pensamento moderno, os termos "natureza", "cultura" e "tecnologia" reivindicam a supremacia da razão, como campo específico do social, em oposição à natureza externa. De acordo com a matriz das sociedades modernas ocidentais, a tecnologia faz parte do estabelecimento de condições epistemológicas que reivindicam o controle da sociedade sobre a natureza, o que implica um afastamento entre esses dois domínios. Ressaltar a existência dessa dicotomia, bem como compreender de que forma ela está presente na ciência moderna, é crucial para analisar as tendências nas pesquisas de envelhecimento no que diz respeito aos posicionamentos favoráveis e desfavoráveis a uma intervenção mais radical na duração da vida.

Gísli Pálsson destaca que hoje os humanos se reinventam em um novo sentido e fundamentalmente em uma nova escala, alterando sua constituição e desenvolvimento corporais de maneira deliberada.[21] A vida é modificada de modo gradativo e reproduzida artificialmente. Nesse contexto, as pesquisas de envelhecimento ganham força e são redirecionadas por cientistas que acreditam que é possível descobrir meios de interferir nesse processo, criando novas expectativas a respeito do que a medicina e a tecnologia, especialmente a biotecnologia, podem fazer pela preservação da vida humana. Destacam-se as especulações a respeito do que é possível ser alterado na natureza humana e quais os limites da atuação científica, evidenciando a tensão entre "natural" e "artificial" e entre natureza e sociedade.

Pode-se questionar em que medida essas pesquisas que buscam uma solução para o que consideram um problema – envelhecer – ganham espaço em um contexto em que o envelhecimento passa a ser percebido como uma ameaça ao desenvolvimento econômico. O gradativo envelhecimento das populações e as expectativas em relação aos gastos e recursos a serem dispensados para lidar com as transformações da configuração etária são frequentemente abordados por esses pesquisadores.

A expansão da vida acompanhada da redução dos danos causados pelo envelhecimento pode ser pensada como um novo elemento constitutivo do progresso das sociedades capitalistas ocidentais?

Expansão da vida e interrupção do processo de envelhecimento

A respeito do direcionamento das pesquisas sobre envelhecimento, há dois objetivos principais: a busca por meios de expandir a vida humana e a tentativa de intervir e parar o processo de senescência. Embora sejam objetivos que se relacionam, designam prioridades distintas que precisam ser consideradas para compreender as controvérsias no campo de pesquisas de envelhecimento.

O objetivo de Aubrey de Grey se refere ao viés da interrupção do envelhecimento. O "trabalho de manutenção" visa impedir que o envelhecimento se manifeste, e não apenas aumentar a duração da vida humana. A simples expansão não exclui a existência do processo de envelhecimento e suas características de desgaste do organismo, porém visa torná-lo mais lento e viabilizar tratamentos para doenças relacionadas.

Aubrey de Grey considera seu empreendimento uma preocupação com o adoecimento e a fragilização ao longo do processo de envelhecimento. Sua intenção é, portanto, garantir a permanência da plena funcionalidade corporal e as condições saudáveis do organismo até o final da vida. A extensão ilimitada da vida é um efeito, não a meta.

No viés de expansão da vida, há uma variedade maior de projetos para o envelhecimento. Os programas que visam soluções para doenças decorrentes do envelhecimento, adotados pela maioria dos biogerontologistas e criticados por Aubrey de Grey, podem ser relacionados a esse viés, na medida em que têm por objetivo ampliar a expectativa de vida, mas não incluem a interrupção do envelhecimento.

No livro *Ending Aging*, Aubrey de Grey fala sobre a motivação de seu projeto de biotecnologia de rejuvenescimento e busca demonstrar a generalidade do sentimento de luta contra a própria decadência:

> A indústria *anti-aging* é enorme, apesar da (digamos) alta variabilidade da habilidade destes produtos fazerem o que eles dizem que podem fazer, e isso só acontece porque as pessoas não estão muito felizes de se verem decaindo ou de serem vistas decaindo.[22]

Aubrey de Grey defende a intervenção no envelhecimento como meta legítima da biomedicina na medida em que identifica o envelhecimento como um incômodo, visto como um problema pela maioria das pessoas e que causa grande sofrimento. Além disso, argumenta que as mortes por velhice são extremamente raras. No geral, as pessoas morrem de doenças facilitadas pela vulnerabilidade decorrente da senescência.

Para ele, o envelhecimento é uma alteração corporal que, embora ocorra naturalmente, é em si mesma prejudicial da mesma forma que as patologias já legitimadas como alvos da medicina. Mais do que isso, as doenças relacionadas à velhice seriam manifestação de um mal físico maior, uma vez que o envelhecimento é o próprio resultado dos danos acumulados no organismo e designaria um processo de deficiências e vulnerabilidades que favorece a manifestação de doenças específicas.

Aubrey de Grey[23] questiona a relutância em debater meios para retardar o envelhecimento e afirma que essa resistência atrasa o progresso e custa vidas, levando a discussão à esfera política e evidenciando as disputas no próprio campo da biomedicina.

Para ele, investir no retardamento do envelhecimento teria um impacto sobre a saúde pública muito maior do que o tratamento dispensado às doenças relacionadas a esse processo. Suas críticas indicam impedimentos também de ordem ética e a existência de divergências a respeito das interpretações das evidências biológicas disponíveis. Entre as principais críticas feitas a esse tipo de pesquisa que busca interferir no processo de envelhecimento está o fato de serem embasadas em métodos que ainda se encontram em um patamar especulativo.

Aubrey de Grey aponta a falta de recursos destinados a esse tipo de pesquisa, evidenciando o desinteresse de políticos e empresas em investir no desenvolvimento de biotecnologia regenerativa no caso do envelhecimento.[24] Para ele, esse fato se deve à crença de que o envelhecimento, diferentemente de outros problemas, como o câncer e o Alzheimer, não é "tratável".[25] A crença seria reforçada pelos protestos dos próprios biogerontologistas no passado, ao afirmarem que "envelhecimento não é doença", o que ele sugere ser um lema presente no *mainstream* da biogerontologia ainda nos dias atuais.

Aubrey de Grey enfatiza o peso do declínio da funcionalidade do organismo para a condução da vida cotidiana, bem como o impacto nas possibilidades de realização pessoal no contexto contemporâneo. Ao defender a necessidade de uma "verdadeira" medicina *anti-aging*, destaca uma visão da sociedade onde a velhice não tem lugar.

A oposição à expansão da vida

Na contramão das expectativas em torno das pesquisas que buscam desvendar o envelhecimento humano com o objetivo de solucioná-lo, estão os cientistas que apontam as ilusões e/ou os perigos em torno desse projeto. A bioética emerge como um dos principais obstáculos a tais estudos, pelas consequências negativas que podem trazer para a humanidade ou mesmo em relação à própria prática científica. Contudo, há também quem acredite que essas pesquisas são "uma falsa promessa" e que a expansão ilimitada da vida humana é impossível.

A LONGEVIDADE DA JUVENTUDE

Colin Blakemore destaca a universal obsessão humana em "trapacear" a morte, seja através da imortalidade, da vida após a morte ou reencarnação.[26] Tal obsessão permaneceria por trás dos projetos científicos *anti-aging*. Se para Aubrey de Grey o envelhecimento é o maior problema do mundo, para Blakemore os problemas criados por sua eliminação são muito maiores. Assim, Blakemore questiona tanto a possibilidade de as técnicas criadas serem eficazes para acabar com o envelhecimento quanto a ideia de que parar o envelhecimento seria benéfico para os humanos. Em suas previsões, os efeitos de uma população que não envelhece e não se renova seriam catastróficos: superpopulação, falta de alimentos, mudanças climáticas etc.

Essas questões a respeito dos desastres sociais que a expansão da vida pode causar estão presentes nos argumentos dos opositores que falam do ponto de vista da bioética. No debate, incluem-se os questionamentos a respeito da desigualdade de acesso a essa tecnologia e os efeitos para a sociedade e para o convívio humano, uma vez que ele depende amplamente do significado da vida e da forma como ela é experienciada, na medida em que "o contexto social não é somente um recurso instrumental para realizar os planos de vida individuais, mas a precondição para viver uma vida humana".[27]

Pode-se verificar que a busca da longevidade e, mais do que isso, do rejuvenescimento dessa vida maior, está presente nos esforços científicos atuais. Entretanto, a discussão sobre o que é de fato possível desvela divergências a respeito do que é a natureza humana, de como os indivíduos interagem com o meio e, consequentemente, de como a ciência e a medicina devem contribuir para a gestão do envelhecimento na sociedade. O próprio papel do envelhecimento e da morte para a existência da sociedade é uma preocupação central nesse debate e, na perspectiva dos opositores de Aubrey de Grey, aspecto básico da condição humana. Não envelhecer é "desumanizar".

Considerações finais

Seja através dos radicais livres mitocondriais, da telomerase ou das células-tronco, o que pode ser observado é uma tendência a um fisicalismo na concepção da vida. O poder de determinar a vida em sua duração é atribuído à matéria corporal, especialmente no nível celular da unidade da vida. As pesquisas *anti-aging* têm em comum a proposição de uma capacidade existente no próprio corpo de se regenerar. A matéria corporal traria em si mesma a possibilidade de aprimoramento e expansão de suas funções. A biotecnologia é apontada como o meio mais adequado para o desenvolvimento dessa potencialidade.

No discurso dos pesquisados é evidente o descontentamento com as transformações físicas provocadas pelo envelhecimento. Características da personalidade são consideradas fundamentais para que a pessoa não se entregue à velhice. O corpo é visto como um obstáculo a um espírito que se mantém jovem. Uma vida longa é desejável, mas eles temem, principalmente, viver com limitações físicas.

Para eles, viver muito e preservar por mais tempo os aspectos da juventude, como beleza, força e produtividade, é uma conquista possível. Apesar dos muitos anos vividos, os exemplos de bom envelhecimento mostram que é plausível continuar a aproveitar a vida. Eles se mantêm em movimento, criando, produzindo, e contrariam a expectativa de uma velhice limitada, parada, improdutiva. Os pesquisados acreditam que as pessoas devem buscar uma velhice saudável, o que depende, principalmente, da forma como cuidam do corpo e da saúde ao longo da vida.

Paula Sibilia sugere a existência do "mito cientificista", referente às projeções não consumadas pela ciência, mas que vigoram na expectativa das pessoas em relação ao envelhecimento.[28] Transforma-se, assim, a vivência do envelhecimento em um processo situado no limiar entre o possível e o desejável.

Quanto mais o envelhecimento é desvendado e compreendido de forma sistemática, maior a exigência moral de controlá-lo. Essa situação de controle que a ciência supostamente permite por meio das mais variadas técnicas e recursos define a escolha pessoal como determinante no tipo de envelhecimento vivenciado.

Independentemente dos resultados que essas pesquisas alcançarão, o fato é que se observa um movimento no sentido de decifrar o processo de envelhecimento em sua totalidade. Tal empreendimento indica que o envelhecimento precisa ser explicado, racionalizado. Portanto, pode-se admitir que o envelhecimento se tornou um problema a ser cada vez mais controlado.

De acordo com Norbert Elias, os Estados-nação constituíram um novo patamar da civilização ao aumentarem a segurança relativa dos indivíduos, diminuindo a incidência de mortes brutais e repentinas e tornando a vida mais previsível.[29] O processo civilizador exigiu dos indivíduos um maior controle de suas paixões e de seus impulsos, o que implica maior disciplina. A racionalização da vida moderna, tal como sugere Max Weber, reduziu a presença de elementos mágicos na concepção da realidade e introduziu a ciência como discurso legítimo e hegemônico na explicação dos fenômenos e soluções de problemas.[30] A obsessão por burlar a finitude da vida[31] tem hoje, para esses pesquisadores, uma "verdade" científica.

Como destaca Paul Rabinow, a ciência é conhecimento especializado e o trabalho científico está atrelado ao progresso.[32] Assim, toda conquista científica abre novas questões. Tendo em vista esse novo campo de pesquisas sobre o envelhecimento e a biotecnologia em desenvolvimento, é imprescindível identificar as questões que elas suscitam e de que forma se enquadram no progresso das sociedades ocidentais capitalistas.

A expansão da longevidade da vida humana não é uma meta recente, mas ganha novos contornos. Pode-se relacionar tal impulso a novas formas de pensar o envelhecimento e ao maior empenho em desvendar esse fenômeno como efeito de um resultado de esforços anteriores, que garantiram o aumento da expectativa de vida em poucas décadas, superando as estimativas feitas previamente. Juntamente com a queda nas taxas de natalidade, a expectativa de indivíduos mais longevos fez emergir a necessidade de se pensar como lidar com populações com menos jovens.

As pesquisas voltadas para a medicina *anti-aging* podem fornecer uma alternativa à mera expansão da vida: uma vida mais longa, com menos declínio físico, menos doenças e, enfim, menos envelhecimento da maneira como é conhecido até agora.

Portanto, a medicina *anti-aging* parece atuar em consonância com os anseios dos pesquisados: viver muito e não se tornar velho.

Notas

1. Myriam Lins de Barros, "A velhice na contemporaneidade", *in Família e envelhecimento.*
2. Alda Britto da Motta, "Chegando pra idade" *in Velhice ou terceira idade.*
3. Guita Debert, "Velhice e tecnologias do rejuvenescimento", *in Corpo, envelhecimento e felicidade.*
4. Clarice Peixoto, "Aposentadoria", *in Família e envelhecimento.*
5. Ronaldo Helal, Maria Claudia Coelho, "Mídia, idolatria e construção da imagem pública", *in Pesquisa de Campo.*
6. Mike Featherstone, Mark Hepworth, "Envelhecimento, tecnologia e o curso da vida incorporado", *in Políticas do corpo e o curso da vida.*
7. Alexandre Kalache, Renato Veras, Luiz Roberto Ramos, "O envelhecimento da população mundial", *in Revista Saúde Pública.*
8. IBGE, "Tábuas completas de mortalidade".
9. ONU, "Social Indicators, Health, Table, Life Expectancy".
10. James Vaupel e Jim Oeppen, "Broken limits to life expectancy", *in Science.*
11. Norbert Elias, *A solidão dos moribundos.*
12. David Le Breton, *Adeus ao corpo.*
13. Guita Debert, "Velhice e tecnologias do rejuvenescimento", *in Corpo, envelhecimento e felicidade.*

14. Aubrey de Grey, "The Mitochondrial Free Radicals Theory of Aging".
15. *Idem*, "Defeat of Aging", *in The Future of Life and the Future of our Civilization*.
16. *Idem*, "Aging", *in World Stem Cell Report*, p. 1.
17. *Idem*, "The Foreseeability of Real Anti-aging Medicine", *in Anti-Aging Medical Therapeutics*.
18. *Idem*, "Resistance to Debate on How to Postpone Ageing is Delaying Progress and Costing Lives", *in EMBO Reports*.
19. Gísli Pálsson, "Decode-me!", *in Current Anthropology*.
20. Tim Ingold, *The Perception of the Environment*.
21. Gísli Pálsson, "Biosocial Relations of Production", *in Comparative Studies in Society and History*.
22. Aubrey de Grey, Michael Rae, *Ending Aging*, p. 10.
23. *Idem*, "Resistance to Debate on How to Postpone Ageing is Delaying Progress and Costing Lives", *in EMBO Reports*.
24. *Idem*, "Why Aren't More Wealthy People Funding Aging Research?", *in Life Extension Magazine*.
25. *Idem*, "Resistance to Debate on How to Postpone Ageing is Delaying Progress and Costing Lives", *in EMBO Reports*.
26. Colin Blakemore, "Why Can't We Live Forever?", *in The Times*.
27. Martien Pijnenburg, Carlos Laget, "Who Wants to Live Forever?", *in Journal of Medical Ethics*.
28. Paula Sibilia, "A moral da pele lisa e a censura midiática da velhice", *in Corpo, envelhecimento e felicidade*.
29. Norbert Elias, *A solidão dos moribundos*.
30. Max Weber, *Ensaios de sociologia*.
31. Norbert Elias, *A solidão dos moribundos*; Colin Blakemore, Why can't we live forever?, *in The Times*.
32. Paul Rabinow, "Life Sciences", *in Is Human nature obsolete*.

Referências bibliográficas

BARROS, Myriam Moraes Lins de. "A velhice na contemporaneidade". In: PEIXOTO, Clarice (Org.). *Família e envelhecimento*. Rio de Janeiro: FGV, 2004.

BLAKEMORE, Colin. "Why Can't We Live Forever?" *The Times*, Eureka, janeiro de 2012. Disponível em: <http://users.ox.ac.uk/~science/docs/CB_Why_cannot_we_live_forever-Eureka_050112.pdf>. Acesso em: 27 dez. 2012.

DEBERT, Guita. "A antropologia e o estudo dos grupos e das categorias de idade". In: BARROS, Myriam Lins de (Org.). *Velhice ou terceira idade*. Rio de Janeiro: FGV, 2006.

DEBERT, Guita. "Velhice e tecnologias do rejuvenescimento". In: GOLDENBERG, Mirian (Org.). *Corpo, envelhecimento e felicidade*. Rio de Janeiro: Civilização Brasileira, 2011.

DE GREY, Aubrey. *The Mitochondrial Free Radicals Theory of Aging*. Austin, Texas: R.G Landes Company, 1999. Disponível em: <http://www.sens.org/files/pdf/MiFRA-06.pdf>. Acesso em: 10 jan. 2012.

DE GREY, Aubrey. *Resistance to Debate on How to Postpone Ageing is Delaying Progress and Costing Lives*. EMBO Reports, v. 6, special issue, 2005a. Disponível em: <http://users.ox.ac.uk/~science/docs/7400399.pdf>. Acesso em: 13 jan. 2013.

DE GREY, Aubrey. *The Foreseeability of Real Anti-aging Medicine*. Anti-Aging Medical Therapeutics, American Academy for Anti-Aging Medicine, v. 7, p. 59-68, 2005b. Disponível em: <http://www.sens.org/files/pdf/A4M04-PP.pdf>. Acesso em: 20 jan. 2013.

DE GREY, Aubrey. *Defeat of Aging: Utopia or Foreseeable Scientific Reality?* In: BURDYUZHA, Vladimir (Ed.). *The Future of Life and the Future of our Civilization*. Frankfurt: Springer, 2006 p. 277-290.

DE GREY, Aubrey. "Aging: a Foreseeable Target of Stem Cells and Regenerative Medicine". *World Stem Cell Report*, 2008, p. 17-19.

DE GREY, Aubrey. "Why Aren't More Wealthy People Funding Aging Research?" *Life Extension Magazine*, September 2011. Disponível em: <http://www.lef.org/magazine/mag2011/sep2011_Why-Arent-More-Wealthy-People-Funding-Aging-Research_01.htm>. Acesso em: 10 jan. 2013.

DE GREY, Aubrey; RAE, Michael. *Ending Aging:* The Rejuvenation Breakthroughs That Could Reverse Human Aging in Our Lifetime. Nova York: St. Martin's Press, 2007.

ELIAS, Norbert. *A solidão dos moribundos*. Rio de Janeiro: Jorge Zahar, 2001.

FEATHERSTONE, Mike; HEPWORTH, Mark. "Envelhecimento, tecnologia e o curso da vida incorporado". In: DEBERT, Guita (Org.). *Políticas do corpo e o curso da vida*. São Paulo: Sumaré, 2000.

HELAL, Ronaldo; COELHO, Maria Claudia. *Mídia, idolatria e construção da imagem pública: um estudo de caso*. Pesquisa de Campo, Rio de Janeiro, n. 3-4, 1996, p. 79-88.

IBGE. "Tábuas completas de mortalidade, 2010". Disponível em: <http://www.ibge.gov.br/home/presidencia/noticias/noticia_visualiza.php? id_noticia=2032&id_pagina=1>. Acesso em: 13 jan. 2013.

INGOLD, Tim. *The Perception of the Environment:* Essays on Livelihood, Dwelling and Skill. Londres: Routledge, 2000.

KALACHE, Alexandre; VERAS, Renato; RAMOS, Luiz Roberto. "O envelhecimento da população mundial: um desafio novo". *Rev. Saúde Pública* [on-line], v. 21, n. 3, p. 200-210, 1987. Disponível em: <www.scielo.br/scielo.php?script=sci_arttext&pid=S0034-89101987000300005&lng=pt&nrm=iso>. Acesso em: 10 jan. 2013.

LE BRETON, David. *Adeus ao corpo*. Campinas: Papirus, 2003.

MOTTA, Alda Britto da. "Chegando pra idade". *In*: BARROS, Myriam Lins de (Org.). *Velhice ou terceira idade*. Rio de Janeiro: FGV, 2006.

ONU. "Social Indicators, Health, Table, Life Expectancy, 2012". Disponível em: <http://unstats.un.org/unsd/demographic/products/socind/>. Acesso em: 12 jan. 2013.

PÁLSSON, Gísli. "Biosocial Relations of Production". *Comparative Studies in Society and History*, n. 51, v. 2, p. 288-313. Nova York: Cambridge, 2009.

PÁLSSON, Gísli. *Decode me!* Current Anthropology, v. 53, n. S5, April 2012. Disponível em: <http://www.jstor.org/stable/10.1086/662291>. Acesso em: 10 jan. 2013.

PEIXOTO, Clarice. "Aposentadoria: retorno ao trabalho e solidariedade familiar". *In*: PEIXOTO, Clarice (Org.). *Família e envelhecimento*. Rio de Janeiro: FGV, 2004.

PIJNENBURG, Martien; LAGET, Carlos. "Who Wants to Live Forever? Three Arguments against Extending the Human Lifespan". *Journal of Medical Ethics*, October 2007. Disponível em: <http://www.ncbi.nlm.nih.gov/pmc/articles/PMC2652797/>. Acesso em: 10 jan. 2013.

RABINOW, Paul. "Life Sciences: Discontents and Consolations". In: BAILLIE, Harold; CASEY, Timothy (Ed.). *Is Human Nature Obsolete: Genetics Bioengineering, and the Future of the Human Condition*. Cambridge: MIT Press, 2005.

SIBILIA, Paula. "A moral da pele lisa e a censura midiática da velhice: o corpo como uma imagem com falhas". In: GOLDENBERG, Mirian (Org.). *Corpo, envelhecimento e felicidade*. Rio de Janeiro: Civilização Brasileira, 2011.

VAUPEL, James; OEPPEN, Jim. *Broken limits to life expectancy*. Science, v. 296, p. 1029-1031, maio 2002.

WEBER, Max. *Ensaios de sociologia*. Rio de Janeiro: LTC, 1982.

4. O envelhecimento e as mudanças no corpo: novas preocupações e velhas angústias

Beatrice Cavalcante Limoeiro

O envelhecimento tem significados distintos em diferentes culturas e contextos históricos e sociais. A maneira como os indivíduos representam ou interpretam a passagem do tempo, o acúmulo de anos vividos e as transformações corporais mudam conforme o contexto sociocultural.

Como destaca David Le Breton, há um duplo sentimento de envelhecer: a consciência de si e do corpo que muda e a apreciação cultural.[1] Vincent Caradec afirma que a experiência de envelhecer se impõe aos indivíduos do exterior.[2] No entanto, o envelhecimento também é sentido no e através do corpo, pelas mudanças na aparência e diminuição de sua capacidade física.

No Brasil, país que experimenta cada vez mais intensamente o fenômeno do envelhecimento em seu cotidiano e passa por uma transição demográfica, já que a população vive mais e a taxa de natalidade diminui, o processo de envelhecer é percebido como um momento de declínio e de perda de atributos socialmente valorizados. Portanto, muitos lutam contra isso, procurando disfarçar ou retardar os sinais que revelam que estão envelhecendo.

O objetivo deste artigo é analisar de que forma homens e mulheres de diferentes idades percebem e classificam o envelhecimento, pensando tanto em si próprios como no envelhecimento de outros.

O ENVELHECIMENTO E AS MUDANÇAS NO CORPO

Tal reflexão foi produto da análise de questões como: as mudanças na aparência, a cirurgia plástica, o aparecimento das rugas e as diferenças de gênero no envelhecimento que surgiram nas respostas de mais de 1.600 questionários aplicados em moradores da cidade do Rio de Janeiro e 18 entrevistas em profundidade feitas com mulheres de mais de 60 anos.

Busquei compreender como os pesquisados percebem e lidam com o corpo no cotidiano. Que valores positivos e/ou negativos atribuem ao envelhecimento corporal? Que aspectos consideram importantes e por quê? Como o olhar do outro pode influenciar a percepção do próprio processo de envelhecimento? As diferentes faixas etárias têm a mesma perspectiva no que diz respeito ao corpo? Quais as diferenças entre essas gerações? Quais as diferenças entre as representações femininas e masculinas sobre esse processo?

Investiguei a relação entre corpo, estética e envelhecimento, usando como fonte as respostas de 1.617 homens e mulheres de diversas faixas etárias que responderam a um questionário. Como forma de aprofundar algumas questões que surgiram ao longo da pesquisa coordenada pela antropóloga Mirian Goldenberg, analiso também 18 entrevistas em profundidade realizadas com mulheres de mais de 60 anos.

Alguns exemplos de perguntas são: "Para você, o que significa envelhecer?"; "Você tem medo de envelhecer?"; "Você toma algum cuidado para não envelhecer?"; "Na sua opinião, homens e mulheres envelhecem de forma diferente?"; "Você deixaria de fazer ou usar algo porque envelheceu?"; "Você fez ou faria cirurgia plástica?".

Dos que responderam ao questionário, 59% são mulheres e 41%, homens; 55% têm de 17 a 39 anos; 30%, 40 a 59 anos; e 15% têm 60 anos ou mais. Dos participantes, 41% moram em bairros localizados na Zona Norte da cidade do Rio de Janeiro, 19% residem em bairros da Zona Sul e 15% vivem na Zona Oeste. São solteiros 56% deles, 32% são casados, 8% são divorciados e 5%, viúvos.

Com relação às 18 entrevistadas com mais de 60 anos, 50% residem em bairros da Zona Sul, enquanto 27% moram na Zona Norte. As outras 13% residem em outras cidades do Estado do Rio de Janeiro. Delas, 27% são viúvas, 22% são solteiras, 16%, casadas e 11% são divorciadas ou separadas.

O programa de computador ATLAS.ti auxiliou na organização e classificação das respostas recebidas. Assim, foi possível destacar todas as vezes em que se falou de corpo, aparência, cirurgia plástica e diferenças de gênero, nas diferentes perguntas dos questionários e das entrevistas.

No momento da análise, optei por examinar separadamente as faixas (até 39 anos, de 40 a 59 anos e 60 anos ou mais), a fim de compreender as especificidades presentes em cada etapa da vida.

Com essa divisão não pretendi naturalizar as etapas de vida construídas socialmente e suas respectivas classificações, pois acredito, como Pierre Bourdieu, que as ideias de juventude (ou de velhice) são arbitrárias e não estão atreladas somente à idade cronológica, mas obedecem a uma representação construída socialmente.[3] Debert afirma que o recorte de idades e a definição de práticas legítimas associadas a cada etapa da vida são construções culturais e mudam historicamente.[4] Essas categorias são constitutivas de realidades sociais específicas, estabelecem direitos e deveres diferenciados e definem relações entre gerações.

No entanto, levando em consideração que as idades constituem referências fundamentais para a inserção dos indivíduos na sociedade moderna, busquei investigar de que modo pessoas de diferentes faixas etárias percebem o envelhecimento. Acredito que este trabalho pode contribuir para o entendimento do que representa envelhecer na sociedade brasileira, mais especificamente na cultura carioca, na medida em que procurei compreender como indivíduos classificam, valorizam e lidam com as mudanças corporais características desse processo.

Aparência, cirurgia plástica e diferenças de gênero

Ao analisar as respostas dos pesquisados, pude observar que os temas mais citados – mesmo quando não estava questionando especificamente sobre eles – são as mudanças na aparência que o envelhecimento pode trazer. O envelhecimento aparece intimamente ligado à perda da beleza.

Os pesquisados mencionam a pele como fonte de insatisfação ou como área do corpo que necessita de cuidados especiais. A pele parece refletir de forma mais evidente, para si e para os outros, o desgaste da passagem dos anos. O descontentamento com as mudanças na pele foi recorrente em especial nas respostas de mulheres. O surgimento de cabelos brancos também pareceu ser indicativo corporal de envelhecimento, e que merece seus próprios cuidados. Apenas uma pequena minoria dos pesquisados declarou não se preocupar ou não tomar nenhum cuidado para manter a aparência jovem.

Outra questão significativa que aparece nas respostas diz respeito à necessidade de estar em boa forma física e não ter excesso de peso, além de aparentar menos idade. Afinal, como destaca Paula Sibilia, o corpo que mostra sinais de envelhecimento, que são sempre indesejáveis, como rugas, manchas, varizes, pelancas, tem menor valor do que o corpo que se mantém jovem.[5]

Neste caso, quando se fala em envelhecer, fica evidente a importância do olhar do outro. Pois, como ressaltou Simone de Beauvoir, uma das principais e mais importantes formas de se sentir velho, envelhecendo ou envelhecido é por meio do olhar, julgamento e representação do outro.[6]

As mulheres demonstram preocupações específicas com as modificações no corpo que o envelhecimento pode causar, tais como: rugas, celulite, manchas de sol, varizes, estrias, olheiras, papada no pescoço e pálpebras caídas. Isso revela que elas são muito mais detalhistas do que os homens quando se trata de explicitar suas percepções a respeito dos possíveis efeitos do envelhecimento na aparência do corpo.

Uma mulher (51 anos), ao responder se existem diferenças entre o envelhecimento deles e delas, disse: "Fisicamente, sim. As mulheres têm celulites e estrias, que não aparecem nos homens. Em compensação eles têm de cuidar mais do abdômen." Outra mulher (44 anos), ao responder à pergunta sobre em que idade acha que ficará velha, disse: "Aos 50 anos, porque as olheiras, pálpebras inchadas, rugas, pneu estão aumentando muito rápido. Percebi aos 39 anos essas mudanças." Ao responder à mesma pergunta uma mulher (20 anos) afirmou: "Depois dos 50. Porque as rugas e manchas por exposição ao sol estarão visíveis toda vez que eu me olhar no espelho. Isso sem contar com os efeitos da gravidade que enfrentarei nos próximos 30 anos."

Respostas semelhantes a essa evidenciam uma preocupação precoce das mulheres com os efeitos do envelhecimento. Destaco também a resposta de uma mulher (20 anos): "Não sei quando ficarei velha, mas o meu maior medo é o da velhice estética, começar a aparentar o envelhecimento."

Os homens também citam a mudança e a decadência na aparência como algo inerente ao envelhecimento, demonstrando que tal questão também se coloca como algo importante para eles. No entanto, homens e mulheres citam aspectos diferentes e expressam essas preocupações de formas distintas.

Mesmo que em menor número em relação às mulheres, a preocupação com a possível perda da aparência jovial também aparece no discurso masculino, especialmente entre os mais novos. Um homem (26 anos) disse: "Meu maior medo com relação ao envelhecimento é perder a beleza física que eu acho que tenho." Outro homem (26 anos), ao falar sobre o que invejaria em um jovem, disse: "Somente a aparência da pele sempre jovem. Porque aparência de velho, enrugado, decadente é uma merda, é feio e desagradável." Outro (21 anos), ao falar sobre o pior aspecto do envelhecimento, disse: "Não sou hipócrita. Vejo como a pior coisa em envelhecer a questão estética mesmo."

Um homem (67 anos) ajuda a compreender a representação sobre o envelhecimento masculino: "Quando me olho no espelho, acho que já fui mais bonito, mas o que perdi em beleza, o que é relativo, ganhei em charme e elegância." E esses ganhos foram mencionados apenas pelos homens. Uma mulher (47 anos), ao responder se existe diferença entre o envelhecimento masculino e feminino disse: "Sim, a juventude em relação à mulher é muito mais cobrada, mulher de cabelos brancos é velha; no homem, cabelos brancos são um charme."

Ao citarem exemplos de bom envelhecimento, os pesquisados mencionaram o encanto masculino. Uma mulher (40 anos) disse: "Sean Connery. Tem um charme que nem a idade apagou." Um homem (21 anos) disse: "Kiefer Sutherland. Ele tem charme e elegância." A mesma característica não foi atribuída a nenhuma mulher mencionada durante a pesquisa.

Outros temas recorrentes entre os homens são: cabelos brancos, rugas e calvície. Como disse um homem (53 anos) ao responder se toma algum cuidado para não envelhecer: "Pintar o cabelo. Para me sentir mais jovem." Um homem (19 anos) fala sobre o momento em que uma pessoa começa a envelhecer: "Quando aparecem os primeiros cabelos brancos ou quando começam a cair os primeiros fios de cabelo." E outro homem (32 anos), ao falar sobre qual seria a pior característica do envelhecimento: "São as rugas, a flacidez da pele, os cabelos brancos."

Ao citarem partes do corpo em que desejariam fazer cirurgias plásticas em algum momento de suas vidas, os homens disseram que se incomodam com o nariz, acne e que invejam a "bunda dura" ou o "peito" de um jovem. Alguns ainda disseram que invejam a pele lisa, que pintariam os cabelos brancos e que são vaidosos. Essas respostas mostram que a preocupação estética não é apenas feminina, embora ainda seja uma questão que parece afetar muito mais as mulheres.

Muitos homens mostraram-se resistentes à ideia de cuidar da aparência e disseram, por exemplo, que pintar o cabelo seria "frescura" ou que não são vaidosos. Em muitos casos, eles consideram a preocupação com o corpo uma característica eminentemente feminina e que, portanto, não seria apropriado para eles apresentar tal tipo de comportamento e preocupação.

O medo, presente nos discursos de muitas mulheres e de alguns homens, de perder determinadas características que são valorizadas em nossa sociedade, do aparecimento de celulite, estrias, rugas, revela que o passar dos anos é compreendido em nossa cultura como parte de um processo de perda de beleza. Como mostrou Simone de Beauvoir, envelhecer significa ficar feio ou não ser mais belo como outrora. Como disse uma mulher (66 anos): "O pior de envelhecer é ficar enrugada, pelancuda, flácida, tremelique e muito mais." Outra mulher (26 anos) foi ainda mais enfática ao falar de seu maior medo de envelhecer: "Tenho medo de ficar feia." Um homem (20 anos) citou seu medo em relação ao envelhecimento: "Ficar um velhinho enrugado e feio."

Talvez como possível consequência das preocupações estéticas apresentadas, aparece a cirurgia plástica como tentativa de modificar aspectos do corpo com os quais não estão satisfeitos ou ainda (e principalmente) aquelas partes que consideram que foram prejudicadas com o processo de envelhecimento. O desejo de submeter-se a esse tipo de procedimento cirúrgico, de recorrer a uma alternativa considerada "artificial", aparece relacionado à insatisfação com a aparência, seja pelos efeitos do processo de envelhecimento, seja, em alguns casos mais raros, por acidentes que podem provocar mudanças corporais.

Mirian Goldenberg, ao analisar a incidência da prática da cirurgia plástica no Brasil, aponta que atenuar os efeitos do envelhecimento é uma das principais motivações para se recorrer ao procedimento.[7]

O ENVELHECIMENTO E AS MUDANÇAS NO CORPO

Entre os pesquisados que responderam "sim" à pergunta "Você fez ou faria alguma correção ou cirurgia plástica estética? Por quê?", as partes do corpo mais mencionadas, em todas as faixas etárias, tanto por homens quanto por mulheres, são a barriga e o rosto. Pode-se perceber que ambos estão relacionadas às mudanças corporais resultantes do envelhecimento: o ganho de peso e as rugas. Esses dois itens são muito temidos e também mais passíveis de serem evitados, mesmo que "artificialmente".

A barriga é muito citada, pois se considera que o aumento da idade traz para homens e mulheres a tendência ao aumento de peso e a dificuldade de perdê-lo, já que o metabolismo tenderia a se tornar mais lento. Mais ainda, associa-se magreza à beleza, como mostra Mirian Goldenberg ao falar da obsessão em ser esguio como uma das formas de culto ao corpo na cultura carioca.[8] Utilizando os conceitos de "técnicas corporais" e de "imitação prestigiosa", a autora ressalta que há uma construção cultural do corpo, na qual se valorizam alguns atributos em detrimento de outros, apontando a existência de um corpo típico para cada sociedade.

Na sua pesquisa, Mirian Goldenberg mostra a valorização de um corpo magro, definido, malhado, trabalhado, sarado, saudável e atlético, sendo este o corpo ideal, o corpo desejado, o corpo invejado na cultura brasileira e, mais especificamente, na carioca. O estudo da autora revela a centralidade que o corpo adquiriu para os indivíduos das camadas médias urbanas da cidade. Essa centralidade que o corpo apresenta na sociedade brasileira faz parte de uma cultura que valoriza excessivamente a beleza, a juventude e a magreza.[9]

A vontade de fazer uma cirurgia plástica no rosto, expressa nas respostas dos pesquisados, está geralmente associada ao desejo de corrigir as rugas e assim apagar as marcas que revelam que o processo de envelhecimento está acontecendo. É o lugar do corpo que parece apresentar uma situação mais delicada e peculiar, pois os métodos não cirúrgicos, como exercícios físicos ou alimentação considerada saudável, ou até mesmo os

VELHO É LINDO!

mais variados cremes e remédios classificados como "anti-idade", que prometem retardar o envelhecimento, não conseguirão apagar de fato essas marcas do tempo. No caso do rosto, a cirurgia plástica aparece como o método mais eficaz, rápido e definitivo para esconder os "efeitos" da passagem do tempo.

Pode-se compreender, assim, o motivo de essa ser uma das partes mais citadas pelos entrevistados como lugar onde fariam ou fizeram cirurgia plástica, um método talvez mais eficaz, ainda que mais drástico, para aqueles que procuram apagar ou disfarçar as marcas da passagem do tempo.

Nas respostas aparecem também com frequência temas diretamente relacionados às possíveis diferenças do envelhecimento no corpo de homens e mulheres. Tais diferenças aparecem mais recorrentemente nas respostas à pergunta: "Na sua opinião, homens e mulheres envelhecem de forma diferente?" No entanto, foi possível observar esse ponto mesmo quando não se perguntava diretamente sobre ele.

A primeira diferença que se pode notar diz respeito ao que se considera decadência no corpo de homens e de mulheres. Para 80% dos entrevistados, há uma desvantagem feminina em relação ao desgaste do corpo. Mulheres envelheceriam pior do que os homens, e essa diferença parece provocar maior preocupação com a aparência, já que as mulheres afirmaram adotar mais hábitos e atitudes de cuidado com o corpo.

É interessante observar que para os homens as questões mais importantes estão mais relacionadas ao desempenho sexual e à possibilidade de ficar impotente na velhice. Um homem (25 anos) disse: "Como sou homem, meu grande medo do envelhecimento é a impotência sexual."

Um homem (19 anos), ao responder sobre as mudanças que o envelhecimento provoca, disse: "Atividade sexual, pelo lado negativo." Outro homem (53 anos) disse sobre o envelhecimento: "Tenho pesar. Pesar por não ter a mente tão rápida quanto antes, não ter o vigor e a resistência física de antes, não ter uma vida sexual como antes."

Tais respostas reforçam os estereótipos dos papéis de gênero: a mulher deve ser bela e o homem deve ser viril e, portanto, perder tais atributos seria o maior medo de ambos. A resposta de uma mulher (23 anos) retrata bem essa questão: "Os homens não se preocupam tanto com a pele e com os cabelos brancos. Parece que a preocupação deles é mais sexual, preocupação de que o avanço da idade signifique ter que tomar Viagra. As mulheres se preocupam mais com a aparência e tentam disfarçá-la."

Até 39 anos: a preocupação estética e o medo do envelhecimento

Analisando as respostas por faixas etárias, é possível dizer que, até a idade de 39 anos, homens e mulheres concordam que o envelhecimento é um processo mais desvantajoso para elas do que para eles. Nesse grupo de idade, os efeitos da velhice aparecem como uma projeção, algo que certamente virá no futuro, mas que ainda não é vivenciado em seus corpos.

As mulheres até 39 anos dizem temer a velhice. Quando elas falam em marcas como rugas, cabelos brancos ou varizes, é possível perceber o teor negativo de suas respostas sobre a expectativa do envelhecimento. Uma mulher (27 anos) disse:

> Sim, tenho muito medo de envelhecer. Várias vezes já me peguei pensando que seria melhor morrer jovem do que envelhecer. Fico olhando nas ruas quando estou a pé ou de carro, de ônibus, de metrô, várias mulheres que considero velhas e fico avaliando e pensando "quando estiver velha, gostaria de ser bonita igual àquela" ou "ficar igual àquela ali é pior que a morte".

Outra mulher (20 anos) disse: "Deixaria de usar saia curta, pois com a idade vêm as varizes e não gosto de mostrar minhas impurezas", ao responder se deixaria de fazer ou usar algo porque envelheceu. Uma mulher (27 anos) disse: "Ao envelhecer, eu gostaria de continuar magra, saudável, com disposição e com a menor quantidade possível de rugas."

A resposta sobre "impurezas" remete às noções de pureza e impureza elaboradas pela antropóloga Mary Douglas. Para a autora, impureza representa desordem, aquilo que não está em seu devido lugar, um perigo para a estrutura social. Impurezas, para as jovens pesquisadas, são todos os sinais do envelhecimento, as varizes, as rugas, por exemplo, tudo aquilo que contraria a ideia da aparência jovem e bela. Assim, a juventude (e a beleza) estaria no plano da ordem, do desejável, enquanto a velhice (e a feiura) estaria no da desordem, do indesejável.[10]

As mulheres de até 39 anos são também as que mais falam sobre o desejo de se submeter a uma cirurgia plástica: 56% dizem que fizeram ou que fariam, enquanto 38% disseram que não fizeram ou não fariam o procedimento. Quando respondem afirmativamente, elas citam diversas partes do corpo nas quais fariam essas intervenções. São elas: seios (35%), barriga (28%), nariz (17%), pernas (4%), nádegas (3%), orelhas (3%), rosto (3%), olhos (1%), gengiva (1%), mãos (1%) e queixo (1%).

Uma mulher (21 anos) disse: "Sim, colocaria silicone nos seios. E daqui a alguns anos farei muitos peelings. A primeira porque gostaria de ter os seios maiores. A segunda porque quero manter minha aparência bonita." Por sua vez, outra mulher (35 anos) disse: "Faria uma abdominoplastia e seios. Por estética. Gostaria de me sentir gostosona."

Existe no questionário uma pergunta exclusiva sobre cirurgia plástica, mas não é o único momento em que as participantes expressam o desejo de recorrer a esse procedimento. Uma mulher (24 anos), ao falar sobre como gostaria de envelhecer, disse: "A velhice plastificada, sarada, é assim que retardarei a velhice."

O ENVELHECIMENTO E AS MUDANÇAS NO CORPO

Para as mulheres mais jovens (até 39 anos), os homens envelhecem melhor do que elas: 89% delas responderam que o envelhecimento feminino é pior do que o masculino. Talvez por isso elas expressem o desejo tão grande de modificar ou melhorar a aparência por meio de cirurgias plásticas. Uma mulher (31 anos) disse: "O homem, quando envelhece, se torna mais atraente e a mulher, se não se cuidar, fica um bagulho."

Nos depoimentos, é muito recorrente, entre elas, a ideia de que os homens ganham charme, elegância, poder, experiência, e a de que a mulher sempre perde algo ao envelhecer.

Os homens mais jovens (até 39 anos) são os que mais declaram ter preocupações com o corpo, em comparação com os homens de outras faixas etárias. Um homem (25 anos) disse que faria plástica no nariz: "É a parte do meu corpo que mais chama a atenção, por ser grande." Outro homem (26 anos) disse: "Sim, eu faria plástica. Qualquer uma que deixasse, de forma sempre natural, minha pele sempre jovem, sem rugas, sem marcas, sem manchas."

No entanto, os homens mais jovens são em sua maioria contra ou não demonstram o desejo de modificarem seus corpos por meio de cirurgia plástica: 73% deles não fizeram ou não fariam plásticas, contra 22% que declaram que fizeram ou fariam.

Diferentemente das mulheres da mesma faixa etária, que se importam com diversas partes do seu corpo, como seios, barriga, rosto, nádegas, pele, os homens demonstram mais apreensão com o seu pênis, revelando a preocupação masculina com a vida sexual, e até mesmo com a aparência de seu órgão sexual, especialmente com o tamanho. Um homem (28 anos) disse: "Eu gostaria de aumentar o meu pênis. Preciso dizer o motivo?". Outro homem (33 anos) disse: "Sim, eu faria plástica na barriga e para alongar o tamanho pênis (uns dois centímetros a mais)."

Roberto DaMatta mostra que ter o pênis grande pode ser motivo de orgulho e prova de masculinidade no Brasil e que, portanto, o tamanho

VELHO É LINDO!

do órgão é uma fonte permanente de preocupação masculina. Não raro ocorrem competições entre os homens, nas quais se compara o tamanho do pênis, como relata o autor.[11]

Um homem (23 anos), ao falar sobre seus medos em relação ao envelhecimento, afirmou: "Só do envelhecimento físico precoce. Ficar calvo antes dos 30 amedronta qualquer um." Outro homem (38 anos) disse: "Meu único medo é ficar inválido ou careca."

Homens e mulheres dessa faixa concordam que os homens envelhecem melhor do que as mulheres: 88% dos homens acreditam que os homens envelhecem melhor ou mais tardiamente que as mulheres. Um homem (38 anos) disse: "Acredito que fisicamente o corpo feminino mostra traços de envelhecimento antes do masculino." Um homem de 23 anos disse: "A mulher envelhece mais rapidamente pelo próprio medo de envelhecer." Outro homem (22 anos) disse: "As mulheres se preocupam mais com o processo de envelhecimento, há uma exigência maior sobre elas, social e cultural. Para os homens: 'Deixa a vida me levar...'"

40 a 59 anos: o envelhecimento um problema feminino

Uma mulher (56 anos), ao falar sobre as mudanças decorrentes do envelhecimento, disse: "A pele do rosto, o corpo vão tomando outro jeito e se não cuidar da aparência também muda tudo." Uma mulher (55 anos), ao responder sobre em que momento se sentia envelhecendo, afirmou: "Quando eu vejo meu corpo mudando, tudo despencando."

No grupo de mulheres de 40 a 59 anos entrevistadas, 61% fizeram ou mostram o desejo de fazer cirurgia plástica. As partes do corpo mais citadas por elas são: barriga (38%), seios (36%), rosto (11%),

O ENVELHECIMENTO E AS MUDANÇAS NO CORPO

nariz (8%), olhos (5%) e pernas (2%). Uma mulher (49 anos) disse: "Sim, já fiz mama e barriga e faço se cair novamente." Outra mulher (53 anos) afirmou: "Sim, irei fazer em ruga de expressão, para me sentir bonita, afinal, ajuda na autoestima. Se a ciência me proporciona essa ajuda, vou utilizá-la."

Interessante notar que nenhuma mulher dessa faixa etária disse que elas envelhecem melhor que os homens. As perdas parecem assustar muito mais às mulheres do que aos homens. Uma entrevistada (49 anos) disse: "A mulher, de um modo geral, tem mais responsabilidades e preocupações, principalmente com os filhos. Por isso, a aparência fica mais desgastada." Outra mulher (44 anos) afirmou: "Fisicamente o homem tem vantagens genéticas em relação às mulheres." Uma mulher (45 anos) disse: "Os homens costumam ficar mais belos com a idade."

Esse grupo também chamou atenção ao falar sobre as mudanças no corpo feminino após a gravidez, ressaltando que tal fator seria importante para compreender a diferença do envelhecimento nos homens e nas mulheres. Uma mulher (57 anos) contou: "Após dois partos, fiquei com muita flacidez." Outra mulher (45 anos), ao responder sobre cirurgia plástica, disse: "Sim, porque esteticamente a minha barriga não ficou legal após a gravidez."

Pode-se observar que as pesquisadas apresentam algumas justificativas para explicar os motivos da desvantagem feminina em relação ao envelhecimento: genética, família, filhos, gravidez, mais responsabilidades, mais preocupações etc. Todos esses elementos citados aparecem como encargos que constituem os papéis socialmente criados e impostos às mulheres, ainda que em alguns momentos esses atributos apareçam como "naturais", característicos da "natureza feminina". E, mais ainda, essas obrigações parecem ser decisivas para um "melhor" ou "pior" envelhecimento de um gênero em relação ao outro.

VELHO É LINDO!

O grupo masculino de 40 a 59 anos aparece como o mais diverso e heterogêneo em seu discurso. Ao mesmo tempo que é o grupo em que os homens mais declaram não terem comportamentos ou atitudes de pessoas vaidosas, alguns confessam invejar partes de um corpo jovem, como: "bunda dura", "pele lisa" e "peito de pombo" (em referência a um peitoral forte, definido), além de explicitarem maior preocupação com o aumento de peso do que os homens até 39 anos.

Esses homens também falam de calvície e de seu tratamento com o uso de remédios. Tais respostas indicam que a preocupação masculina com o envelhecimento nessa faixa etária está especialmente marcada pela perda dos cabelos.

Ao responder sobre o que inveja em alguém com menos idade, um homem (53 anos) disse: "O jovem raramente tem barriga, calvície etc. Porque essas coisas nos fazem sentir mais velhos." Outro homem (48 anos), ao falar sobre os cuidados que toma para não envelhecer, disse: "Faço ginástica, uso remédio contra calvície, tento ter uma vida saudável."

De forma semelhante aos homens da faixa etária anterior, eles são majoritariamente contrários à ideia de fazer cirurgias plásticas: 89% disseram que não fizeram ou não fariam plástica, enquanto apenas 7% responderam que sim.

Um homem (57 anos) disse: "Eu ainda não, mas daria a maior força para uma boa lipo na minha esposa. Ficaria ótima, não é mesmo?" Esse entrevistado reforça a ideia de que o corpo, a estética e os efeitos do envelhecimento são problemas muito mais importantes para as mulheres do que para os homens.

Os homens dessa faixa etária ressaltam a decadência mais rápida na aparência das mulheres. Um homem (52 anos) disse: "Talvez a mulher sinta mais o peso do envelhecimento, pois seu corpo mostra sinais de forma mais evidente."

60 anos ou mais: a reinvenção do papel social feminino

É muito interessante perceber que no grupo de 60 anos ou mais ocorre uma diminuição acentuada das respostas femininas em torno da questão da aparência, de forma bem contrastante às respostas das faixas etárias anteriores.

É o único grupo feminino que responde mais não do que sim à pergunta sobre se fez ou faria cirurgia plástica: 62% disseram que não, enquanto 36% responderam que sim. Para as mulheres mais velhas, além de não ser uma preocupação recorrente, a aparência também não precisa ser mudada ou rejuvenescida por meio de cirurgias plásticas.

Elas afirmam que as mulheres são mais vaidosas e se cuidam mais que os homens e, portanto, envelhecem melhor que eles. Uma mulher (73 anos) disse: "Atualmente, as mulheres envelhecem melhor do que os homens, pois se cuidam melhor. Saem mais, malham, comem melhor. Os homens estão despertando, mas as mulheres estão à frente." Uma mulher (81 anos) afirmou:

> De modo geral, os homens se preocupam menos com o físico e com a saúde do que as mulheres. Lógico que existem exceções à regra. Parece-me, às vezes, que eles se entregam mais depressa às limitações da velhice e às doenças do que nós, mulheres.

Nas outras faixas, a vaidade feminina é apontada como uma necessidade, como resultado de algo negativo: já que as mulheres envelhecem pior do que os homens, elas precisam se cuidar mais. É uma inversão da lógica da vaidade e do cuidado muito interessante: e a visão sobre o envelhecimento feminino, a partir dessa lógica, é mais positiva e até mesmo superior.

VELHO É LINDO!

Uma mulher (72 anos) disse: "O homem envelhece mais rápido. As mulheres têm seus artifícios." Outra mulher (71 anos) afirmou: "As mulheres, em regra geral, sabem envelhecer melhor do que o homem, pois os homens logo se entregam assim que se acham impotentes sexualmente." Uma mulher (64 anos) disse:

> Mulheres envelhecem melhor. Elas têm mais interesses fora do trabalho e do sexo, conservam uma ligação forte com a família e a vida. Os homens, quando se aposentam, entram em depressão. Também ficam deprimidos quando não conseguem manter a atividade sexual. Nos asilos você nota bem essa diferença de apego à vida.

Os homens de mais de 60 anos são contrários à ideia de modificar seus corpos por meio da cirurgia plástica: 89% deles disseram que não fizeram ou fariam plástica, enquanto 7% responderam que sim.

E eles, como todos os outros grupos de homens e de mulheres (com exceção das mulheres de mais de 60 anos), reafirmam a ideia de que as mulheres envelhecem pior do que os homens. Um homem (60 anos) disse: "A natureza é benéfica ao lado masculino, se o homem não possuir vícios, como o álcool e o fumo, é visível a diferença entre o envelhecimento do homem e da mulher." Outro homem (70 anos) afirmou: "As mulheres correm o risco de decaírem mais fisicamente, mais cedo que os homens." Um homem (65 anos) disse:

> A mulher sofre uma barbaridade a mais do que o homem nesta coisa de envelhecer. Os padrões sociais de beleza feminina só podem ser atendidos até os 35-40 anos. A partir daí... Os homens também enfeiam e enrugam, mas nisto eles levam vantagem tanto por parte da natureza, que age menos rápido sobre eles, como pela sociedade, que vê beleza no homem por mais tempo.

Os capitais femininos e o processo de envelhecimento

Como mostra Mirian Goldenberg, na cultura brasileira contemporânea, mais especificamente no Rio de Janeiro, a boa aparência do corpo (jovem, magro, sexy, em boa forma) é uma riqueza. Para ela, o corpo é um capital simbólico, econômico e social. Além disso, ela afirma que a preocupação com o corpo demonstra também a sua importância nos relacionamentos afetivos e sexuais.[12]

Segundo Naomi Wolf, o que se chama beleza existe de forma objetiva e a mulher tem o dever de encarná-la, enquanto os homens querem possuir mulheres que encarnem essa beleza. A autora afirma que a obrigação de ser bela é feminina, não masculina. Nesse sentido, a mulher estaria sempre em busca de um modelo de beleza perfeito, na maioria das vezes apresentado pela mídia. Segundo ela, desde a Revolução Industrial, as mulheres ocidentais de classe média seriam controladas pelos ideais do estereótipo, o que caracterizaria um retrocesso na emancipação feminina.[13]

Esta pesquisa revelou que a preocupação com a aparência pode diminuir e não ser muito relevante para as mulheres de mais de 60 anos. Já que a aparência do corpo não parece ser uma preocupação das mulheres de mais de 60 anos, quais são suas principais preocupações e de que forma elas lidam com o envelhecimento? Para tentar responder a essas questões, analiso as respostas de 18 entrevistas em profundidade realizadas com mulheres de mais de 60 anos moradoras da cidade do Rio de Janeiro.

Tais mulheres enxergam a velhice como um momento que deve ser vivido de forma independente e ativa, e que, portanto, o corpo deve ser objeto de cuidado, mas que não deve ser modificado artificialmente. Para elas, é preciso manter-se saudável e ativa, para que não seja necessário depender dos cuidados de familiares ou amigos. Uma mulher (74 anos) disse:

> Eu faço minha terapiazinha, minha ginástica, caminho bastante, algumas vitaminas, mas procuro ler muito, estar sempre com o cérebro em atividade para não esquecer. Pretendo viver até os 100 anos, mas com a mentalidade e a memória que tenho agora, porque na cadeira de rodas dando trabalho para os outros eu não quero.

Os temas mais citados por elas, no que diz respeito ao corpo, foram: doenças, exercícios físicos, perda da capacidade física, saúde, alimentação e decadência na aparência.

Myriam Lins de Barros, ao pesquisar mulheres de mais de 60 anos, observou que existe uma preocupação por parte delas em manter o controle de suas atividades e conservar certo grau de independência. Ter uma vida independente, ativa e saudável é muito mais importante do que tentar manter a beleza da juventude.[14]

É possível identificar nesta faixa etária o medo de que o envelhecimento possa provocar doenças ou a perda da capacidade física. Portanto essas mulheres enfatizam a necessidade de praticar exercícios físicos e de manter uma alimentação saudável. A questão central para elas é a saúde, a qualidade de vida, e não a estética, como é o caso das mulheres das outras faixas etárias.

No entanto, algumas mulheres mais velhas também falaram sobre as mudanças e a perda da beleza que o envelhecimento pode provocar. Uma entrevistada (60 anos) disse: "Acho que o pior é a fisionomia da pessoa que muda muito. Por mais que você queira acostumar, não dá." Outra mulher (60 anos) afirmou:

O ENVELHECIMENTO E AS MUDANÇAS NO CORPO

Tem hora que eu me desespero. Digo: "Ai, meu Deus, eu vou ficar toda enrugada..." Sabe? Tem hora que eu saio de casa só para não ficar pensando. Porque, ai, não é mole não ficar velha, entendeu? A mulher é muito vaidosa.

Outras respostas não revelam qualquer espécie de lamentação. Uma mulher (69 anos) disse: "Eu sou velha na aparência, mas na minha cabeça não." Outra mulher (75 anos) afirmou:

> Eu acho que não há necessidade da gente querer parecer aquilo que não é. Não querer ficar enrugada, não querer ficar de cabeça branca... Cai, as pelancas caem. Eu não sou a favor de sofrer uma cirurgia para manter aquilo que não dá mais.

Quando questionadas sobre a cirurgia plástica como recurso que pode retardar o envelhecimento, essas mulheres são, em sua maioria, contrárias à ideia. Apenas uma mulher (60 anos) disse ter recorrido ao procedimento: "Olha, eu fiz uma com 39 anos. Porque eu tinha os seios muito grandes, né? Aí, me incomodava muito."

Uma mulher (71 anos) disse: "Não faria plástica, acho bobagem. A gente tem que ficar como tem que ser, né?" Outra (78 anos) declarou: "Eu não, não tenho dinheiro. Mesmo se tivesse que fazer, eu não faria. Eu já sou bonita de natureza." Uma mulher (72 anos) disse: "Eu acho que o corpo da gente, se você tiver cuidado com ele, não tem necessidade de cirurgia plástica. Eu acho a cirurgia um pouco violenta. Quando é necessário, eu acho que faz sentido."

As mulheres mais velhas também citam temas como: família, felicidade, bem-estar trabalho, amizade etc.

Elas dão importância à família, querem ter uma velhice ativa e não querem ser dependentes dos outros. Uma mulher (72 anos) disse: "Eu procuro me manter ativa, faço ginástica, musculação."

A saúde ou as possíveis doenças são constantemente mencionadas. Uma mulher (78 anos) disse: "Tem que se cuidar, não pode ficar parado, tem que fazer alguma coisa. Para envelhecer bem, tem que se tratar, exame, pressão." Outra (60 anos) disse: "Eu acho que a maior felicidade é a pessoa estar bem de saúde. Não tem nada que seja igual à saúde. Todo dia eu agradeço a Deus por estar boa de saúde. Hoje em dia, a saúde eu acho que é em primeiro lugar, entendeu?"

Uma mulher (78 anos) disse: "Eu ainda não me acho velha. A minha cabeça tem 40 anos. Eu danço, eu adoro festa, como bem, como de tudo, nada me faz mal. Então eu não tenho medo. Tem pessoas que com 40 anos já estão velhas."

Portanto, as mulheres de mais de 60 anos apresentam novas preocupações, que antes não se colocavam. Essas novas inquietações não parecem ter relação com a aparência. O cuidado com o corpo continua, mas se configura de modo diferente: na forma de cuidados com a saúde. Como consequência dessa mudança de pensamento e de comportamento, as mulheres de mais de 60 anos consideram ter um bom envelhecimento, ou até mesmo um envelhecimento melhor que o dos homens.

Considerações finais

A questão que mais me surpreendeu durante esta pesquisa foi o fato de as mulheres de mais de 60 anos não demonstrarem a mesma preocupação com a aparência física e o desejo de fazer cirurgias plásticas, como apareceu fortemente nas faixas etárias anteriores. Questões que se afiguraram centrais para as mulheres mais jovens, e também para grande parte dos homens, não se revelaram problemas para as mulheres mais velhas.

O ENVELHECIMENTO E AS MUDANÇAS NO CORPO

A recusa dessas mulheres para falar ou demonstrar sofrimento com as mudanças corporais que fazem parte do processo de envelhecimento contrariou minha hipótese inicial sobre o tema. Ao contrário de todos os dados que apresentei ao longo deste artigo, imaginei que a preocupação estética seria algo pouco mencionado por mulheres e homens de até 39 anos. Para mim, a aparência, além de não ser um elemento atribuído ao papel social masculino, ainda seria uma preocupação muito distante para os mais jovens. Por outro lado, imaginei que as mulheres de mais de 60 anos, por terem sido ensinadas ao longo de suas vidas a ser vaidosas e cultivar a juventude e a beleza, apresentariam uma grande preocupação com os efeitos do envelhecimento no corpo.

Contudo, o que pude verificar foi que a manifestação de medos e de angústias em relação à decadência do corpo é muito mais frequente entre os pesquisados mais jovens, mulheres e também alguns homens. Já as mulheres de mais de 60 anos ressaltam outros aspectos quando falam sobre o próprio envelhecimento.

Nesse sentido, seria possível uma dupla interpretação para as razões dessa diferença de discursos e de preocupações. Esta pode ser provocada pelo fato de os pesquisados pertencerem a distintas gerações e, portanto, estarem submetidos a contextos históricos e culturais variados. Pode-se pensar que, por terem feito parte de uma geração que foi historicamente conhecida por suas atitudes revolucionárias e pela luta por liberdade, para as mulheres de mais de 60 anos o corpo nunca tenha sido o capital principal, como parece ser para as mulheres mais jovens.

Outra interpretação seria possível com base em Simone de Beauvoir, que dizia que as mulheres, quando envelhecem, deixam de ser um objeto erótico, o corpo feminino perderia a função de sedução e ficaria em segundo plano a preocupação estética. Portanto, a centralidade da aparência perderia sua força à medida que a mulher envelhece, já que ela deixa de ser (apenas?) um objeto erótico ou de sedução.

O conceito de gerações é central nesta análise, se considerarmos, conforme definiu Karl Mannheim, como posição comum daqueles nascidos em um mesmo tempo cronológico, que não se dá apenas pela possibilidade de presenciarem os mesmos acontecimentos ou vivenciarem experiências semelhantes, mas principalmente por processarem esses acontecimentos de forma semelhante.[15]

O autor chama atenção para o fato de que essas gerações não constituem necessariamente grupos coesos ou concretos. Na maioria dos casos, pessoas de uma mesma geração nem mesmo se veem como grupo, mas ainda sim há uma conexão, uma posição específica em um contexto sociocultural. É a possibilidade de viver e representar as coisas de forma semelhante. Mannheim argumenta que o nascimento em um contexto social idêntico, mas em períodos diferentes, faz com que surjam diversidades nas ações e valores dos sujeitos.

Nesse sentido, pode-se pensar que essas mulheres de 60 anos ou mais fazem parte de uma geração que não valoriza ou não se preocupa tanto com as mudanças na aparência provocadas pelo envelhecimento.

Pode-se pensar também que as mulheres dessa faixa etária, como parte de uma geração cuja juventude teve um comportamento mais libertário, valorizam, mais do que as outras gerações, a conquista da liberdade e criticam a valorização do corpo feminino jovem, belo e sexy. Diferentemente das mulheres de gerações posteriores, que cresceram em uma cultura em que o corpo, especialmente o feminino, é um verdadeiro capital.

Notas

1. David Le Breton, *Anthropologie du corps et modernité*.
2. Vincent Caradec, "Sexagenários e octogenários diante do envelhecimento do corpo", *in Corpo, envelhecimento e felicidade*.
3. Pierre Bourdieu, "A 'juventude' é apenas uma palavra", *in Questões de Sociologia*.
4. Guita Debert, "A antropologia e o estudo dos grupos e das categorias de idade" *in Velhice ou terceira idade?*
5. Paula Sibilia, "A moral da pele lisa e a censura midiática da velhice", *in Corpo, envelhecimento e felicidade*.
6. Simone de Beauvoir, *A velhice*.
7. Mirian Goldenberg, *O corpo como capital*.
8. Mirian Goldenberg, *De perto ninguém é normal*.
9. *Ibidem*.
10. Mary Douglas, *Pureza e perigo*.
11. Roberto DaMatta, "Tem pente aí?", *in Homens*.
12. Mirian Goldenberg, *Coroas*.
13. Naomi Wolf, *O mito da beleza*.
14. Myriam Lins de Barros, *Velhice ou terceira idade?*
15. Karl Mannheim, "O problema das gerações", *in Sociologia do conhecimento*.

Referências bibliográficas

BARROS, Myriam Moraes Lins de (Org.). *Velhice ou terceira idade?* Rio de Janeiro: Editora FGV, 2009.

BARROS, Myriam Moraes Lins de. "A velhice na pesquisa antropológica brasileira". In: GOLDENBERG, Mirian. (Org.). *Corpo, envelhecimento e felicidade*. Rio de Janeiro: Civilização Brasileira, 2011, p. 45- 64.

BEAUVOIR, Simone de. *A velhice*. São Paulo: Difusão Europeia do Livro, 1970.

BOURDIEU, Pierre. "A "juventude" é apenas uma palavra". *In*: BOURDIEU, Pierre. *Questões de sociologia*. Rio de Janeiro: Marco Zero, 1983.

CARADEC, Vincent. "Sexagenários e octogenários diante do envelhecimento do corpo". *In*: GOLDENBERG, Mirian (Org.). *Corpo, envelhecimento e felicidade*. Rio de Janeiro: Civilização Brasileira, 2011, p. 21-44.

DAMATTA, Roberto. "O ofício do etnólogo ou como ter anthropological blues". In: NUNES, Edson de Oliveira (Org.). *Aventura sociológica*. Rio de Janeiro: Zahar Editores, 1978, p. 23-35.

DAMATTA, Roberto. "Tem pente aí?". *In*: CALDAS, Dario (Org.). *Homens: comportamento, sexualidade e mudança*. São Paulo: Editora Senac, 1997, p. 31-49.

DEBERT, Guita Grin. "A antropologia e o estudo dos grupos e das categorias de idade". *In*: BARROS, Myriam Moraes Lins de (Org.). *Velhice ou terceira idade?* Rio de Janeiro: Editora FGV, 2006, p. 49-68.

DOUGLAS, Mary. *Pureza e perigo*: ensaio sobre as noções de poluição e tabu. Lisboa: Edições 70, 1966.

DUTRA, José Luiz. "Onde você comprou essa roupa tem pra homem?" *In*: GOLDENBERG, Mirian (Org.). *Nu & vestido*. Rio de Janeiro: Record, 2007, p. 359-412.

GOLDENBERG, Mirian. *De perto ninguém é normal*: estudos sobre corpo, sexualidade, gênero e desvio na cultura brasileira. Rio de Janeiro: Record, 2004.

GOLDENBERG, Mirian. *O corpo como capital*. Rio de Janeiro: Record, 2007.

GOLDENBERG, Mirian. *Coroas*: corpo, envelhecimento, casamento e infidelidade. Rio de Janeiro: Record, 2008.

IBGE. *Vou Te Contar:* A revista do Censo, n. 19, nov./dez. 2010.

LE BRETON, David. *Anthropologie du corps et modernité*. Paris: PUF, 2003.

MANNHEIM, Karl. "O problema das gerações". *In*: MANNHEIM, Karl. *Sociologia do conhecimento*. Porto: RES-Editora, v. 2, 1964, p. 115-176.

MAUSS, Marcel. "As técnicas do corpo". *In*: MAUSS, Marcel. *Sociologia e antropologia*. São Paulo: Cosac Naify, 2003, p. 399-422.

SIBILIA, Paula. "A moral da pele lisa e a censura midiática da velhice: o corpo velho como uma imagem com falhas". *In*: GOLDENBERG, Mirian (Org.). *Corpo, envelhecimento e felicidade*. Rio de Janeiro: Civilização Brasileira, 2011, p. 83-108.

VIEIRA, Sérgio. "Rio de Janeiro é capital brasileira com mais idosos". Disponível em: <http://noticias.r7.com/rio-de-janeiro/noticias/rio-de-janeiro-tem-maior-proporcao-de-idosos-do-brasil-20101013.html>. Acesso em: 5 nov. 2012.

VIEIRA, Sérgio. "Rio tem 9 dos 10 bairros com mais idosos do Brasil, diz Censo 2010 do IBGE". Disponível em: <http://noticias.r7.com/rio-de-janeiro/noticias/rio-tem-9-dos-10-bairros-com-mais-idosos-do-brasil-diz-censo-2010-do-ibge-20110701.html>. Acesso em: 5 nov. 2012.

WOLF, Naomi. *O mito da beleza*: como imagens de beleza são usadas contra as mulheres. Rio de Janeiro: Rocco, 1992.

5. Coroas piriguetes: uma análise sobre envelhecimento, gênero e sexualidade

Larissa Quillinan

A noção de piriguete aparentemente se relaciona àquela mulher de conduta considerada promíscua, duvidosa ou simplesmente errada, já que suas experiências de vida escapam às regras de comportamento que sobre ela se colocam: deveria ter poucos amantes, mas tem muitos; deveria usar roupas que escondessem seus corpos, mas não o faz. O comportamento esperado de mulheres, de maneira geral, é que falem baixo, que se comportem educadamente, contenham suas pulsões sexuais. No entanto, as representações que são produzidas sobre a categoria de classificação e acusação piriguete apontam para um não alinhamento dessa mulher em relação a esse comportamento esperado pelo mundo social.

Do conjunto de características mencionado, pode-se apreender duas ordens de problemas sociológicos que nos auxiliam na compreensão da emergência da piriguete como uma categoria performativa: o primeiro problema diz respeito à demarcação de gênero e interdição da sexualidade; o segundo, refere-se ao estigma, que está relacionado ao peso acusatório das falas e das representações negativas sobre o que é ser piriguete.

As representações sobre as piriguetes são organizadas em relação a determinados mecanismos de produção da diferença, sobretudo àqueles estruturados por cor, classe social, corporalidade e gosto. Ser piriguete implica ser reconhecida como um tipo específico de mulher que elabora a sua performance a partir da inserção em determinados espaços. Dadas essas questões, busco compreender como sexualidade, gênero e idade são materializados na produção de um tipo específico de performance que se relaciona à noção de piriguete. As "coroas piriguetes" recebem acusações que ajudam a entender como sensibilidades, performances e representações sobre o universo feminino são produto de convenções sociais celebradas por interações cotidianas. Para tanto, será feita a análise de discursos sobre as coroas piriguetes no ciberespaço focando os diferentes operadores sociais da diferença.

O que é piriguete?

A categoria de classificação e acusação piriguete parece ter sido criada na Bahia, mais especificamente na periferia de Salvador. A expressão periguete, também usada na versão piriguete, é fruto da junção das palavras perigosa e girl, tendo se realizado o acoplamento do final "ete" para soar melhor.

No artigo "'Piriguetes' e 'putões': representações de gênero nas letras de pagode baiano", Nascimento explica que a palavra piriguete ainda não tem definição exata em dicionários de Língua Portuguesa, mas é disseminada no Brasil com algumas variações de sentido. No Dicionário Aurélio Escolar[1] a expressão (grafada com *e*) aparece como um verbete. Lá, periguete [perigo + -ete] significa "moça ou mulher namoradeira".

Nas publicações acadêmicas, o termo piriguete é usualmente utilizado como uma categoria nativa. Neste artigo discutirei como as representações sobre a tendência piriguete vêm sendo apropriadas pelas mulheres em geral e analisarei a produção da "coroa piriguete" como uma categoria performativa que se articula a diferentes operadores sociais da diferença, como gênero, sexualidade e idade.

Falo em tendência porque é recorrente encontrar uma série de materiais empíricos no ciberespaço, pesquisas acadêmicas e informações midiáticas nos quais são feitas referências às piriguetes. Apesar de toda essa veiculação, em geral o tom de reportagens, comentários sobre a vida de famosas que levam esse título e personagens de novelas é de estigma. O comportamento nada ortodoxo das mulheres com relacionamentos pouco duradouros e descompromissados é frequentemente reprovado.

Apesar de ser uma categoria recente, que começou a ser estudada nas ciências humanas na primeira década dos anos 2000, o termo piriguete é usado também em referência a outros tempos. Nos discursos presentes no ciberespaço costuma-se fazer alusões a mulheres que viveram antes da gênese dessa categoria, mas que são vistas como precursoras desse estilo de vida. Marilyn Monroe, Leila Diniz, Maysa, por exemplo, assim como uma série de pin-ups dos anos 1950, são muitas vezes resgatadas nesse sentido, já que levavam uma vida "livre" no que diz respeito aos seus comportamentos e à sua sexualidade. Até em trabalhos acadêmicos vemos esse tipo de comparação. Nascimento diz, parafraseando o título do livro de Goldenberg *Toda mulher é meio Leila Diniz*, que "toda mulher é meio piriguete".

Fora dos limites dos pagodes baianos, essa representação constrói um amplo espectro de significações e deslocamentos já que se trata de uma construção discursiva em processo, servindo de suporte para as diversas representações da mulher independente e sexualmente livre na cultura brasileira contemporânea, dando a entender que "toda mulher é meio piriguete".[2]

Figura 1 — Reconheça uma piriguete

Tem as unhas enormes, sempre pintadas com cores chamativas, decoradas com florzinhas ou animal print

Sempre prontas para ouvir uma cantada, as orelhas são adornadas com argolas gigantes

Por melhor que seja a noitada, dá o telefone errado para o ficante

Top e shortinho é o novo pretinho básico

Usa toneladas de pulseiras: quanto mais chacoalhar, melhor

Nunca sente frio: isso é para as fracas

Pernão, bundão, peitão, devidamente malhados, bronzeados e, se possível, com os pelos dourados

Saltos sempre altos, inclusive os de chinelos. E não importa lugar ou ocasião: se puder, dorme e toma banho de salto

Adaptado de: <http://blogmodapopular.blogspot.com.br/2013/04/piripi-piri-pi-piri--piriguete.html>

Piriguete como estigma

A categoria piriguete atua não só no nível classificatório, mas também no da acusação. Em geral, o tom das reportagens, dos comentários sobre a vida de famosas e de personagens de novelas caracterizadas como piriguetes é o tom do estigma.

VELHO É LINDO!

Pode-se elencar como um dos vetores de construção desse estigma uma série de diacríticos do comportamento – dito pouco ortodoxo – das mulheres piriguetes. Tais diacríticos dizem respeito às regras seguidas em seus relacionamentos, pouco duradouros e descompromissados, que gestam a construção de um estilo de vida e de um padrão relacional expressamente reprovado pelo mundo social.

> Desse modo, o tipo de masculinidade identificado na representação do "putão" tem um valor "positivo", reforça a masculinidade hegemônica e a virilidade, assim como reitera os estereótipos de superioridade, força e dominação como atributos inquestionáveis do masculino, natural e universal. Enquanto que o termo piriguete está situado no outro extremo da representação binária e tem um sentido pejorativo, negativo.[3]

É possível aprender com o trecho anterior dois grandes problemas sociológicos que auxiliam a compreensão e a construção da análise sobre as piriguetes: o primeiro deles aponta para uma forte *demarcação de gênero* e o segundo para o *estigma*, para o sentido acusatório das falas e das representações negativas sobre o que é ser piriguete.

Pode-se perceber, ainda, que esses dois problemas estão imbricados. Segundo o autor, é precisamente *por causa* das demarcações de gênero que o termo piriguete é usado como categoria de acusação.

Segundo Misse, em *O estigma do passivo sexual: um símbolo de estigma no discurso cotidiano*, ser passiva é o estereótipo-síntese da mulher. O autor ainda salienta que esse rótulo de mulher passiva não é um estigma,[4] mas reflete o comportamento que a sociedade espera da mulher. Nesse sentido, a piriguete, ao tomar para si o poder sobre seu corpo e o uso dele, quebra com a passividade que é esperada da mulher. Assim, o estereótipo da piriguete pode ser entendido sim como estigma, e esse estigma se relaciona principalmente com o caráter ativo dessa mulher.

Nascimento, quando trata das diferentes representatividades do putão e da piriguete, aproxima-se da ideia já proposta por Pierre Bourdieu em *A dominação masculina*, quando o autor conclui que o mundo social, por meio da experiência dóxica, constrói e reitera divisões que são arbitrárias, mas que se naturalizam nas formações sociais, sendo apresentadas na "ordem das coisas" como evidentes, adquirindo, assim, todo o poder de reconhecimento legítimo. Essas arbitrariedades naturalizadas estão intrinsecamente relacionadas à dominação masculina que se realiza, inclusive, no plano simbólico. Dessa maneira, não só é legitimamente reconhecido como também é desejável que o homem tenha vários relacionamentos sexuais com um grande número de mulheres, enquanto elas, por sua vez, devem conter os impulsos sexuais, procurando, ao longo da vida, ter o menor número possível de parceiros.

É por causa dessa demarcação de gênero que as piriguetes são tidas como mulheres de conduta promíscua, duvidosa ou simplesmente errada, já que em suas experiências de vida escapam às regras de comportamento que sobre elas se colocam: deveriam ter poucos amantes, mas têm muitos, deveriam usar roupas que escondessem seus corpos, mas não o fazem. Mulheres devem, de maneira geral, falar baixo, se comportar educadamente, conter suas pulsões sexuais. No entanto, as representações que se fazem sobre a categoria de classificação e acusação piriguete apontam para um não alinhamento dessas mulheres em relação a esse comportamento esperado pelo mundo social.

Analisando o pagode baiano, Nascimento argumenta que na construção do imaginário social sobre a piriguete há um cruzamento entre diferentes marcadores sociais de produção de diferenças, tais como cor, classe, gênero e sexualidade. Esses elementos se combinam na produção de uma percepção pública dessa categoria de mulher:

> A imagem da piriguete remete ao estereótipo dessa mulher negra das camadas populares cuja cultura não leva a sexualidade para um tabu, que participa dos shows protagonizando as coreografias das letras e, principalmente, sabe do seu desejo e quer viver o momento.[5]

No artigo intitulado "A cartilha da mulher adequada: ser piriguete e ser feminina no *Esquadrão da moda*", encontra-se uma definição do estilo, do termo e da forma de agir da piriguete:

> A escolha pelo uso de roupas curtas e justas faz com que as pessoas definam o estilo da participante como "piriguete". O termo piriguete (ou periguete), de conotação pejorativa, tem sido usado (na música popular, na mídia, na conversa informal) para definir a mulher que não está adequada aos padrões tradicionais de conduta feminina, seja por ter muitos parceiros sexuais, seja por agir ou se vestir de maneira considerada provocante. A mulher piriguete é vista como um perigo para a sociedade, pois ameaça valores tradicionais com seu comportamento sexual fora de relações estáveis/aceitas ou pela exposição do corpo, que pode sugerir conduta inadequada. É importante observar que não há termo pejorativo correspondente que se refira ao comportamento sexual heterossexual masculino ou à maneira de se vestir do homem. A crítica ao homem passa pela heterossexualidade/homossexualidade. Chamar a atenção do sexo oposto ou se relacionar com muitas mulheres não é considerado um problema para os homens, pelo contrário, é algo valorizado socialmente.[6]

A piriguete é vista por Cerqueira *et al.* como um elemento transgressor do padrão vigente e da norma, a ponto de desestabilizar relações de poder entre homens e mulheres.

Soares em "Conveniências performáticas num show de brega no Recife: Espaços sexualizados e desejos deslizantes de piriguetes e cafuçus" analisa como se configura a piriguete no contexto do brega no Recife. Para Soares as piriguetes acionam sua identidade piriguete no momento que lhes é conveniente, já que "ser" piriguete pode assumir uma conotação pejorativa.

> A questão de "acionar" uma identidade de forma estratégica, dentro de uma determinada situação, de forma deliberadamente efêmera, autônoma e, de alguma forma, política, nos remete à problemática debatida pela teórica Judith Butler, que, em 1990, publicou o seu *Problemas de gênero*, onde busca uma desconstrução das configurações de identidade de gênero e propõe um pensamento que se desloca da análise recorrente da questão relacionada a homem e mulher, inclui na questão os indivíduos inadequados ao ideal normativo.[7]

Os autores que estudam as piriguetes concordam, de certa forma, que essa mulher categorizada, representada, identificada como piriguete não se adequa ao ideal normativo estabelecido, e que o termo piriguete é usado majoritariamente em sentido pejorativo. Eles concordam que as piriguetes transgridem e subvertem o que é convencionado como ser mulher em vários aspectos. Soares entende, a partir do conceito de performatividade,[8] que a identidade piriguete é acionada quando é mais conveniente, pois de certa maneira esse modo de ser em certos contextos é pejorativo. Dessa maneira, para o autor, a noção de piriguete é como um deslocamento de certo eixo normativo sobre a constituição do feminino e da mulher.

Mizrahi define piriguete como:

> Personagem que deriva de música proveniente da Bahia, de musicalidade inspirada no ritmo reggaeton, muito popular em países de fala hispânica da América Latina – foi incorporada ao repertório funk e reflete esta fluidez. A moça é descrita como aquela que se deixa atrair pelo homem que tem dinheiro mas, diz o cantor, ela "não é amante, não é prostituta", é ao mesmo tempo "fiel", o equivalente da esposa, e "substituta", a que substitui a esposa.[9]

Como Mizrahi mostra, o termo se disseminou pelo Brasil por meio das músicas. No caso específico do Rio de Janeiro o termo apareceu primeiramente no funk.

A mulher funkeira acusada de ser piriguete já existia e foi categorizada assim a partir do momento que os MCs se apropriaram da categoria baiana piriguete para classificar a mulher funkeira. Dessa maneira surge a piriguete carioca. Essa mulher jovem usa roupas curtas e frequenta bailes funks. À classificação piriguete são adicionadas outras questões como as de interesse financeiro dessas mulheres – antes predominava a questão do interesse sexual relacionado à funkeira. O mundo funk, conjuntamente com o contexto social dessas mulheres pobres, já havia "criado" a funkeira. Esse ambiente também foi o ideal para o processo de criação da representação da piriguete carioca.

Posteriormente as novelas transformaram o estereótipo de piriguete carioca em personagem. Nascimento já apontava:

> O pagode baiano faz parte de um movimento cultural mais amplo cujo discurso perpassa não apenas esse gênero musical como também outros gêneros massivos, a exemplo do forró, do funk carioca que tem usado e abusado do corpo feminino como objeto de consumo, transformando as mulheres em frutas, algo consumível, comível e descartável. Com efeito, essas representações de gênero se estendem a outros espaços midiáticos a exemplo das propagandas, das telenovelas, das revistas femininas etc.[10]

Piriguetismo como moda

Por meio das novelas o estilo piriguete é difundido e, a partir da imitação, primeiramente como modo de vestir, essa mulher ultrapassa as fronteiras de classe claramente marcadas nas personagens. A partir daí são criadas várias distinções entre as piriguetes, e a representação piriguete em geral é afastada do mundo funk.

Segundo Simmel, a moda, como manifestação constante na história humana,

> é imitação de um modelo dado e satisfaz assim a necessidade de apoio social, conduz o indivíduo ao trilho que todos percorrem, fornece um universal, que faz todo do comportamento de cada indivíduo um simples exemplo. E satisfaz igualmente a necessidade de distinção, a tendência para a diferenciação, para mudar e se separar.[11]

A partir da moda as mulheres ressignificam o ser/estar piriguete – elas tentam tornar positivo esse modo de agir. Como exemplo de ressignificação vemos o editorial de moda de Lilian Pacce intitulado *Periguetemos!*

> Hoje meninas universitárias e jovens profissionais se autodenominam periguete sem culpa nem pudor, longe de se associar à ideia de rapariga ou quenga. E quem sabe periguete esteja deixando de ser substantivo pra virar um adjetivo na sua vida também? Especialmente quando você quer ir à balada pra se divertir! (...) roupa para aquela balada forte, sem medo de ser feliz. E de sensualizar! (...) e periguetemos![12]

A categoria é usada como classificação e acusação simultaneamente. Apesar das representações sobre as piriguetes serem organizadas em relação a determinadas distinções sociais, sobretudo àquelas estrutura-

VELHO É LINDO!

das pela cor, pela classe social, pela corporalidade e pelo gosto, há uma apropriação do modo de ser piriguete por mulheres de várias classes e de várias idades num processo de imitação prestigiosa[13] de uma mulher ousada, poderosa, desejada e livre.[14]

Existem, inclusive, manuais de como estar vestida como uma piriguete. Eles trazem instruções como:

Quer arrasar usando a moda das piriguetes? Anote as dicas:

- Vestidos justos e curtos
- Minissaias
- Decote ousado ou barriga de fora
- Acessórios chamativos
- Salto alto[15]

Juliana Cazarine, autora do manual no site da revista *Caras*, afirma:

Inúmeras piriguetes já passaram pelas telinhas e até no cinema, mas raramente se viu um fenômeno das proporções de Suelen, personagem vivida por Isis Valverde na novela *Avenida Brasil*. Vestidos com zíper na frente, que são sensuais e provocativos, acessórios chamativos e saltos altíssimos, peças-ícone da moda piriguete, marcam o visual da personagem.

Ela explica ainda que a tendência do "piriguetismo" resiste até mesmo às baixas temperaturas do inverno, o estilo das roupas se mantém, mas são utilizados tecidos mais quentes e mangas compridas. Para Juliana Cazarine está enganado quem pensa que as roupas de piriguete estão restritas às classes D e E. Para sustentar o argumento a autora usa as afirmativas de Denise Morais, consultora do Senac Moda e Informação. Para Denise, "ser provocante e atrair atenção do sexo oposto é um desejo das mulheres atuais, independente da classe social" e "o que diferencia uma piriguete é sua atitude, o intuito com que ela se veste".

Simmel mostra que é "o perigo da mistura e da confusão que induz as classes dos povos civilizados a diferenciar-se pela indumentária, pela conduta, pelo gosto etc."[16] Sobre a tragédia da moda o autor pontua:

> A essência da moda consiste em que só uma parte do grupo a pratica, enquanto a totalidade se encontra a caminho dela. Uma vez plenamente difundida, isto é, logo que aquilo que, no início, só alguns faziam, sem exceção, como aconteceu em certos elementos do vestuário e das formas de trato, já não se considera mais moda. Cada expansão sua impele-a para o seu fim, porque ela ab-roga assim a possibilidade de diferença. Através desse jogo entre a tendência para a difusão geral e a aniquilação do seu sentido, que suscita justamente essa expansão, ela tem o peculiar fascínio das fronteiras, o fascínio do simultâneo começo e fim, o encanto da novidade e, ao mesmo tempo, o da efemeridade.[17]

Dessa maneira a tragédia da moda acontece quando o que é moda vira costume. Nesse sentido, pode-se pensar o piriguetismo como moda, pois mesmo com a disseminação desse estilo não são todos que aderem a ele. Embora tenha se difundido primeiramente nas classes baixas, quando as classes altas se apropriaram do piriguetismo distinguiram-no de sua forma primária. A moda piriguete naquelas se mostra mais exagerada.

Elias e Scotson avaliam que a complementaridade carisma/desonra fornece um indício de uma barreira emocional erguida pelos estabelecidos contra os outsiders. Essa barreira se forma com a perpetuação do tabu contra o contato mais estreito com os outsiders. O "medo da poluição" perpetua esse tabu, pois, ao estabelecer relações estreitas com os outsiders, os estabelecidos podem perder prestígio, poder e status e "se tornar" outsiders por contaminação. Assim, as mulheres de classe alta se apropriam do piriguetismo a partir de uma ressignificação distintiva, mas em momento algum elas se "unem", ou têm algum contato mais estreito com as piriguetes de camadas mais baixas.

As distinções entre as piriguetes não se limitam às particularidades sociais estruturadas pela cor, classe social, corporalidade. Existem, nos termos de Simmel, distinções de conteúdo que criam novas categorias de classificação como a pirigótica, pirigospel, coroa piriguete, entre outras.

Distinção entre as piriguetes: o estigma dentro do estigma

> *Nas minhas andanças pela vida tenho me deparado com um novo tipo de mulher, a coroa piriguete.*
>
> Marcel Kume, blogueiro

Dentro da categoria piriguete existe uma subdivisão: há piriguetes jovens, e há as mais velhas, conhecidas como "coroas piriguetes".

Não tenho a intenção de defender que as piriguetes subvertam totalmente a lógica da dominação masculina. Na realidade, quero demonstrar como elas apreendem essa lógica e a reutilizam em seu próprio benefício, pois parto da hipótese de que a forma de agir piriguete pode reforçar as normas de gênero e a dominação masculina. Trato, então, as piriguetes mais como desviantes do que como subversivas, já que elas são mulheres que constroem um corpo hiperfeminilizado como máscara do seu comportamento mais ativo e/ou considerado "masculinizado".

Na análise de Elias e Scotson, os diferenciais de poder podem ser diversos em cada contexto, mas toda relação de desigualdade apresenta, de certa forma, uma figuração estabelecidos-outsiders. Entende-se a existência dos outsiders a partir da sociodinâmica da estigmatização social, ou seja, o que possibilita a um grupo estigmatizar o outro. O equilíbrio instável do poder é peça central dessa figuração estabelecidos--outsiders, além de ser precondição para a "estigmatização eficaz de um grupo outsider por um grupo estabelecido".[18] Analisando a configuração de Winston Parva, os autores mostram como a legitimação de poder está intimamente ligada à estigmatização social do outro através de fofocas depreciativas. Em outras figurações, a estigmatização pode estar associada a outros fatores, mas em qualquer caso a autoimagem e a coesão são fundamentais na possibilidade de deter o poder de estigmatizar o outro.

Pensando as piriguetes numa figuração estabelecidos/outsiders, pode--se entender que essa classificação, primeiramente como acusação com intenção depreciativa, partiu do grupo estabelecido (homens) para estigmatizar essa "mulher perigosa". Os homens são entendidos aqui como estabelecidos por terem, ao longo do tempo, construído uma ideologia que os permite atribuir valor humano inferior às mulheres que não se adaptam às regras, como as piriguetes.

Os conflitos e tensões entre estabelecidos e outsiders podem permanecer latentes – enquanto o poder daqueles for muito superior ao destes – ou aparecer abertamente – quando a relação de poder se altera em favor dos outsiders. Na configuração de Winston Parva, os estabelecidos se sentiam expostos a um ataque tríplice: primeiro contra seu monopólio das fontes de poder; segundo contra seu carisma coletivo; e terceiro contra suas normas grupais. A fim de repelir o suposto ataque, eles humilhavam e excluíam os outsiders. Sugere-se aqui que os homens também podem

VELHO É LINDO!

ter sentido a ameaça de ataque das piriguetes, principalmente contra o monopólio das fontes de poder e contra suas normas grupais.

A possibilidade de fixar um rótulo de valor humano inferior é uma arma dos estabelecidos nas disputas de poder para manter sua superioridade social. O grupo estabelecido se atribui valor superior (carisma do grupo) e atribui características "ruins" (desonra grupal) aos demais. Os autores ressaltam que "a complementaridade entre o carisma grupal (do próprio grupo) e a desonra grupal (dos outros) é um dos aspectos mais significativos do tipo de relação estabelecidos-outsiders encontrada aqui".[19]

Com o intuito de mostrar a configuração estabelecidos/outsiders como uma "teoria geral", os autores ressaltam que em todas as sociedades existem termos estigmatizantes: "'Crioulo', 'gringo', 'carcamano', 'sapatão' e 'papa-hóstia' são exemplos."[20] Mas o poder de ferir desses termos depende da diferença de poder entre os grupos. Assim, enquanto este poder for desigual, os termos estigmatizantes proferidos por outsiders nada significam, pois estes não têm força suficiente para ferir os estabelecidos. Entretanto, "quando eles começam a ser insultuosos, é sinal de que a relação de forças está mudando".[21] A estigmatização dos outsiders é relacionada a um tipo específico de fantasia coletiva criada pelo grupo estabelecido. Sobre a criação dessa fantasia os autores mostram:

> A imagem do nós e o ideal do nós de uma pessoa fazem parte de sua autoimagem e seu ideal do eu tanto quanto a imagem e o ideal do eu da pessoa singular a quem ela se refere como "eu".[22]

Para eles, "um ideal do nós hipertrofiado é sintoma de uma doença coletiva".[23]

Nascimento diz que as representações sobre o que é ser piriguete são gestadas a partir de um amplo espectro de significações, já que são construções discursivas em processo, servindo de suporte para as diversas representações da mulher independente e sexualmente livre na cultura brasileira contemporânea.

Partindo da ideia de que há um deslocamento na apropriação do termo piriguete e que esse passa a atingir um amplo espectro de significações, analisarei as diferenças que se estabelecem dentro do próprio discurso sobre o que é ser piriguete.

Poderia ter optado por analisar as diferentes representações – positivas e negativas – a respeito das piriguetes. Todavia, escolhi pensar um nível de configuração estabelecidos/outsiders encontrado dentro do próprio grupo outsider das piriguetes.

Compreendo que a configuração estabelecidos/outsiders ocorre em vários níveis. Primeiramente, os homens estabelecidos em certo sentido acusaram as mulheres (outsiders por não se adequarem às normas) de piriguetes. Com a desestabilização da relação de poder entre homens e mulheres a categoria piriguete começou a ser usada para autoclassificação. Neste momento entram os estabelecidos/outsiders em outra configuração: ao se apropriar do piriguetismo, as mulheres de classe mais alta se tornam "piriguetes estabelecidas" e estigmatizam as "piriguetes outsiders". Contudo, ambas são estigmatizadas simultaneamente em uma configuração mais ampla.

Estou tratando aqui de uma questão de níveis: existe o grupo social das piriguetes, que já é tido como outsider, e, dentro desse grupo, existe outro que é ainda mais estigmatizado, o das coroas piriguetes.

É importante que fique claro que esse outro nível de configuração não é êmico, ele é antes estabelecido pelo outro, pelo mundo social exterior às piriguetes. Para delimitar o porquê de entender que esse nível de configuração não se dá de maneira êmica, basta salientar que não foram constatadas acusações de piriguetes jovens às piriguetes velhas.

Pesquisando blogs e afins na internet, encontrei que as mulheres mais velhas que têm relacionamentos erótico-afetivos com homens mais novos são categorizadas como coroas piriguetes.

No blog intitulado *Plano feminino*, a seção *O que eles pensam* traz um texto intitulado "Puxão de orelha: Coroa piriguete!", de autoria de Marcel Kume, que se descreve como: "empresário e blogueiro responsável pelo blog *Santo papo*. Observador, sincero até demais e não perde uma boa discussão quando o assunto é comportamento, relacionamento e sexo."

O título do texto já mostra uma noção de desvio e de acusação. Kume pretende dar um "puxão de orelha" nessas mulheres que têm um comportamento duplamente desviante; primeiro por serem piriguetes, e segundo por serem coroas. Um dos pontos que incomoda o autor são os relacionamentos erótico-afetivos dessas mulheres que, não mais sendo jovens, são classificadas como "coroas":

> Nas minhas andanças pela vida tenho me deparado com um novo tipo de mulher, a coroa piriguete. Há um tempo atrás, era algo que eu só via na balada, mas elas estão tomando conta do pedaço, dos shoppings, das baladas, dos parques de caminhadas, das redes sociais, enfim, elas estão em todos os lugares. Mas o que vem a ser a coroa piriguete? Coroa piriguete é aquela mulher que já passou dos seus 40 anos e ainda acha que é uma adolescente de 15. Usa roupas ousadas, fala gírias, pega os garotões na balada e acham que estão abafando. Sinceramente, defino todas essas atitudes com uma única palavra: RIDÍCULO!

Segundo Simone de Beauvoir, a velhice não é uma verdade interior. É o mundo exterior, a partir do "outro", que determina a nossa velhice através do imperativo "seja um velho!".

> Se os velhos manifestam os mesmos desejos, os mesmos sentimentos, as mesmas reivindicações que os jovens, eles escandalizam; neles, o amor, o ciúme, parecem odiosos ou ridículos, a sexualidade repugnante, a violência irrisória. Devem dar exemplo de todas as virtudes. Antes de tudo exige-se deles a serenidade, o que autoriza o desinteresse por sua infelicidade.[24]

Pode-se perceber que o blogueiro, a partir do rótulo do que é ser velho, conjuntamente com o rótulo do que é ser mulher, quer que essas pessoas desempenhem o papel de mulher velha esperado por ele. O que não se molda a essa expectativa é, em suas palavras, "ridículo". A mulher mais velha que não aceita o imperativo "seja um velho!" e que não se adapta ao modo de agir e vestir instituído para a sua idade, adotando um comportamento desviante,[25] é ridicularizada.

Segundo a configuração piriguete *versus* putão, como afirmou Nascimento, o putão tem um valor positivo, reforçando a masculinidade hegemônica, a virilidade, e reiterando os estereótipos de superioridade, força e dominação como atributos inquestionáveis do masculino. O coroa garanhão, por estar numa posição privilegiada na sociedade e precisamente por ser homem, traz consigo um valor positivo. A coroa piriguete se aproxima do que é atribuído às piriguetes, que, por serem mulheres, encontram-se no outro extremo da representação binária, carregando uma série de sentidos.

Ser uma coroa piriguete é assumir uma postura dupla, desviante e estigmatizante, pois essa mulher transgride 1) o que é estabelecido para ser mulher (ser mãe, ser velha, ser avó) e 2) o que é estabelecido para ser piriguete (ser jovem).

A não aceitação do blogueiro ao estilo de vida das coroas piriguetes o faz procurar motivações para tal. As justificativas seriam a desilusão e a solteirice nessa idade.

Discretamente fiz algumas pesquisas para entender o motivo do surgimento dessas estranhas criaturas e o perfil de todas é bastante parecido. Mulheres que começaram a se relacionar cedo demais, sofreram algum tipo de desilusão amorosa e estão solteiras – querendo tirar o atraso de uma vida frustrada.

O autor acredita que a frustração amorosa é uma mola para que as coroas adotem o estilo piriguete:

> Outra característica que tenho percebido é que essas mulheres são as que mais sofrem emocionalmente, sempre com a sensação de vazio e de serem usadas, mas acredito em um ditado que diz "quem procura acha...", afinal, se eu me deparar com uma mulher dessas, ficaria bastante claro que ela só procura curtição e nada mais.

Segundo Simone de Beauvoir, a mulher é mais afetada pela velhice, pois, enquanto é jovem, seu corpo é visto como objeto sexual, ou seja, um atributo importante. Quando velha, seu corpo não é mais desejado. Um corpo velho é repulsivo e a mulher velha torna-se invisível. Já que a piriguete é aquela mulher que constrói o seu "corpo como um veículo fundamental de ascensão social e, também, um importante capital no mercado de trabalho, no mercado do casamento e no mercado sexual",[26] torna-se intensamente não aceito que velhas assumam essa postura, pois o corpo delas não pode e não deve ser usado e/ou construído como um capital.

Goldenberg aponta que, de acordo com o senso comum instituído, torna-se um paradoxo a mulher velha – sexualmente indesejada – adotar um estilo de vida de piriguete, embora a autora aponte que, sendo a mulher velha invisível e a piriguete bastante visível, sexualizada e desejada, tornar-se uma coroa piriguete pode ser entendido como uma estratégia de visibilidade. Diferentemente da concepção do blogueiro de que a coroa torna-se piriguete, sugiro que a mulher categorizada dessa forma pode ter tido um estilo de vida durante a juventude que se assemelha ao que é visto como estilo de vida piriguete. Sendo assim, essa mulher não se torna piriguete, ela sempre foi e continua a ser piriguete.

Através de uma breve pesquisa no buscador Google a partir da expressão "coroas piriguetes" ou "velhas piriguetes", verifiquei que o termo aparece inúmeras vezes, tendo maior frequência em sites pornográficos. A imagem da coroa piriguete é bastante erotizada nesses sites. Ao buscar "coroas piriguetes" no Google aparecem "aproximadamente 78.900 resultados".[27] Seguem os dez primeiros resultados da primeira página:

- Coroas Popozudas – Coroa Bunduda Piriguete
coroaspopozudas.blogsexy.com.br/65628/Coroa+Bunduda+Piriguete.html

- 28/8/2013 – Coroa Bunduda Piriguete... Site dedicado às Coroas Popozudas Caseiras, principalmente as Amadoras do Brasil RABUDAS, POPOZUDAS...

- Fudendo com a coroa piriguete – Coroas Brasileiras
www.coroasbrasileiras.com/coroas.../fudendo-com-a-coroa-
-piriguete/
coroa piriguete essa vadia safada trepa bem gostoso com seu cunhado toda semana ele n trepa na casa dela,e essa vadia rabuda empina sua bunda e leva...

VELHO É LINDO!

- Piriguetes safadas – Página Inicial
www.pornosafadas.net/videos/piriguetes+safadas/
Coroas safadas lesbicas. Duas raparigas se pegando no pau do sortudo, ele geme todinho e finca gostoso nas safadas, as vadias caem de boca e dão uma...

- Videos Coroas Tiazona piriguete – transando
www.coroas.tv/transando/tiazona-piriguete/
26 de jun de 2012 - Tiazona piriguete. Uma tia safadinha dando um caldo em marmanjo tarado! Confira a foda louca que rola com essa cachorra em cima da...

- Coroas Piriguetes Transando – Sexo Manual
sexomanual.com/coroas-piriguetes-transando-clip114399.html
Pornomariaexbbcombr garotas da ufpb trasando cu arrega.

- Coroas Piriguetes Gostosas Nuas – Sexo Manual
sexomanual.com/coroas-piriguetes-gostosas-nuas-clip160914.html
Fotos de sexo mais fuleiras cameras flagras nuas robertinhas nuas fotos.

- Coroas Piriguetes E Gostosas Fazendo Sexo Com Novinho...
semcamisinhas.com/videos/coroas-piriguetes-e-gostosas-fazendo.../4/
coroas piriguetes e gostosas fazendo sexo com novinho, videos porno de coroas piriguetes e gostosas fazendo sexo com novinho gratis.

- Coroa piriguete malhando – YouTube
www.youtube.com/watch?v=WbexlwCgb0Q
26 de jul de 2012 - coroa ensinando a malhar... coroa piriguete ma-lhando... coroa com corpinho de ninfeta na academia by wlian pasquin 4,491 views; 1:24.

- Fotos de piriguetes – Fotos Caseiras
www.fotosdecaseiras.com.br/tag/piriguetes/
Amadoras · Morenas · Loiras · Ninfetas · Coroas · Sexo Anal · Sexo
Grupal · Sexo Oral · Contato · Envie suas fotos. Search. Pesquisar por:
Tag: piriguetes...

- Putaria com piriguetes rabudas – coroas peladas | videos...
www.coroasporno.com/putaria/putaria-com-piriguetes-rabudas/
7 de fev de 2014 - Putaria com macho que é tarado por pé, ele lambe
as putinhas nuas deixando elas loucas de tesão, topando de tudo com
ele. As piriguetes...

É interessante notar que, embora a coroa piriguete seja estigmatizada
no ciberespaço, a maioria dos resultados no Google é de sites de filme
pornô, ou seja, elas parecem fazer sucesso nessas páginas. Também
aparecem resultados referentes a exercício físicos, pois essas mulheres
são bastante relacionadas a academias de ginástica, um espaço onde
elas, além de cuidar do corpo, também arrumam namorados mais
jovens.

Mirian Goldenberg afirma que:

> Mulheres mais velhas casadas com homens mais jovens é um tema recorrente nas telenovelas, filmes, romances, colunas de fofocas etc. Provoca o olhar de censura, o sentimento de repulsa e, talvez, o de inveja; são relacionamentos considerados proibidos, reprováveis ou inaceitáveis em nossa cultura.[28]

A autora, pensando no conceito de "imitação prestigiosa", lista os casos
famosos de mulheres casadas com homens mais jovens apontados pela
revista *Veja* (14/5/2010): Ana Maria Braga, Elba Ramalho, Marília
Gabriela, Susana Vieira e Elza Soares.

VELHO É LINDO!

Duas das mulheres famosas que aparecem na matéria da revista *Veja*, Susana Vieira e Elza Soares, foram as mais citadas na minha pesquisa quando pedi: "Dê um exemplo de uma pessoa famosa que envelheceu mal." As duas apareceram em primeiro lugar, por não "aceitarem o envelhecimento" e "se comportarem de forma inadequada para a idade". Nos dois casos, o fato de terem relacionamentos com homens muito mais jovens é muito criticado. Elza Soares também é extremamente criticada em função do excesso de cirurgias plásticas. A ênfase dos pesquisados é a de que, por não aceitarem a idade, as duas se comportam de forma inapropriada: namoram homens mais jovens, usam roupas inadequadas para a idade e fazem um excesso de cirurgias plásticas. Outro exemplo de mau envelhecimento citado nas respostas dos pesquisados é o da atriz Vera Fischer. Ela aparece por não aceitar a idade, por namorar homens mais jovens, pelo uso de botox, pelas cirurgias plásticas e, também, pelo vício em drogas e álcool. Eles dizem: "ela é barraqueira", "está sempre metida em brigas e confusões". Seu comportamento é considerado totalmente inapropriado para uma mulher de mais de 60 anos.[29]

É visível que as coroas piriguetes sofrem as mesmas acusações que aparecem na pesquisa de Goldenberg sobre envelhecimento, ou seja, tanto essas famosas quanto as coroas piriguetes são acusadas de não saber envelhecer.

Não obstante toda a veiculação midiática sobre a categoria piriguete, percebe-se que é o tom do estigma que, de maneira geral, conduz as narrativas e considerações sobre as mulheres que adotam esse estilo de vida, sejam elas celebridades, mulheres do cotidiano ou até mesmo personagens de novelas. Em outras palavras, o tom que impera é o do preconceito, do estigma, agindo no sentido de conferir valor humano inferior às pessoas, na medida em que o comportamento pouco ortodoxo que essas mulheres adotam como paradigma para seus relacionamentos passa a ser frequentemente reprovado. Ressalto também que os discursos do ciberespaço que disseminam um "piriguetismo" o fazem mais como moda/estilo de vestir do que como comportamento/estilo de vida.

Considerações finais

A forma mais frequente de pensar as piriguetes as considera mulheres de classes sociais menos favorecidas, o que vem destoando dos manuais sobre "como ser uma piriguete", nos quais essas fronteiras sociais são quebradas ou pelo menos abaladas. O que a análise de material empírico e a reflexão sobre o tema revelam é que muitas mulheres procuram um estilo piriguete não apenas em função do sucesso que ele garantiria com o público masculino, mas também pela ânsia de ter em suas próprias mãos o domínio da sua sexualidade. Seria uma forma de imitação prestigiosa, por meio da qual se incorporam determinados traços que contribuem para que mulheres se sintam livres e poderosas.

Chamo atenção, ainda, para o forte viés estigmatizador encontrado no discurso naturalizado sobre quem são as piriguetes. A crítica também acontece da seguinte maneira: uma mulher que se encaixa no estilo piriguete e que tem uma vida sexual dita promíscua servirá como exemplo para que todas as outras que se identificam com isso sejam classificadas como promíscuas, o que Elias e Scotson chamaram de distorção *pars pro toto*. Ela ocorre quando a autoimagem do grupo estabelecido se molda na minoria de seus melhores membros, em seu setor mais exemplar, o mais "nômico" ou normativo que funciona também em direção oposta, facultando ao grupo estabelecido provar suas afirmações a si mesmo e aos outros. A estigmatização

VELHO É LINDO!

dos outsiders é feita pela circulação de fofocas depreciativas, que, junto à autoimagem maculada dos outsiders, são considerados traços constantes na figuração estabelecidos/outsiders.

As piriguetes denotam perigo por não se adaptarem às regras, por serem desviantes e, com isso, adquirirem poder, desestabilizando as convenções estabelecidas no campo das diferenças instituídas entre homens e mulheres. Elas tornam seu corpo um objeto de desejo para os homens, mas, no jogo de sedução, o modo de usar o corpo é escolha delas. Usando a metáfora de Simmel que entende a coqueteria como jogo, as piriguetes entram no jogo, na posição que os homens esperam delas. Dentro dele, elas agem para se favorecer e nesse momento detêm o poder de escolha; diferentemente do que é entendido e do que elas possam fazer parecer, não são "mulheres fáceis". Elas entendem, como Mirian Goldenberg nos diz, "o corpo como um veículo fundamental de ascensão social e, também, um importante capital no mercado de trabalho, no mercado do casamento e no mercado sexual".[30] Assim elas calculam quem é o melhor parceiro, ou seja, quem pode favorecê-las da forma que desejam. As piriguetes não são apenas o que define o dicionário – "moça ou mulher namoradeira" –, suas relações afetivo-eróticas são estabelecidas de acordo com seus interesses. Não acredito que as piriguetes subvertam totalmente a lógica da dominação masculina; na realidade, é mais interessante compreender como elas apreendem essa lógica e a reutilizam em seu próprio benefício. Seu corpo, seu desejo, sua liberdade, não são, de todo, utilizados a partir do paradigma normativo instituído pela dominação masculina; a piriguete em si é desviante. A partir desse desvio, as piriguetes parecem se tornar um perigo à dominação masculina. Em resposta, a sociedade estigmatiza o estilo de vida por elas seguido. Entretanto, ao mesmo tempo que as piriguetes são um perigo e podem subverter a dominação masculina, elas também acabam, a partir da sua forma de agir, por reforçar algumas normas de gênero referentes a tal dominação e, dessa maneira, consolidam essas normas e preconceitos contra elas mesmas.

Notas

1. Edição lançada em 11 de setembro de 2012, na Bienal do Livro no Rio de Janeiro.
2. Clebemilton Gomes do Nascimento, "Piriguetes em cena: uma leitura do corpo feminino a partir dos pagodes baianos".
3. *Ibid.*
4. Nos termos de Goffman, o estigma é uma relação formal pela qual são atribuídos comportamentos e expectativas desacreditados ao indivíduo que tenha mostrado ser dono de um defeito, falha ou desvantagem. Desse modo, deixamos de vê-lo como uma pessoa normal para reduzi-lo a um ser diferente, estranho e menosprezado.
5. Clebemilton Gomes do Nascimento, "Piriguetes em cena: uma leitura do corpo feminino a partir dos pagodes baianos".
6. Lígia Campos de Cerqueira *et al.* "A cartilha da mulher adequada: ser piriguete e ser feminina no *Esquadrão da moda*".
7. Thiago Soares, "Conveniências performáticas num show de brega no Recife: espaços sexualizados e desejos deslizantes de piriguetes e cafuçus".
8. O conceito de performatividade elaborado por Butler presente na obra *Problemas de gênero.*
9. Mylene Mizrahi, "A estética funk carioca: criação e conectividade em Mr. Catra".
10. Clebemilton Gomes do Nascimento, "Piriguetes e putões: representações de gênero nas letras de pagode baiano".
11. Georg Simmel, *Filosofia da moda e outros e outros escritos.*
12. Disponível em: <http://msn.lilianpacce.com.br/moda/periguete-editorial/>. Acesso em: 1º mar. 2016.
13. Aqui, referimo-nos a um conceito de Marcel Mauss: A criança, como o adulto, imita atos bem-sucedidos que ela viu ser efetuados por pessoas nas quais confia e que têm autoridade sobre ela. Falar da imitação prestigiosa é falar de indivíduos que imitam atos, comportamentos e corpos que obtiveram êxito e que têm prestígio em sua cultura. É importante destacar que esse processo de imitação não é, necessariamente, um ato consciente dos membros de cada cultura.

VELHO É LINDO!

14. Cabe ainda ressaltar que devemos usar com cuidado algumas adjetivações que se colocam sobre as piriguetes. A noção de empoderamento, de liberdade e de subversão, por exemplo, não são consenso nos estudos sobre as potencialidades dos movimentos de mudança do feminino das camadas populares. No entanto, adotamos aqui essas adjetivações como "nativas". No funk carioca, no qual se usa largamente a categoria "piriguete", sempre há referências a um tipo de mulher "livre", "poderosa" e "ousada", porém, não necessariamente essas representações constroem um novo tipo de relação de poder entre homens e mulheres no mundo da prática, por isso entendemos as piriguetes como desviantes e não como subversivas e transgressoras.

15. Disponível em: <http://caras.uol.com.br/blog/caras-especiais/look-piriguete-saiba--como-montar-o-seu-e-arrasar#image0>. Acesso em: 1ª mar. 2016.

16. Georg Simmel, *Filosofia da moda e outros e outros escritos*.

17. *Ibidem.*

18. Norbert Elias, John Scotson, *Os estabelecidos e os outsiders*.

19. *Ibidem.*

20. *Ibidem.*

21. *Ibidem.*

22. *Ibidem.*

23. *Ibidem.*

24. Simone Beauvoir, *A velhice*.

25. Ao falarmos de desvio, amparamo-nos na concepção de Howard S. Becker, de maneira que aqui o desvio é entendido como uma falha apontada pelo processo de desobediência a regras instituídas.

26. Mirian Goldenberg, *O corpo como capital*.

27. Acesso em: 26 nov. 2014.

28. Mirian Goldenberg, *Casamentos invertidos*, p. 498.

29. *Ibidem.*

30 Mirian Goldenberg, *O corpo como capital*, p. 27.

Referências bibliográficas

BEAUVOIR, Simone. *A velhice*. Rio de Janeiro: Nova Fronteira, 1990.

BECKER, Howard. *Outsiders:* estudos de sociologia do desvio. Rio de Janeiro: Zahar, 2008.

BOURDIEU, Pierre. *A dominação masculina*. Rio de Janeiro: Bertrand Brasil, 1999.

BOURDIEU, Pierre. *A distinção:* crítica social do julgamento. Porto Alegre: Zouk, 2007.

CERQUEIRA, Lígia Campos de *et al*. "A cartilha da mulher adequada: ser piriguete e ser feminina no *Esquadrão da moda*." *In* revista *Contracampo*, v. 24, n. 1, julho, p. 120-139, 2012. Niterói: 2012. Disponível em: <http://www.uff.br/contracampo/index.php/revista/article/viewArticle/176>. Acesso em: 1º mar. 2016.

ELIAS, Norbert; SCOTSON, John. *Os estabelecidos e os outsiders*. Rio de Janeiro: Zahar, 2000.

GOFFMAN, Erving. *Estigma:* notas sobre a manipulação da identidade deteriorada. Rio de Janeiro: Zahar, 1975.

GOLDENBERG, Mirian. *Nu e vestido*. Rio de Janeiro: Record, 2002.

GOLDENBERG, Mirian. *De perto ninguém é normal*. Rio de Janeiro: Record, 2004.

GOLDENBERG, Mirian. *O corpo como capital:* estudos sobre gênero, sexualidade e moda na cultura brasileira. Barueri: Estação das Letras e Cores, 2007.

GOLDENBERG, Mirian. *Coroas:* corpo, envelhecimento e felicidade. Rio de Janeiro: Record, 2008.

GOLDENBERG, Mirian. *Gênero, o corpo e imitação prestigiosa na cultura brasileira*. Saúde Soc. São Paulo, v.20, n.3, 2011, p.543-553.

GOLDENBERG, Mirian. *A bela velhice*. Rio de janeiro: Record, 2013.

GOLDENBERG, Mirian. "Casamentos invertidos: acusações e preconceitos em arranjos conjugais desviantes". *In sociologia&antropologia*. Rio de Janeiro, v. 04.02, outubro, 20114, p. 495-518.

MAUSS, Marcel. *As técnicas corporais:* sociologia e antropologia. São Paulo: EPU/EDUSP, 1974.

MISSE, Michel. *O estigma do passivo sexual:* um símbolo de estigma no discurso cotidiano. Rio de Janeiro: Booklink: NECVU/IFCS/UFRJ: LeMetro/ IFCS/UFRJ, 2007. Disponível em: <http://disciplinas.stoa.usp.br/pluginfile.php/120500/mod_resource/content/1/O%20Estigma%20sexual%20-%20Michel%20Misse%20%281%29.pdf>. Acesso em: 1º mar. 2016.

MIZRAHI, Mylene. *A estética funk carioca:* criação e conectividade em Mr. Catra. Tese (Doutorado em Ciências Sociais). Rio de Janeiro: UFRJ/IFCS, 2010.

NASCIMENTO, Clebemilton Gomes do. "Piriguetes e putões: representações de gênero nas letras de pagode baiano". *Fazendo gênero 8 – Corpo, violência e poder*. Florianópolis: UFSC, agosto 2008. Disponível em: <http://www.fazendogenero8.ufsc.br/sts/ST55/Clebemilton_Gomes_do_Nascimento_55.pdf>. Acesso em: 1º mar. 2016.

NASCIMENTO, Clebemilton Gomes do. "Piriguetes em cena: uma leitura do corpo feminino a partir dos pagodes baianos". *Fazendo gênero 9 – Diásporas, diversidade e deslocamentos*. Florianópolis: UFSC, agosto 2010a. Disponível em: <http://www.fazendogenero.ufsc.br/9/resources/anais/1278379755_ARQUIVO_Piriguetesemcena.pdf>. Acesso em: 1º mar. 2016.

NASCIMENTO, Clebemilton Gomes do. *Entrelaçando corpos e letras:* representações de gênero nos pagodes baianos. Dissertação (mestrado em Estudos Interdisciplinares sobre Mulheres, Gênero e Feminismo). Salvador: UFBA, 2010b. Disponível em: <http://www.repositorio.ufba.br:8080/ri/bitstream/ri/6438/1/disserta%C3%A7%C3%A3o%20clebemilton.pdf>. Acesso em: 1º mar. 2016.

QUILLINAN, Larissa. "Piriguetes no funk carioca". Anais da 29ª Reunião Brasileira de Antropologia, 2014. Disponível em: <http://www.29rba.abant.org.br/resources/anais/1/1401628805_ARQUIVO_piriguetesnofunkcariocaRBA.pdf>. Acesso em: 1º mar. 2016.

SIMMEL, Georg. *Filosofia da moda e outros e outros escritos.* Lisboa: Edições Texto & Grafia, 2008.

SOARES, Thiago. "Conveniências performáticas num show de brega no Recife: espaços sexualizados e desejos deslizantes de piriguetes e cafuçus". Revista *LOGOS 36 Comunicação e Entretenimento: Práticas Sociais, Indústrias e Linguagens.* Vol. 19, nº 1, 1º semestre 2012. Disponível em: <http://www.logos.uerj.br/PDFS/36/04_logos36_soares_conveniencias_performaticas.pdf>. Acesso em: 1º mar. 2016.

Referências virtuais

<http://caras.uol.com.br/blog/caras-especiais/look-piriguete-saiba-como-montar-o-
  -seu-e-arrasar#image0>
<http://planofeminino.com.br/puxao-de-orelha-coroa-piriguete/>
<http://blogmodapopular.blogspot.com.br/2013/04/piripi-piri-pi-piri-piriguete.html>
<http://msn.lilianpacce.com.br/moda/periguete-editorial/>
<http://memoriasdeumex.blogspot.com.br/2011/12/piriguetes-coroas.html>
<http://piriguetefilosofica.wordpress.com/>
<http://euvcetodasmulheres.blogspot.com.br/2012/04/piriguete.html>

6. Internet, sexo e velhice

Veronica Tomsic

A expansão da internet e o crescimento do número de idosos são dois fenômenos da contemporaneidade. No Brasil, o número de pessoas com 60 anos ou mais ultrapassa 20 milhões e continua em ascensão. Em relação à internet, pesquisas indicam que estamos cada vez mais conectados: em 2010, ficamos na oitava posição entre os países que mais acessaram a rede.

O objetivo deste artigo é compreender de que maneira a sexualidade dos idosos aparece nos usos da internet. Como essa tecnologia relaciona-se com o sexo, o corpo e os relacionamentos amorosos entre as pessoas mais velhas? Quais são as representações sobre o envelhecimento?

Para responder a essas questões, analisarei os usos da internet a partir de uma pesquisa realizada em uma lan house de Copacabana, bairro carioca que concentra o maior número absoluto de idosos no Brasil. Em seguida, apresentarei a análise de 17 entrevistas realizadas com nove mulheres e oito homens de mais de 50 anos, moradores da cidade do Rio de Janeiro, que acessam a rede em suas residências.

Segundo dados do Instituto Brasileiro de Geografia e Estatística (IBGE), no total da população brasileira, o número de idosos subiu de 8,6%, em 2000, para 10,8%, em 2010.

Não obstante, como mostra Guita Debert:

A transformação da velhice em problema social não é o resultado mecânico do aumento do número de pessoas idosas, como tende a sugerir a noção de "envelhecimento demográfico" usada pelos demógrafos e frequentemente utilizada pelos cientistas sociais para justificar seu interesse pessoal e o interesse social em pesquisas sobre o tema.[1]

Para Rémi Lenoir, um problema social surge através de uma construção social e supõe um trabalho em que estão envolvidas quatro dimensões: reconhecimento, legitimação, pressão e expressão.[2] A primeira (reconhecimento) significa tornar visível uma situação particular, conquistar a atenção pública; a segunda (legitimação) engloba os esforços para promover e inserir o problema no campo das preocupações sociais do momento; a terceira (pressão) envolve o estudo dos atores sociais que podem representar certos grupos de interesses ou um interesse geral; e a quarta (expressão) é formada pelas traduções das pressões.

O aumento do número de idosos não é um dado que, por si só, significa a criação de um problema social, mas existem outras variáveis envolvidas. No caso deste trabalho, que busca entender os usos da internet e o processo de envelhecimento, é possível pensar as quatro dimensões da seguinte maneira: o reconhecimento seria a constatação de que existe um grupo de pessoas que conheceu uma tecnologia (a internet) que alterou os modos de viver e estar no mundo quando eram adultos ou já idosos. Uma vez que, atualmente, os mais jovens já foram socializados com a internet, essas pessoas precisaram passar por um processo de descoberta e adaptação à nova tecnologia. Hoje, muitos serviços estão disponíveis somente através da rede e, portanto, aqueles que não têm acesso a ela podem ser excluídos de importantes esferas sociais. De que maneira os mais velhos podem utilizar a internet de modo que não sejam excluídos?

A legitimação (segunda dimensão), que significa inserir o problema no campo das preocupações sociais do momento, pode ser pensada com base nos seguintes elementos: nos cursos de informática específicos oferecidos aos idosos (como os da Universidade Aberta da Terceira Idade/Universidade do Estado do Rio de Janeiro); nas políticas públicas de criação de acesso dos mais velhos à internet comunitária (como a do Centro de Tecnologia da Informação e Comunicação do Estado do Rio de Janeiro); e até mesmo na criação de produtos específicos que visam esse público-alvo (como o computador para idosos SimplicITy, criado na Grã-Bretanha pela Wessex Computers em parceria com o site Discount Age).

A pressão e a expressão, terceira e quarta dimensões do problema sociológico, relacionam-se com os atores sociais que representam certos grupos de interesse. O que os mais velhos falam sobre os usos da internet? Que significados atribuem ao processo de envelhecimento? Como as pessoas que trabalham e se relacionam diretamente com eles contribuem para a compreensão das construções sociais da imagem do idoso?

A importância de se compreender a construção da velhice como um problema social, de acordo com Guita Debert, é apenas um dos pressupostos que devem guiar uma pesquisa antropológica sobre questões ligadas ao envelhecimento. Segundo a autora, é necessário destacar que a velhice não é uma categoria natural, mas sim socialmente construída: "As representações sobre velhice, a posição social dos velhos e o tratamento que lhes é dado pelos mais jovens ganham significados particulares em contextos históricos, sociais e culturais distintos."[3]

Em relação aos dados sobre a internet, estudos indicam que o Brasil está cada vez mais conectado à rede mundial de computadores. De acordo com o relatório "A situação da internet na América Latina", divulgado pela consultoria ComScore, no país existem 73 milhões de usuários de internet. Em números absolutos, foi o local que indicou

INTERNET, SEXO E VELHICE

a maior quantidade de usuários. Além disso, segundo o relatório da Akamai, o Brasil ficou na oitava posição entre os países que mais usaram a internet em 2010.

Clarice Peixoto e Françoise Clavairolle, ao analisarem a política governamental na França, demonstram que, a partir dos anos 1960, houve uma busca por transformar a imagem das pessoas envelhecidas e introduzir modificações político-administrativas.[4] O objetivo básico do conjunto de medidas proposto foi oferecer às pessoas com mais de 60 anos os meios para terem uma vida autônoma.

Ao considerar essa ideia, passei a indagar de que maneira o uso da internet poderia contribuir para promover essa autonomia. De acordo com as autoras, se na França os estudos sobre envelhecimento e novas tecnologias estão bem desenvolvidos, no Brasil ainda há um longo caminho a percorrer. O objetivo da minha pesquisa é, justamente, pensar sobre algumas contribuições para esse campo de estudos.

Durante a observação e as entrevistas, surgiram diversos temas, como família, corpo, gênero e significados do envelhecimento. Para este artigo, focalizarei a questão da sexualidade e analisarei os discursos de homens e mulheres que vivenciam o processo de envelhecimento. Dessa forma, também utilizarei depoimentos de pessoas que se encontram na faixa dos 50 a 59 anos. Estes, apesar de não se enquadrarem juridicamente na categoria "idoso", trataram da questão da velhice em suas falas. Além disso, os entrevistados que ainda não completaram 60 anos têm algo em comum com os mais velhos: começaram a usar a internet depois de adultos.

Outro objetivo deste artigo é entender de que maneira a sexualidade aparece nas falas sobre os usos da internet. Como essa nova tecnologia relaciona-se com o tema do sexo e dos relacionamentos amorosos? Para responder a essa questão, o texto foi dividido em duas partes: na primeira, analiso os usos da internet no espaço público, utilizando os

VELHO É LINDO!

dados produzidos na pesquisa realizada na lan house; na segunda parte, apresento as informações obtidas por meio de entrevistas com pessoas que acessam a rede em suas casas, um espaço privado.

Os idosos em uma lan house de Copacabana

Mesmo havendo uma expansão do acesso à internet por meio de notebooks, netbooks, celulares e tablets, a lan house ainda aparece como a segunda forma mais usada no Brasil para se conectar à rede mundial de computadores, segundo dados de 2010 do Comitê Gestor da Internet.

A pesquisa revela que 34% das pessoas conectadas à rede utilizam esse tipo de centro público de acesso pago. Os três motivos que mais aparecem para essa escolha são: "não tenho computador em casa" (77%), "não tenho internet em casa" (72%) e "para me divertir" (40%).

De acordo com a Associação Brasileira dos Centros de Inclusão Digital, calcula-se que em 2010 existia no Brasil 108 mil lan houses. Ronaldo Lemos enfatiza que esse número é significativo, especialmente se comparado às 5 mil bibliotecas públicas, 2.200 salas de cinemas e 2.500 livrarias do país. Para o autor:

> A lan house tornou-se para muitos brasileiros um novo espaço público de acesso à cultura e ao conhecimento, potencializando na prática a característica do brasileiro de "viver em rede" que, diga-se, vem de muito antes da internet.[5]

O estabelecimento que observei em Copacabana tem 22 computadores distribuídos em dois andares, dez no térreo e 12 no andar superior. O proprietário e sua esposa são os administradores do local (adquirido em setembro de 2009) e contam com a ajuda de três funcionários (dois homens e uma mulher) no atendimento ao público, além de um técnico que é chamado quando ocorre algum problema. Os funcionários trabalham de acordo com turnos – das 8h às 15h, das 10h às 17h, das 15h às 22h. A lan house funciona todos os dias, inclusive aos domingos e feriados, e os preços seguem o seguinte parâmetro: 5 centavos por um minuto; 1,50 real por 30 minutos e 3 reais por uma hora.

O pagamento mínimo é de 50 centavos. Ainda que o cliente use a internet por apenas 2 minutos, não pagará 10 centavos, mas sim 50. O estabelecimento não aceita cartões de crédito ou de débito, nem cheques, e oferece descontos para clientes cadastrados. Nesse caso, 3 horas de uso do computador custam 5 reais, e 6 horas, 10 reais.

Na fachada de vidro transparente, é possível encontrar diversas propagandas, logotipos das operadoras de celular – em função do serviço de recarga de créditos –, pôsteres dos jogos que são vendidos, divulgação dos serviços oferecidos e o aviso "Não é permitida a entrada de menores desacompanhados de seus responsáveis". De acordo com os funcionários, isso indica que a lan house não tem como público-alvo as crianças e os adolescentes, mas os adultos e idosos.

O ambiente pesquisado é bem diferente do retratado na tese de Vanessa Andrade Pereira, que analisa redes sociais on-line e off-line de jovens frequentadores de uma lan house localizada na cidade de Porto Alegre, Rio Grande do Sul:

> O ambiente é soturno, uma sala escura com paredes pintadas de azul-marinho e prateado. A luz apagada e o brilho hipnótico dos monitores iluminam os rostos absortos. A escuridão da sala me incomodava, embora também me desse uma sensação de privacidade, logo desfeita pela quantidade de transeuntes por detrás de minha cadeira, que falavam e observavam as telas. Os gritos e xingamentos trocados entre os jovens que jogavam games, impediam que eu me concentrasse em meus afazeres digitais mas, acima de tudo, eu considerava um "desrespeito" aquelas pessoas estarem aos berros num lugar em que nem todos estavam jogando.[6]

A lan house objeto desta pesquisa difere completamente do ambiente descrito acima: é clara, iluminada, repleta de espelhos, tem cadeiras e mesas azuis, e o silêncio predomina.

A presença de espelhos, que têm a função de controlar os usuários, foi muito importante para a minha observação. Como queria influenciar o mínimo possível o cotidiano do local, conversei com os proprietários e funcionários sobre qual seria a melhor maneira de fazer a observação. A primeira dica que eles me deram foi evitar o segundo andar, pois não havia muito espaço nem cadeiras livres, e qualquer pessoa estranha seria facilmente percebida. Diante da minha preocupação de não conseguir observar o segundo andar, eles me informaram que as pessoas de mais idade dificilmente subiam a escada, que é extremamente íngreme. Com o tempo, descobri que o segundo andar era utilizado quando os computadores do primeiro já estavam ocupados e quando o usuário buscava mais privacidade. Por essa razão, minha pesquisa concentrou-se no térreo.

Durante a observação, segui um modelo para organizar as informações: para cada idoso que entrava no estabelecimento, eu anotava o sexo, a idade aproximada (se fosse o caso, perguntava para o funcionário), a aparência (roupa usada, cor dos cabelos), se estava acompanhado ou não, se foi diretamente à máquina (isso ocorre quando a pessoa já tem cadastro), se interagiu com o funcionário ou com outros usuários e o tempo que permaneceu na lan house.

Frequentei o estabelecimento durante quatro meses, variando sempre o dia da semana e os horários, para avaliar se havia mudança do público. Em todos os dias, constatei a presença de pessoas idosas. Não houve uma só vez em que eu não encontrei pelo menos um idoso, independentemente do dia da semana e da hora. No entanto, se em um dia eu encontrei 18 idosos, em outro foram sete, por exemplo. Em média, observei, aproximadamente, quatro idosos por ida ao campo durante quatro horas de observação.

Mais do que expor todos os dados colhidos com base em minhas observações, apresentarei as informações que contribuíram para responder às questões propostas. Utilizando as ideias de Gilberto Velho, é possível falar em "mundos de Copacabana" dentro da lan house. Os idosos não estão reunidos em um grupo único e homogêneo.[7] Alguns têm amplo domínio do computador e nunca solicitaram ajuda ao funcionário, enquanto outros só acessam com uma pessoa ao lado prestando-lhe ajuda.

Além da observação, entrevistei dois clientes idosos (um homem e uma mulher) e os três funcionários que trabalham diariamente no local: André, Daniela e Tomas. Durante as conversas, diversos assuntos foram levantados, como: Por que o idoso frequenta a lan house? Quais são as características do cliente idoso? Como os idosos lidam com a internet?

Daniela destacou o acesso aos sites pornográficos na lan house. Segundo ela, clientes de idades variadas vão ao estabelecimento para acessarem esse tipo de conteúdo. Ela disse que faz questão de controlar os clientes de modo que eles só vejam pornografia no segundo andar, pois o primeiro é muito exposto, já que a fachada da loja é de vidro. Sempre que um cliente tenta acessar esse tipo de site no primeiro andar, ela envia uma mensagem ao computador do cliente pedindo que se mude para o segundo andar. Caso a pessoa insista, Daniela "bloqueia a sessão", o que significa impedir que a página seja consultada.

A funcionária considera que o idoso vai à lan house em busca de privacidade e liberdade.

> Eles não conseguem privacidade e liberdade em casa. Aqui, eles não são interrompidos, não sofrem questionamentos, mas também, se precisarem de ajuda, sabem que estamos à disposição.

Daniela afirma que muitos clientes não têm computador em casa, pois seria mais barato fazer um plano mensal na lan house do que instalar a máquina e a internet residenciais. André e Tomas não concordam neste ponto.

Segundo André, muitos idosos já têm computador em casa, mas preferem ir à lan house porque isso representa um passeio, uma saída do espaço doméstico. Para confirmar a sua opinião, cita um cliente que vai até o local porque se sente sozinho em casa.

Curiosamente, constatei, por meio dos usuários entrevistados e da observação, que a lan house não é um espaço de sociabilidade entre os frequentadores. A interação ocorre, no máximo, entre clientes e funcionários, mas nunca entre os próprios clientes. Quando falei sobre isso com André, ele acrescentou:

> Eles dizem que a lan house é confortável e que eles sabem que podem pedir ajuda, caso seja necessário. Tem um cliente que mora sozinho, tem computador e só vem aqui porque sabe que, assim que ele entra, eu já coloco o site que ele deseja e o deixo tranquilo, em paz, navegando.

A privacidade aparece também no acesso aos sites pornográficos, como Daniela apontou. André trabalha no terceiro turno e acredita que, por isso, veja mais clientes idosos que acessam esse tipo de site.

> Dos frequentadores do segundo andar, tem hora que dá para ver muitos velhinhos taradinhos. Mas dá para encontrar mais à noite, porque os filhos devem estar em casa e eles vêm ver na rua, né? Isso é mais à noite mesmo. Em média, por noite, cinco ou seis idosos. Pedofilia nunca vi. A Daniela já viu, mas eu não. Também nunca vi mulher idosa acessando.

Tomas destacou que os idosos frequentam a lan house por causa da atenção e da confiança. Segundo ele, muitos não têm computador em casa, mas gostariam de ter, e acessam da lan house para aprender a usar ou ter alguém por perto, caso seja preciso. Ele disse que nunca viu clientes dessa faixa etária acessando sites pornográficos.

> Isso não existe entre os idosos. Quem vê isso é o pessoal de 20 a 35, 40 anos, mais ou menos. Eu nunca vi um idoso entrando em página de pornografia. Eles ficam mais no primeiro andar, porque subir é difícil.

Quando perguntei sobre os motivos que levam ao uso da internet na lan house, Tomas respondeu:

> Eu acho que em casa eles não têm atenção especial, os filhos estão ocupados ou eles moram sozinhos. Na lan house têm atenção melhor, confiam na nossa ajuda. Se a lan house não for confiável, a pessoa não volta. Se você está em casa, mexendo no computador, aparece um problema, mas não tem ninguém para ajudar, como você vai resolver?

No entanto, também foram relatados casos em que os idosos se sentem controlados em casa. Uma propaganda retratou esse tipo de situação: a da empresa Microsoft, quando lançou o Windows 7. Nela, um casal de idosos aparece na sala, cada qual acessando a internet de seu laptop. Há uma música de rock alta no ambiente, ambos sacodem os ombros como se estivessem dançando e, ao mesmo tempo, digitam rápido no teclado. A idosa está com fones, acessando várias páginas simultaneamente (uma delas de jogo). O idoso, quando percebe que o neto está chegando, manda uma mensagem on-line para a esposa: "Perigo, neto chegando!!!!" Nesse momento, o som de rock se transforma em uma música clássica serena, o idoso larga o laptop, pega os óculos e começa a ler um livro e a idosa finge que está com dificuldades para acessar um site de receitas, até que o neto resolve ajudá-la. Ela dá uma piscadela para o marido, como se dividisse um segredo só dos dois.

Os dados da minha pesquisa sugerem que o idoso na lan house se liberta desse tipo de controle que membros da família ou outros (como os cuidadores) podem exercer. Nos sites de relacionamento, eles podem mentir a idade sem que ninguém descubra; nos sites de jogos, podem passar mais de três horas seguidas apostando sem que ninguém os interrompa; podem visitar os sites pornográficos sem que ninguém os censure; nos momentos de dificuldade, basta que recorram aos funcionários, que dão o suporte necessário com muita paciência.

Isso não significa que a lan house não seja um espaço controlado. Pelo contrário, identifiquei dois tipos de controle: um que diz respeito à esfera jurídico/legal e outro em relação à esfera moral. Para que os controles ocorram são utilizados três instrumentos: espelhos, recados e bloqueio de sites. A esfera jurídico/legal diz respeito às páginas que correspondem a crimes de internet, como a pedofilia. Nesse caso, se um cliente acessa esses conteúdos, a administração do estabelecimento também pode responder criminalmente. Esse tipo de controle aparece tanto no primeiro quanto no segundo andar.

Na lan house que pesquisei, a moralidade aparece quando se trata dos sites pornográficos. Nesse ponto, é preciso destacar a divisão do espaço em dois andares. É importante perceber as diferenças espaciais entre os andares.

A primeira coisa que me chamou a atenção foi que, se no primeiro andar as divisórias entre os computadores são menores do que as mesas, no segundo, as divisórias vão além das mesas. Dessa forma, enquanto no primeiro andar, se espiar o computador do vizinho, a pessoa vai conseguir saber o que ele está acessando, isso é impossível no segundo andar. Portanto, é possível sugerir que, se o controle na esfera moral aparece no primeiro andar, o mesmo não ocorre no segundo.

Porém, o que chama a atenção é que o elo entre os dois andares é uma escada íngreme, o que dificulta o acesso de pessoas com limitações física, como muitas vezes é o caso dos idosos. Quando dividi a minha preocupação de não conseguir observar o segundo andar sem passar despercebida, um dos funcionários falou:

> Tem uns velhinhos que são taradinhos, que vão lá em cima sim, mas não são muitos, porque é difícil subir, né? Os velhinhos ficam mais aqui mesmo, no primeiro andar.

Acredito que a escada representa a materialização de determinada representação sobre a velhice: o idoso é aquele que, além das limitações físicas, não se interessaria mais por sexo. Se a sexualidade do velho não existe mais, o fato de a escada dificultar o acesso ao segundo andar das pessoas mais idosas não aparece como um problema a ser enfrentado. A sexualidade do idoso é ocultada ou entendida como inexistente e aquele que insiste em subir para o segundo andar é rotulado de "taradinho". Para acessar páginas pornográficas, o idoso precisa, primeiro, romper com esse preconceito e, em seguida, enfrentar a escada. Uma vez vencido o obstáculo, pode acessar livremente e tem a sua privacidade respeitada.

Não foi possível, neste trabalho, aprofundar a discussão do rótulo de "taradinho" como sanção moral, pois não sei até que ponto o usuário sabe que foi enquadrado nessa acusação. Para isso, seria necessário entrevistá-lo sobre a questão. No entanto, afirmo que o usuário sabe que teve a sua identidade preservada: ele pagou o acesso à internet, subiu para o segundo andar, fez o que queria e, em troca, teve a sua privacidade garantida.

Um dado que pude constatar, tanto na observação quanto nas entrevistas com os funcionários, é que as mulheres idosas não sobem para o segundo andar. Ela acessam sites de namoro, de relacionamento, mas não sites pornográficos. Caberia indagar se essas mulheres deixaram o sexo em um plano secundário ou se elas não conseguem romper o preconceito de que o idoso é assexuado e têm medo de enfrentar a escada que leva ao segundo andar.

A questão da privacidade aparece com força. Muitos clientes, apesar de entrarem frequentemente no local, não fazem cadastros com dados pessoais, mesmo sendo uma orientação da lan house. Além do grande número de clientes não cadastrados, encontrei uma realidade que contrariou as minhas expectativas, mas que é mais bem compreendida se considerarmos que as pessoas estão em busca de privacidade: não há interação entre os clientes. Eles não interagem entre si, não sabem informações uns dos outros, não se reúnem, não conversam e o silêncio é predominante. A interação que existe é apenas com os funcionários, mas marcada, na maioria das vezes, por uma relação em que um é consumidor e o outro oferece um produto (a facilitação do acesso à internet).

A idosa que entrevistei afirmou que se tornou cliente assídua da lan house no período da faculdade e fez todos os trabalhos finais do curso no estabelecimento, sempre contando com o apoio dos funcionários. Ela chegou a solicitar ajuda com as fotografias da formatura. A filha foi fundamental no processo de aprendizagem do uso da internet, mas, depois que esta saiu de casa, foram os funcionários da lan house que ocuparam esse papel e a auxiliaram em vários momentos. Por pagar pelo serviço, os clientes sabem que terão suas dúvidas sanadas.

Cabe perguntar, então, por que esses idosos não frequentam cursos de informática. A resposta surgiu durante as entrevistas: quando eles pedem ajuda, normalmente, é para entender algo específico, que apareceu em um determinado momento. Ainda no exemplo da entrevistada, ela pediu ajuda para passar as fotografias da máquina fotográfica para o computador. Com isso, é mais fácil ela pedir ajuda a um funcionário da lan house do que pagar e frequentar um curso de informática e aprender tudo sobre internet.

Esse foi um dado que apareceu de maneira recorrente, inclusive na entrevista realizada com um professor de informática especializado em clientes idosos: o idoso não quer aprender tudo sobre a internet, quer aprender somente aquilo que o interessa no momento em que precisa.

Acredito que os mais velhos já estão cansados de responsabilidades, exigências, e procuram, nessa fase da vida, conhecer apenas o que lhes parece imediatamente útil. Dessa forma, o usuário de internet idoso é mais pragmático.

Mais uma vez, a privacidade aparece como ponto fundamental: cabe ao funcionário respeitar o espaço do cliente idoso e, mesmo que perceba que ele está com dificuldade, apenas ajudar quando é solicitado. No momento de pedir ajuda, há uma clara distinção de gênero: foi possível perceber que as mulheres pedem mais ajuda do que os homens e que estes são mais discretos na hora de fazê-lo, chegando muitas vezes a criar táticas para não demonstrar que não sabem alguma coisa.

Um dos funcionários contou que um cliente idoso ofereceu dinheiro para que ele resolvesse um determinado problema na internet sem precisar aprender o passo a passo por vergonha de assumir que não sabia. Outro funcionário afirmou que toda vez que um determinado idoso entra na lan house o atendente já sabe que o combinado é que ele escolha uma máquina, abra uma determinada página e a disponibilize para o cliente, sem que ocorra um pedido de ajuda explícito: o cliente já deixou isso previamente combinado com o funcionário.

A lan house, além de espaço de privacidade e de apoio técnico, pode ser vista como espaço de conexão entre o idoso e a vida pública. Mesmo não sendo um local de interação entre os clientes, ao frequentar esse determinado espaço, situado em um shopping, o idoso encontra pessoas e atividades diferentes das que experimenta em sua casa.

A pesquisa realizada é útil para pensar sobre a importância do lugar onde fazemos as coisas em nossa vida social. Ainda que esse idoso tenha a possibilidade de acessar o mesmo conteúdo da internet em casa, acredito que o fato de a lan house cumprir o papel de conectá-lo com outras pessoas é fundamental para que ele prefira sair de casa. Daí a importância do conforto oferecido na loja para fidelizar o cliente. Se o estabelecimento for capaz de oferecer condições favoráveis de acesso à internet para o idoso (como cadeiras confortáveis e funcionários atenciosos e discretos), ele poderá se tornar um cliente assíduo. Dessa forma, cabe ressaltar a importância do acesso a espaços que, a exemplo da lan house, produzem nos idosos um sentimento de pertencimento à vida pública.

A internet em casa

Além da observação em uma lan house de Copacabana, realizei 17 entrevistas em profundidade, com oito homens e nove mulheres. Todos são moradores da cidade do Rio de Janeiro, têm computador em casa, tiveram filhos e vivem com uma renda familiar mensal acima de quatro mil reais. Cinco entrevistados (duas mulheres e três homens) têm pós-graduação completa, nove (quatro mulheres e cinco homens) têm ensino superior completo, duas mulheres têm o ensino médio completo e apenas uma mulher (a mais idosa de todos os entrevistados) não completou o ensino médio.

Mulheres entrevistadas		Homens entrevistados	
NOME	IDADE	NOME	IDADE
Emília	52	Joaquim	55
Suzana	55	Vinicius	60
Roberta	58	Igor	62
Tatiana	60	Anderson	63
Efigênia	61	Sérgio	70
Gabriela	67	Leonardo	71
Selma	80	Flávio	76
Yasmin	80	Daniel	77
Fernanda	81		

No Brasil, segundo a Política Nacional do Idoso e o Estatuto do Idoso, são considerados idosos os indivíduos com idade igual ou superior a 60 anos. Conforme mencionei, entrevistei indivíduos que têm menos de 60 anos. Fiz essa opção porque meu interesse era compreender os usos da internet no processo de envelhecimento, não necessariamente apenas nos indivíduos já idosos. Além disso, considerando que a expansão da internet ocorreu na década de 1990, todos os entrevistados aprenderam a usar a internet quando já estavam na fase adulta, o que considero uma particularidade muito interessante.

Cada entrevista teve duração de, aproximadamente, duas horas. Fiz algumas perguntas gerais, mas não segui um roteiro fechado, pois cada entrevistado tem uma história particular com a internet. Algumas das perguntas foram: Quando foi o seu primeiro contato com a internet? Quais foram os motivos que o levaram ao primeiro contato? Alguém o ajudou nesse primeiro contato? Você fez algum curso? Quais são os sites que mais acessa? Durante quanto tempo você usa a internet por semana? O computador é compartilhado com outras pessoas? O que você faz quando encontra alguma dificuldade? Você já acessou sites de relacionamento? Você tem conta em redes sociais, como Facebook? Além dessas perguntas, dependendo de cada entrevistado, abordei outros temas.

Focalizarei a análise nos discursos dos entrevistados sobre a sexualidade. Como apontou Andréa Moraes Alves, no Brasil, são escassos os estudos sobre sexualidade na velhice. A autora afirma que a quase totalidade desses estudos é feita por geriatras e gerontólogos, que defendem a prática sexual na terceira idade como um antídoto para a depressão:

> Deve-se ter cuidado para o sexo não ser transformado em mais um instrumento da apologia da velhice saudável, como tentam fazer alguns gerontólogos e geriatras, mas compreender quais os significados que o corpo e a vida sexual podem ter para idosos de diferentes culturas e camadas sociais.[8]

Andréa Moraes Alves afirma que houve um prolongamento da vida sexual das mulheres para além dos 50 anos, mas que essa experiência é ainda tratada com resistência.

> Esse dilatamento das idades como marcadores da vida sexual de homens e mulheres é um sinal claro da importância que a sexualidade assumiu nas últimas décadas como forma de relacionamento social e construção de si. O imperativo do sexo se constitui como a mais recente singularidade contemporânea.[9]

Na minha pesquisa, assim como na de Andréa Moraes Alves, constatei que o sexo era sempre cercado de pudor. A questão da pornografia, a ser desenvolvida mais adiante, apareceu nos depoimentos de dois entrevistados (Efigênia, de 61 anos, e Sérgio, de 70 anos). Por meio de questões como: Você já acessou sites de relacionamento ou de namoro?; Conhece alguém que acessou?; Já se relacionou com alguém pela internet?; Tem curiosidade em acessar páginas de namoro ou relacionamentos?; O que você acha desses sites?, foi possível perceber o que os entrevistados pensam sobre relacionamentos amorosos e sexuais mediados pela internet.

Organizei algumas das respostas obtidas e o número de entrevistados que falaram sobre cada tema.

Respostas mais significativas	Mulheres (total = 9)	Homens (total = 8)
Não conhece pessoas que se relacionaram pela internet	3	2
Conhece pessoas que se relacionaram pela internet	6	6
Já entrou em sites de relacionamento porque teve curiosidade	0	1
Nunca entrou em sites de relacionamento, mas tem curiosidade	1	0
Nunca entrou em sites de relacionamento e não tem curiosidade	7	7
Já viu pornografia pela internet	1	1

VELHO É LINDO!

Como é possível perceber, a maioria dos entrevistados conhece pessoas que já tiveram relacionamentos pela internet. Foram vários os exemplos que apareceram relacionados aos amigos, familiares e/ou conhecidos. Nesse caso, apareceram tanto pessoas idosas quanto mais jovens.

Seguem alguns depoimentos:

> Eu tenho uma sobrinha que começou um relacionamento pela internet e que deu certo. Hoje estão casados, têm um filho. Eu acho uma experiência muito positiva. (Emília, 52 anos)

> Eu tenho um sobrinho que conheceu uma moça pela internet, estão felizes, mas eu acho muito estranho. (Gabriela, 67 anos)

> Eu conheço uma amiga que se desquitou e conseguiu outro casamento pela internet. Ela tem 45 anos. Eu tenho uma opinião sobre isso: eu sou um pouco cismada com essa coisa virtual, não boto muita fé. (Roberta, 58 anos)

> Uma colega de escola, cirurgiã cardíaca, se aposentou e conheceu uma pessoa no Paraná. Ele era viúvo. Ela foi para lá e deu certo. (Selma, 80 anos)

> Pelo menos três casais de amigos se conheceram por sites de relacionamentos. A minha professora de pintura conheceu o namorado por um site. (Vinicius, 60 anos)

> A minha comadre, que hoje tem 69 anos, foi para a Nova Zelândia por causa de um homem que conheceu pela internet. Deu tudo certo. Mas eu achei uma temeridade, né? (Leonardo, 71 anos)

Identifiquei três tipos de discurso sobre esse tema:

1. Pessoas que são contra relacionamentos pela internet e chegam a ridicularizar esse meio;

2. Pessoas que não se relacionaram nem querem se relacionar pela internet, mas não são contra, pois entendem que a rede pode ser uma alternativa para outras pessoas;

3. Pessoas que são a favor dos relacionamentos pela internet e têm curiosidade.

Suzana, de 55 anos, utilizou esse terceiro tipo de discurso. Cabe destacar que a entrevistada afirmou que, mesmo estando casada, não mantém uma relação conjugal, e conhecer alguém pela internet poderia ser um caminho para construir outra relação:

> Nós não temos mais um relacionamento de marido e mulher. A gente pensou em se separar, mas as condições financeiras não deixaram. A gente dorme em quartos separados. Eu nunca entrei em sala de bate-papo ou de relacionamentos, mas tenho muita curiosidade. Eu tenho muita curiosidade. Tenho amigas que se deram muito bem. Tenho uma amiga que conheceu um português pela internet e casou em Portugal. Tem outra que mora na Itália. Quando você tem a cabeça boa, está aberta para essas coisas, dá para você criar amizades maravilhosas, conhecer pessoas novas, lugares novos, gente boa.

Um entrevistado apresenta o primeiro tipo de discurso, de pessoas que são contra relacionamentos pela internet e chegam a ridicularizar esse meio. Flávio, de 76 anos, disse:

> Quem conheceu alguém pela internet nem me conta, porque sabe que eu vou achar ridículo. Se fulano vem me dizer "conheci uma moça na internet", eu vou achar esquisito.

A maioria dos entrevistados tem o segundo tipo de discurso, pessoas que não se relacionaram nem querem se relacionar pela internet, mas não são contra, pois entendem que a rede pode ser uma alternativa para outras pessoas. Dizer que são contra sites de namoros seria, segundo eles, ter uma postura preconceituosa ou ter, como classificou Fernanda, de 81 anos, uma visão "antiga".

Chama a atenção que a possibilidade de iniciar relacionamentos pela internet esteja sempre associada a terceiros, e não aos próprios pesquisados. Quem se relaciona pela internet é sempre o outro, seja ele amigo ou familiar.

> Fala sério! Se pessoalmente já é uma coisa difícil, imagina pela internet... Eu acho muito estranho. Quem será o homem muito interessante que vai estar na internet e vai querer se relacionar com uma mulher de 67 anos? (Gabriela, 67 anos)

> Comigo tem que ser olho no olho. (Selma, 80 anos)

> Eu acho tão difícil na vida real você sair e encontrar pessoas interessantes, imagina na internet? Eu acho que eu iria para uma aula de dança, onde certamente você vai encontrar gente alegre. Eu acho que conhecer pela internet é uma coisa muito longe de mim. (Vinicius, 60 anos)

O mais recorrente foi a ideia de que, se já é difícil encontrar alguém "interessante" na vida real, é muito mais difícil encontrar no mundo virtual.

A internet apareceu como facilitadora do acesso à pornografia em dois casos. Efigênia, de 61 anos, e Sérgio, de 70 anos, afirmaram que acessaram sites pornográficos. Para ela, a internet simbolizou uma descoberta e libertação de sua sexualidade.

INTERNET, SEXO E VELHICE

> Só conheci a masturbação com a internet. Antes eu não me masturbava. O meu marido não sabe que eu uso. Ninguém sabe que eu faço isso. Me dá vergonha ter que me masturbar. Eu gostaria de ter relações sexuais com o meu marido. Eu acho que quem tem boas relações sexuais não precisa se masturbar.

Sérgio, de 70 anos, afirmou que já viu sites de pornografia por curiosidade. Um ponto em comum entre os dois entrevistados é que ambos concordam que a internet é mais "vulgar" do que a realidade.

> O que eu vi na pornografia da internet me dá até asco. Não é natural. Isso que me incomoda. Não é natural. Eu vi em um site "as 10 melhores cenas eróticas do cinema". Aí, eu abri e vi. Tem uma cena de relação carnal entre o ator Antonio Banderas, quando jovem, com uma atriz que é uma coisa muito quente, mas não tem nada de nojeira, de asco. É uma cena muito quente, mas muito natural. Na internet, o sexo que aparece não é natural.

Efigênia, de 61 anos, compartilha esta opinião:

> Acho muita coisa na internet que não gosto, como sexo com animais ou duas mulheres ao mesmo tempo. Mas eu vejo que tem muitos filmes que só é lambe, lambe. O que me excita é relação sexual normal. Eu acho que tem muita falsidade na internet. Eu prefiro um filme mais erótico que pornográfico, com começo, meio e fim. Na internet é muito pornográfico.

A internet facilita o acesso à pornografia, porém são muitas as críticas à maneira como o sexo aparece na rede. Segundo os dois entrevistados, as relações sexuais são falsas, fictícias e não correspondem à realidade. Percebe-se claramente uma divisão entre erotismo e pornografia, em que, para Efigênia e Sérgio, o primeiro ocupa um espaço mais "legítimo" do que o segundo.

Duas mulheres disseram que o sexo não ocupa nenhum espaço em suas vidas por causa da idade: uma tem 80 anos e a outra tem 81. Não encontrei esse tipo de discurso nos demais entrevistados.

Eu sou preconceituosa em relação a essa parte do sexo com a idade. Eu acho que, para cada idade, existe um entretenimento. Tem umas amigas que dizem que eu não sinto falta porque eu tive muito com o meu marido, porque vivi muito tempo com ele. Mas eu não sinto falta. De amigos sim, mas de namoro não. As amigas do baralho vão ao baile, mas eu não quero, não gosto, não tenho essa carência. Não é o meu estilo. Agora, chamar os amigos, tomar um chopinho, bater um papinho, isso rola... um papo inteligente, esse é o meu entretenimento, que é até bem atípico, né? Acho que esse é plausível com a minha idade. O namoro eu não acho que seja. Deve ser um problema meu, mas eu não acho. Eu assumo que pode ser um problema meu. (Fernanda, 81 anos)

A parte de sexo, para mim, morreu. Eu acho que isso é coisa para pessoa mais nova, na casa dos 30. É uma idade em que a pessoa sente carência de ter alguém, sente solidão. Mas, depois, você vai amadurecendo, com a idade você vai perdendo hormônios, e vai num processo natural da velhice. Eu acho o seguinte: No momento em que você aprende a viver sozinha, você não quer mais viver com ninguém, porque perturba, sabe? Na minha casa eu não quero, eu não estou mais a fim de lavar cueca de homem. (Selma, 80 anos)

Andréa Moraes Alves afirma que:

A comparação permite observar a evolução do comportamento sexual dos velhos e velhas franceses. Nas duas pesquisas foram recolhidas informações de pessoas com mais de 50 anos de idade. As conclusões são: embora haja uma redução das relações sexuais após os 50 anos, esta verifica-se mais entre as mulheres do que entre os homens; em relação aos velhos e velhas dos anos 1970, a geração dos anos 1990 continua mantendo uma vida sexual ativa, embora esta seja menos frequente e com práticas sexuais menos variadas do que entre os jovens.[10]

O fato de apenas dois entrevistados assumirem que procuraram pornografia na internet e de o sexo não aparecer explicitamente nos demais provoca a dúvida sobre se os idosos pesquisados têm ou não uma vida sexual ativa.

Aquele que encontra um parceiro amoroso pela internet é sempre o outro, nunca o entrevistado. Quando diz respeito às suas próprias vidas, os entrevistados mantêm uma postura de que recorrer à rede é algo sem sentido, pois, se "na vida real é difícil encontrar alguém interessante", a dificuldade aumenta no mundo virtual.

Até quando a rede parece ampliar o espaço da sexualidade, como no caso de Efigênia, de 61 anos, aparecem várias censuras. A masturbação e o acesso a sites pornográficos só ocorrem, segundo a entrevistada, porque há uma frustração em seu casamento e uma ausência de vida sexual.

Andréa Moraes Alves afirmou que o sexo foi tratado por suas pesquisadas como um tema cercado de pudor.[11] Em minha pesquisa, constatei a mesma situação. Se, como afirma a autora, o exercício da sexualidade na velhice é um assunto que começou a conquistar importância recentemente, é possível perceber que ainda há um longo caminho a percorrer para que a sexualidade seja, de fato, um tema abordado pelos idosos, sem censuras ou pudores.

Sexualidade e internet no envelhecimento

Na primeira parte deste artigo, analisei os dados que encontrei durante a observação em uma lan house de Copacabana. Demonstrei como esse tipo de estabelecimento configura-se, de um lado, como local de liberdade e de respeito à privacidade e, de outro, como espaço controlado e moralmente julgado. O controle ocorre por intermédio dos funcionários, que verificam tudo o que o usuário acessa, bem como pelos espelhos. E os julgamentos morais, mais relacionados à velhice, aparecem quando os funcionários deixam claro o objetivo de separar o primeiro do segundo andar do local. Se no térreo as divisórias entre os computadores são pequenas, no segundo são maiores do que a mesa, sendo impossível conferir o que o vizinho acessa. Isso ocorre porque se parte do princípio de que este é um local próprio para acesso a sites pornográficos. Porém, para subir do primeiro para o segundo andar, é preciso enfrentar uma escada íngreme. Se no primeiro andar há uma preocupação com o conforto e com a acessibilidade do idoso, no segundo isso não ocorre.

Analisando as respostas dos pesquisados, constatei que há uma visão de que a sexualidade do idoso é inexistente. Caso a pessoa mais velha insista em subir para o segundo andar, corre o risco de cair no rótulo de "velho tarado" ou "taradinho". No caso das mulheres, esse tema é ainda mais invisível. De acordo com os meus entrevistados, nenhuma idosa subiu para o segundo andar.

Dessa forma, é possível afirmar que a lan house pesquisada, por meio de seus funcionários e de sua mobília, leva em consideração as especificidades do público idoso, mas, quando a questão da sexualidade aparece, reproduz preconceitos em relação à velhice.

Na segunda parte deste artigo, mostrei os dados das entrevistas em profundidade. Foi possível constatar que os relacionamentos amorosos via internet só apareceram relacionados a terceiros (amigos e familiares). Em relação ao sexo, apenas dois entrevistados (um homem e uma mulher) afirmaram que já acessaram sites pornográficos, porém ambos declararam que não consideram o sexo que é transmitido por meio da internet algo "natural".

Se, por um lado, para essa mulher a internet possibilitou novas descobertas de sentir prazer, por outro, ela declarou que considera que isso só ocorre porque é frustrada em relação ao seu parceiro. Ou

INTERNET, SEXO E VELHICE

seja, o prazer feminino obtido por meio do acesso a sites pornográficos precisa ser justificado por uma falha masculina.

Além disso, duas entrevistadas afirmaram que o sexo não ocupa mais nenhum espaço em suas vidas. Mirian Goldenberg já chamou a atenção para essa questão ao analisar grupos de discussão com mulheres na faixa etária de 50 a 60 anos. A autora indicou quatro tipos de ideias presentes nos discursos de suas entrevistadas: invisibilidade, falta, aposentadoria e liberdade.[12]

A invisibilidade aparece em relação à ausência do olhar do outro. Para demonstrar essa ideia, Mirian Goldenberg citou o depoimento de uma professora universitária de 55 anos:

> Eu sempre fui uma mulher muito paquerada, acostumada a levar cantada na rua. Quando fiz 50 anos, parece que me tornei invisível. Ninguém mais diz nada, um elogio, um olhar, nada.[13]

A autora utiliza outro depoimento para demonstrar a ideia de falta:

> Sei que é o maior clichê, mas é a mais pura verdade: falta homem no mercado. Todas as minhas amigas na faixa dos 50 estão sozinhas.

Em relação às duas ideias restantes – aposentadoria e liberdade –, é possível encontrá-las nos depoimentos das duas entrevistadas que afirmaram que sexo não ocupa mais um lugar central em suas vidas. A aposentadoria aparece quando ambas declaram que não desejam mais ter relações sexuais e a liberdade surge uma vez que elas afirmam que estão livres das pressões sociais e sentem prazer com outras atividades com as amigas.

De qualquer maneira, assim como apareceu na fala da mulher que acessa sites pornográficos, é possível indicar nos discursos dessas duas entrevistadas que se aposentaram da vida sexual que a sexualidade feminina aparece encoberta por preconceitos. Segundo o depoimento de

VELHO É LINDO!

Selma, de 80 anos, o sexo é "coisa para pessoa mais nova, na casa dos 30". Fernanda, de 81 anos, assume o seu preconceito: "Eu sou preconceituosa em relação a essa parte do sexo com a idade. Eu acho que, para cada idade, existe um entretenimento." Assim, o sexo seria um prazer apropriado apenas para os jovens e adultos, não para os mais velhos.

Tanto nos discursos dos funcionários da lan house quanto nas entrevistas em profundidade, é possível destacar que, se a internet pode facilitar a descoberta de novas formas de prazer, percebe-se que ainda há uma série de preconceitos relacionados à sexualidade na velhice. Há um longo caminho a percorrer para que a sexualidade do idoso seja tratada sem tanta censura, preconceito e pudor.

Notas

1. Guita Debert, "A antropologia e o estudo dos grupos e das categorias de idade", *in Velhice ou terceira idade?*, p. 62.
2. Rémi Lenoir, "Objet sociologique et problème social", *in Initiation a la pratique sociologique.*
3. Guita Debert, "A antropologia e o estudo dos grupos e das categorias de idade", *in Velhice ou terceira idade?*, p. 50.
4. Clarice Peixoto e Françoise Clavairolle, *Envelhecimento, políticas sociais e novas tecnologias.*
5. Ronaldo Lemos, Joana Varon Ferraz, *Pontos de cultura e lan houses*, p. 13.
6. Vanessa Andrade Pereira, *Na lan house, "porque jogar sozinho não tem graça"*, p. 19.
7. Gilberto Velho, "Os mundos de Copacabana", *in Antropologia urbana.*
8. Andréa Moreira Alves, *A dama e o cavalheiro*, p. 107.
9. *Idem*, "Família, sexualidade e velhice feminina", *in Sexualidade, família e ethos religioso*, p. 30.
10. *Idem, A dama e o cavalheiro*, p. 105.
11. *Ibidem*, p. 105.
12. Mirian Goldenberg, *Coroas.*
13. *Ibidem.*

Referências bibliográficas

ALVES, Andréa Moraes. *A dama e o cavalheiro*: um estudo antropológico sobre envelhecimento, gênero e sociabilidade. Rio de Janeiro: Editora FGV, 2004.

ALVES, Andréa Moraes. "Família, sexualidade e velhice feminina". *In*: HEILBORN, Maria Luiza *et al.* (Org.). *Sexualidade, família e ethos religioso*. Rio de Janeiro: Garamond, 2005.

DEBERT, Guita Grin. "A antropologia e o estudo dos grupos e das categorias de idade". In: BARROS, Myriam Moraes Lins de (Org.). *Velhice ou terceira idade?* Rio de Janeiro: Editora FGV, 2006.

GOLDENBERG, Mirian. *Coroas*: corpo, envelhecimento, casamento e infidelidade. Rio de Janeiro: Record, 2008.

LEMOS, Ronaldo; FERRAZ, Joana Varon (Org.). *Pontos de cultura e lan houses*: estruturas para inovação na base da pirâmide social. Rio de Janeiro: Escola de Direito FGV, 2011.

LENOIR, Rémi. "Objet sociologique et problème social". *In*: CHAMPAGNE, Patrick *et al.* (Org.). *Initiation a la pratique sociologique*. Paris: Dunod, 1989.

PEIXOTO, Clarice; CLAVAIROLLE, Françoise. *Envelhecimento, políticas sociais e novas tecnologias*. Rio de Janeiro: Editora FGV, 2005.

PEREIRA, Vanessa Andrade. *Na lan house, "porque jogar sozinho não tem graça"*: estudo das redes sociais juvenis on e offline. Tese (Doutorado em Antropologia) – Programa de Pós-Graduação em Antropologia Social, Museu Nacional, Universidade Federal do Rio de Janeiro, Rio de Janeiro, 2008.

VELHO, Gilberto. "Os mundos de Copacabana". *In*: VELHO, Gilberto (Org.). *Antropologia urbana*: cultura e sociedade no Brasil e em Portugal. Rio de Janeiro: Jorge Zahar Editor, 2006.

7. Corpo, envelhecimento e sociabilidade no bairro de Copacabana

Mayara Gonzalez de Sá Lobato

A pesquisa nem sempre segue o caminho que pensamos originalmente. Sendo mais enfática, talvez nunca siga. Foi o que ocorreu com esta investigação. A proposta original era estudar "os idosos de Copacabana". Com o passar do tempo, ouvindo sugestões de amigos e de professores, ficou claro que esse plano era muito audacioso. Como estudar uma população de mais de 43.000 habitantes de um bairro extremamente heterogêneo?

O caminho seria recortar meu objeto, expressão usada no meio acadêmico com bastante frequência para mostrar que, na impossibilidade de estudar a vida social em todas as suas dimensões, devemos selecionar apenas uma parte dela. Nesse sentido, meu objeto de pesquisa precisava ser delimitado. Até o momento da qualificação do meu projeto, eu ainda gostaria de pesquisar "os idosos de Copacabana". Na qualificação ficou evidente que continuar com essa perspectiva muito ampla poderia impossibilitar a minha dissertação. A sugestão dos professores presentes na banca foi a de que eu fizesse uma etnografia de um prédio no bairro, observando o cotidiano do local, entrevistando os moradores e funcionários, percebendo as relações que eram estabelecidas entre eles, principalmente com os idosos.

A ideia proposta era excelente. Colocá-la na prática, no entanto, foi difícil. Após muitas tentativas frustradas de inserção em algum prédio do

CORPO, ENVELHECIMENTO E SOCIABILIDADE NO BAIRRO DE COPACABANA

bairro e conversando com o amigo do mestrado que acompanhou essas tentativas, ele me sugeriu observar o jogo de vôlei que ele frequentava na praia de Copacabana. Em um primeiro momento não acreditei que um jogo na praia pudesse render boas reflexões antropológicas. Aos poucos, conforme observava a atividade, percebi que levantava questões que eu poderia abordar na minha dissertação. Se em um primeiro momento eu pretendia estudar a relação do idoso com o bairro, aos poucos ficou evidente que essa relação também era perpassada pela forma como eles percebiam o significado de envelhecer.

O objetivo deste artigo é compreender como os idosos desse bairro tão peculiar se relacionam com o próprio corpo que envelhece, que já não possui as mesmas habilidades de quando jovens. Ao mesmo tempo, discutirei a forma como o corpo está relacionado com o que eles chamam de mente, ou seja, o aspecto psicológico do ser humano na sua relação com o envelhecimento. Utilizo depoimentos colhidos durante o trabalho de campo realizado tanto com idosos que não frequentavam a rede de vôlei quanto com os adeptos do esporte. Também utilizo os depoimentos obtidos pela antropóloga Mirian Goldenberg em suas pesquisas com idosos moradores de diferentes bairros da cidade do Rio de Janeiro. Apresento ainda, brevemente, algumas informações sobre o bairro de Copacabana, com o intuito de contextualizar a pesquisa.

"Copacabana, princesinha do mar..."

Copacabana é um bairro da Zona Sul da cidade do Rio de Janeiro que tem como principal destaque sua praia, mundialmente famosa. Sua história começa há algum tempo...

Em 1868, chegaram as linhas de bonde. A abertura do Túnel Velho, em 1892, começou a transformar o espaço de Copacabana em um bairro propriamente dito. Com as epidemias do século XIX, o lugar apareceu como o refúgio ideal, com "grau zero" de insalubridade.

A ocupação do bairro se deu de forma acelerada nas primeiras décadas do século XX, tendo a construção do hotel Copacabana Palace, em 1923, incentivado a construção dos primeiros edifícios de apartamentos e trazido um ar cosmopolita ao bairro. A difusão do banho de mar no Brasil – prática já disseminada na Europa – no início do século XX foi fundamental para a expansão da população de alta renda para a orla da cidade.

> Em 1945, Copacabana já é o símbolo da modernidade carioca. Não há quem não queira viver no bairro, estímulo para a indústria da construção civil erguer prédios de apartamentos para as mais variadas camadas das classes médias e altas. Há palacetes. Há conjugados. No início dos anos 1960, são abertos túneis que facilitam o acesso a Ipanema. Na década de 1970, a construção do interceptor oceânico leva ao alargamento da faixa de areia, duplica a Atlântica, cria estacionamentos e o mais novo símbolo da orla carioca: o calçadão.[1]

A década de 1940 em Copacabana é marcada pelo crescimento do comércio, que começa a ter as filiais de marcas mais famosas da época, como Lojas Americanas, Barbosa Freitas e Confeitaria Colombo. Marca do bairro também foram as galerias comerciais, como a galeria Menescal, existente até hoje. A "modernidade" que era conferida ao bairro também se devia ao fato de ser pioneiro em diversos segmentos comerciais, como o fast-food, o supermercado, a farmácia 24 horas. Conjuntamente à rede de serviços, ampliava-se a estrutura de lazer, com cinemas, bares, restaurantes e teatros.

O bairro verticalizou-se. Casas foram demolidas para dar lugar aos prédios. A partir da década de 1950, passaram a ser construídos prédios com apartamentos de dimensões cada vez menores. A década de 1960

CORPO, ENVELHECIMENTO E SOCIABILIDADE NO BAIRRO DE COPACABANA

é a de maior crescimento do bairro, um aumento de 85 mil pessoas morando em Copacabana.

Gilberto Velho destacou alguns anúncios de jornais que vendiam apartamentos no bairro entre a década de 1940 e 1960. O antropólogo selecionou frases como: "Paraíso à beira-mar", "Seja feliz em Copacabana", "Não negue a sua família o direito de morar em Copacabana".[2]

Pode-se pensar o bairro de Copacabana em dois momentos distintos: um de crescimento, valorização e prestígio do bairro; e outro de desvalorização imobiliária e perda de status e prestígio. Velho mostra que até a década de 1960 as camadas médias superiores predominavam no bairro. Porém, progressivamente, os setores médios passaram a ocupar os pequenos apartamentos construídos no local, e a desvalorização imobiliária permitiu que esses novos moradores adquirissem apartamentos maiores. A especulação imobiliária trouxe para Copacabana os males do crescimento populacional excessivo.

> A cidade como um todo, mas Copacabana em particular, em função de sua riqueza e prestígio político-cultural, atrairá pessoas de camadas médias de outros estados, que vinham para trabalhar nos setores público e privado. [...] Nesse período [entre 1940 e 1960], a sociedade brasileira cresce, diferencia-se e complexifica-se em termos ocupacionais de atividades e de estilos de vida, sendo Copacabana o lócus mais evidente dessas transformações.[3]

A desvalorização imobiliária foi acompanhada de uma desvalorização em termos de prestígio e status. O crescimento da prostituição, do tráfico de drogas e da violência no bairro, associado à valorização de outras regiões da cidade, provocou um deslocamento dos seus moradores. Como mostra Velho, em 1970 eram cerca de 250 mil moradores, em 1980 eram 214 mil, e em 1991, 170 mil.[4] Segundo os dados do Censo de 2000 do IBGE, Copacabana tinha 147.021 habitantes. Os dados do Censo de 2010 apontam para 146.392.

O bairro atinge seu auge populacional na década de 1970 e apresenta quedas ao longo do tempo. No entanto, o Censo aponta que essa queda tem se estabilizado, indicando que, apesar da perda de prestígio do bairro, ele ainda é valorizado por muitos moradores da cidade.

Compreender o prestígio que um bairro tem entre os moradores de uma cidade envolve compreender também sua ocupação. Quanto menor a densidade populacional de um bairro ou de um prédio, por exemplo, mais exclusivo, "selecionado" e prestigiado ele é. Copacabana é um bairro com uma das maiores taxas de densidade populacional do mundo, tendo em torno de 150 mil habitantes concentrados em 410,09 hectares (são 35.858 habitantes por quilômetro quadrado). Esses dados podem explicar por que o bairro perdeu parte do seu prestígio.

Copacabana também abriga a maior concentração de idosos do município: para cada dez moradores, três têm mais de 60 anos. O bairro se localiza em primeiro lugar quando se trata de população idosa em termos absolutos,[5] 43.431 pessoas com mais de 60 anos moram no bairro.

Identifiquei, durante a pesquisa, um discurso recorrente sobre essa população idosa. Na *Folha Online*, o bairro aparece como "paraíso da terceira idade".[6] O *Globo Repórter*, programa da Rede Globo, apresentou, no dia 13 de agosto de 2010, matéria sobre o envelhecimento em que indicava as principais atitudes que o idoso deveria ter para viver mais. Destacou o bairro de Copacabana como um laboratório da terceira idade, visto que lá estava em andamento uma pesquisa da Organização Mundial da Saúde (OMS) sobre a "Cidade Amiga do Idoso". Ao tratar dos idosos moradores do bairro, mencionou que eles faziam parte de uma juventude que para lá havia se mudado e que nunca havia deixado o local.

O *Bom Dia Rio*, programa da mesma emissora, fez uma série de reportagens especiais sobre o idoso brasileiro em 2009. Uma das matérias se intitulava "Copacabana é a capital brasileira dos idosos" e afirmava: "Em relação aos idosos, Copacabana é quase uma sociedade oriental. De cada dez pessoas que vivem aqui, três têm mais de 65 anos. Um índice igual ao do Japão e o dobro do restante do Brasil. Copacabana é a capital brasileira dos cabelos brancos."[7]

Tal imaginário sobre o bairro de Copacabana e sua população idosa foi um dos motivadores para a elaboração deste trabalho. Qual a percepção desses moradores sobre o bairro em que vivem? Consideram realmente que é um paraíso?

Corpo e envelhecimento em Copacabana

Um dos temas que considero fundamental para compreender a relação do idoso com o bairro é a locomoção. Os idosos não utilizam apenas os meios de transporte para se locomoverem, mas também fazem uso das calçadas e ruas de Copacabana. Não apenas durante o meu trabalho de campo, mas também durante os 24 anos que vivo no bairro, presenciei inúmeras cenas de tropeços e de quedas por parte desses moradores. As calçadas de pedras portuguesas tornam-se obstáculos para as caminhadas. Nas queixas contra o descaso em relação às calçadas, a Prefeitura do Rio de Janeiro é o principal alvo das reclamações.

A preocupação com a conservação das calçadas não é algo peculiar ao idoso copacabanense ou carioca. Em pesquisa realizada com idosos por Ferreira na cidade de Belo Horizonte, quando perguntados sobre as principais preocupações quando saem às ruas, 78% declararam ter medo

VELHO É LINDO!

de serem assaltados e 48,2% disseram ter medo de quedas ocasionadas por malconservação das calçadas.[8]

Minhas observações apontaram para uma grande circulação de idosos pelo bairro. No entanto, deve-se considerar que muitos deles não circulam pelo bairro, não apenas por problemas de saúde, mas também por insegurança.

> A insegurança é muito grande e você hoje tem medo. Antigamente você saía com joias, você ia a algum lugar, chegava de madrugada, essa coisa toda. Hoje, a própria vida não lhe permite mais isso. (Mulher, 81 anos)

Locomover-se pelo bairro está relacionado também com acesso a lazer, serviços e redes de amizade. Vincent Caradec mostra como a locomoção pode auxiliar o idoso na manutenção do vigor de seu corpo.

> Com efeito, as situações de confinamento no domicílio (seja este confinamento devido a problemas de locomoção e/ou rarefação das oportunidades de saída) podem levar a transformações corporais. Pois caminhar um pouco permite preservar a força muscular e o senso de equilíbrio, e abrir mão dessa atividade pode aumentar ainda mais as dificuldades de deslocamento. Da mesma forma, o fato de não sair pode levar o idoso a cuidar menos da aparência.[9]

Muitos idosos praticam atividades físicas no bairro. Nas minhas observações realizadas na Praça Serzedelo Correia, prestei especial atenção à academia ao ar livre frequentada pelos idosos. Muitos se encontram ali, seja utilizando os aparelhos disponíveis, seja se alongando. Alguns aparelhos são utilizados para exercícios aeróbicos, que movimentam braços e pernas, enquanto outros auxiliam no alongamento do corpo. Observei que a grande maioria não vestia roupas apropriadas para os exercícios, mas sim calças jeans, sandálias, chinelos e até mesmo carregavam bolsas. Pela minha experiência em academias, é comum e indicado por profissionais o uso de tênis, meias, roupas confortáveis e elásticas, com as mãos livres para o uso dos aparelhos.

Alguns idosos aparentavam estar familiarizados com a pequena academia, enquanto outros pareciam perdidos, sem saber o que fazer. Os familiarizados chegavam e se dirigiam diretamente aos aparelhos, iniciando o exercício imediatamente. Os perdidos ficavam andando em volta dos aparelhos, como se procurassem algum manual ou ajuda. Quando uma senhora começou a utilizar um aparelho, mas demonstrou não saber utilizá-lo corretamente, os outros que ali se encontravam logo se prontificaram a explicar como usá-lo.

De fato, seria interessante a presença de profissionais de educação física nessas academias durante todo o dia. Os exercícios deveriam ser ensinados por profissionais com o conhecimento técnico das atividades mais adequadas aos idosos.

Muitos são os espaços de convivência para idosos que proporcionam atividades físicas e sociais. Um deles é o Grupo Forte do Leme, bairro vizinho a Copacabana que integra a mesma região administrativa. Um informe publicitário do espaço foi divulgado no *Jornal Posto Seis*, apontando o que é oferecido e destacando depoimentos dos seus participantes. O grupo cobra uma taxa mensal que dá direito ao acesso a 12 atividades semanais como aulas de alongamento, hidroginástica, consciência corporal, coral, encontros e passeios.

> Por acreditar que nunca é tarde para se estimular novas potencialidades, ou aprimorar antigos talentos, o grupo se identifica com qualquer idade. Ele está voltado para aqueles que queiram somar a uma sociedade que aprende a envelhecer de forma ativa.

Alguns depoimentos no informe são interessantes:

> As atividades aqui me fazem bem ao corpo e à mente. A convivência com as colegas é mais um motivo para que eu permaneça aqui. (Moradora de Copacabana que frequenta o grupo há 16 anos.)

> Nunca frequentei academia, sempre andei no calçadão. Quando pensei em me exercitar procurei um local onde, além das atividades, tivesse coral. Sou supertímida, mas já estou fazendo novas amizades. (Moradora de Copacabana que frequenta o grupo há um ano.)

Os outros depoimentos reforçam a ideia da alegria encontrada no grupo de convivência, assim como a importância das atividades físicas. Segundo o informe, o objetivo de todos os presentes é melhorar a "qualidade de vida". O caminho para a "felicidade" e para o "envelhecer bem" deve estar calcado, portanto, na integração social, na prática de exercícios. Como diz o informe: "Corpo e mente se complementam."

Envelhecimento e felicidade

Procurei compreender como os meus entrevistados se relacionavam com o envelhecimento. A alegria com que falaram sobre suas vidas foi surpreendente. Para eles, manter-se ativo tanto fisicamente quanto mentalmente é essencial para o "bom envelhecimento". Esse conceito é compreendido como ter saúde e poder usufruir da vida, sem a necessidade de depender dos amigos e familiares. Caminhadas, palavras cruzadas, leitura de revistas, jogos, estarem atentos às novidades do mundo... Todas essas seriam formas de se manter ativo, mesmo após a aposentadoria.

Esse tipo de postura coincide com a que foi encontrada em pesquisa realizada com idosos de várias partes da cidade do Rio de Janeiro pela antropóloga Mirian Goldenberg. Seus pesquisados destacaram que o envelhecimento só chega para aqueles que assim o permitem: "Se você viver sempre alegre e de bem com a vida o teu espírito não envelhece", "Só se sente envelhecer quem não pratica atividades físicas e mentais". Essas respostas ressaltam a importância de retardar ou até mesmo impedir o envelhecimento. Envelhecer seria responsabilidade individual, já que todos poderiam evitar a decadência do corpo, do espírito e da mente.

Em minhas entrevistas, obtive a seguinte resposta quando questionei sobre a importância das atividades na vida do idoso: "Todo mundo devia seguir uma atividade. Iam envelhecer menos... A idade envelheceria, mas o corpo não." (Mulher, 79 anos)

Essa ideia está de acordo com o que Guita Debert chama de "re-privatização" da velhice, quando o velho se torna o responsável por seu próprio envelhecimento, cabendo a ele se manter ativo, consumir determinados produtos, ter uma alimentação balanceada, entre outras ações responsáveis.[10]

Um questionário elaborado por Mirian Goldenberg apresentava a seguinte pergunta: "Para você, o que significa envelhecer?" Foi marcante a presença de respostas que apontavam para um processo inevitável inerente à condição humana. O envelhecimento é apresentado como "da natureza humana", "o destino de todos nós", "não pode ser evitado pelo homem", "é um processo comum". Uma resposta foi emblemática sobre esse tipo de percepção:

> Considero esta questão como o processo de desgaste natural do "equipamento", irreversível, como todo processo natural. Tem início, meio e fim. É algo com que precisamos nos acostumar. Dependendo de inúmeras variáveis o processo poderá ser mais ou menos veloz. (Homem, 71 anos)

VELHO É LINDO!

Outro tipo de percepção aponta o envelhecimento como fenômeno positivo, que proporciona amadurecimento, experiência e conhecimento ao indivíduo. Uma pesquisada de 71 anos disse: "Para mim, que nunca deixei de estudar, é carregar uma calda de conhecimentos." O envelhecimento também é visto como momento de aprimoramento, em que novos conhecimentos podem ainda ser agregados. Uma época de recompensas pelo que se passou na vida, momento de desfrutar uma nova fase.

> Experiência. Saber agregar a família. Usufruir a alegria de ver os seus realizados, ter feito ao longo da vida uma plêiade de muitos amigos, amado muito, ter sabido manter estes amigos e o seu amor, ter perdido este amor e muitos amigos, mas continuar a vida com as boas e felizes lembranças. (Mulher, 73 anos)

Por outro lado, muitos dos pesquisados de Mirian Goldenberg interpretam o envelhecimento como um momento de perdas, quando o corpo já não pode mais acompanhar o ritmo de vida que se tinha antes de envelhecer.

Para um homem de 76 anos envelhecer significa: "Ver que aos poucos eu vou ter que parar de trabalhar, não consigo mais ficar o tempo todo no trabalho." Envelhecer também é considerado momento de "perder a alegria e a esperança", "ficar incapaz", "olhar para trás e ver que tudo que fizemos foi em vão", "perder o interesse pela vida".

Ter saúde, por sua vez, é um indicador de um bom envelhecimento, a principal condição que torna essa fase da vida prazerosa ou ao menos suportável. Assim se expressaram alguns idosos: "Acho horrível. Cuidei da minha mãe com 90 anos e sei. Só é bom com saúde."; "Com saúde, tudo bem."

Apesar de muitos pesquisados de Mirian Goldenberg apresentarem uma visão pessimista sobre o envelhecimento, a grande maioria afirma que não tem medo de envelhecer. As justificativas para não ter esse medo giram em torno da ideia de que todos envelhecem. Mais uma vez, temos a representação do envelhecimento como um processo natural, inevitável e que, portanto, não deve gerar medo. Crenças religiosas também aparecem como justificativas: "Tenho fé em Deus."; "Não perdi a confiança em Deus."; "Não tenho medo, porque sei que tenho de chegar a uma certa idade. Deus não esquece de ninguém, ele sabe a hora de todo mundo."

Os idosos da cidade do Rio de Janeiro que responderam ao questionário proposto por Mirian Goldenberg também falaram sobre o momento em que começaram a se sentir velhos. Alguns apontaram idades, como a partir dos 60 ou dos 70 anos. Outros destacaram fases da vida, como a saída dos filhos de casa, a aposentadoria, a morte do cônjuge. Há ainda aqueles que indicaram os sinais do próprio corpo, como o aparecimento de rugas e de cabelos brancos.

"No momento em que a parte física sofre impacto do tempo, a vista mais fraca, surgem dores mais frequentes, as pernas já não obedecem como antes, a memória enfraquece etc.", destacou um dos seus pesquisados.

Importante salientar que alguns não souberam delimitar uma idade ou momento em que ficou velho ou velha.

> Acho que não dá para marcar uma idade. Em alguns aspectos nem me sinto velha; em outros, sei perfeitamente que já faço parte dos idosos. Mas me sinto ainda com disposição para muita coisa: sair, procurar coisas em várias lojas, usar ônibus, metrô etc. Ainda faço de vez em quando passeios ecológicos, com amigos ou sobrinhos. (Mulher, 77 anos)

Myriam Lins de Barros afirma que:

> Perceber-se velha não acontece num instante, é fruto de um desenrolar de eventos. Alguns desses eventos têm mais significado do que outros, uns porque representam uma mudança de participação social (aposentadoria, viuvez), outros porque constituem uma ameaça à vida e representam, de fato, uma mudança radical da vida para a morte (a doença).[11]

Pode-se deduzir que a "velhice" é apenas uma palavra, ao parafrasear o texto de Pierre Bourdieu.[12] A percepção sobre o envelhecimento varia de pessoa para pessoa, e cada sociedade, em determinado momento do tempo, elabora classificações para enquadrar os indivíduos. As faixas etárias e a classificação sobre quem deve ser considerado velho ou não envolve disputas simbólicas, econômicas e políticas.

Guita Debert ressalta o caráter social das faixas etárias.

> As etnografias mostram que, em todas as sociedades, é possível observar a presença de grades de idade. Mas cada cultura tende a elaborar grades de idades específicas. A pesquisa antropológica demonstra, assim, que a idade não é um dado da natureza, nem um princípio naturalmente constitutivo de grupos sociais, nem ainda um fator explicativo dos comportamentos humanos.[13]

Perguntei a uma mulher de 79 anos se ela se sentia com a idade que tinha.

> Não, não me sinto porque eu trabalho muito. Trabalho muito, então enquanto a gente está trabalhando a gente não sente a idade. Você não sente cansaço, não sente tristeza, não tenho depressão, não tenho tempo.

Também observei que a velhice de uma pessoa é construída em relação à velhice do outro. Uma entrevistada de 74 anos usa a expressão "o idoso normalmente..." para falar sobre os hábitos dessa faixa etária. O que significaria "o idoso normalmente"? A existência de uma expectativa social em relação ao que é ser idoso e de um padrão de comportamento considerado "normal" ou mais comum?

Uma mulher, de 79 anos, quando questionada sobre a melhor coisa de envelhecer, pensa na sua velhice em oposição a outro tipo de envelhecimento usando a ideia de "tem gente".

> A melhor coisa? É aceitar o envelhecimento, que tem gente que não aceita. Aí se relaxa, deixa para lá: "Vou morrer mesmo." Não é assim. O que puder a gente deve aproveitar a vida com saúde.

Mirian Goldenberg organizou um grupo de discussão com homens entre 60 e 69 anos de idade, moradores de diferentes bairros da cidade do Rio de Janeiro. Um participante de 61 anos, morador de Copacabana, ao ser indagado sobre a sua idade, disse que tinha cabeça de 18 anos, mas que o corpo às vezes não acompanhava suas vontades, pois gostava de dançar e sair.

> Até um amigo que é muito mais novo que eu e ele não tem vontade de fazer nada. Ontem eu chamei ele para ver o Monobloco no João Caetano e ele não foi. Ele tem cabeça de velho, eu não tenho. Eu gosto, se tiver bloco passando, eu vou atrás do bloco.

Além da generalização – "tem gente", "normalmente" –, a comparação com pessoas próximas parece ser um recurso muito utilizado pelos idosos para estabelecer a forma como enfrentam o envelhecimento. No mesmo grupo, ao serem perguntados sobre quem envelhecia melhor, o homem ou a mulher, alguns participantes utilizaram exemplos da família ou de amigos para responderem a questão.

VELHO É LINDO!

A minha sogra, que tem 74 anos, ela não para, ela está sempre fazendo
excursão, hidroginástica e sempre se movimentando. E muitas vezes você
pega um cara de 70 e poucos anos e o cara está de chinelo e lendo jornal.
Ela vai a pé e volta, sempre rodando. Você vai à praia de manhã cedo,
tem grupo de ginástica de graça, 90% é mulher, tem lá 15 mulheres e
2 homens. Elas correm atrás, elas dançam, o homem se acomoda mais.
(Homem, 61 anos)

O que pude apreender a partir da minha pesquisa e da pesquisa realizada por Mirian Goldenberg é que os idosos constantemente elaboram
o que é ser velho, o que é ser jovem e, para realizar essa construção,
recorrem a exemplos de pessoas do círculo familiar e de amizades ou
ainda de exemplos de pessoas públicas. Uma participante de um grupo
de discussão organizado por Mirian Goldenberg com mulheres entre 70
e 79 anos falou sobre a atriz Susana Vieira: "E as pessoas têm que saber
envelhecer, e isso ela não passa, a velhice é na mente também, você tem
que ser jovial sem ser ridícula." (Mulher, 76 anos).

O jogo de vôlei no bairro: sociabilidade e envelhecimento

Durante o trabalho de campo na rede de vôlei, entrevistei moradores
de diversos bairros, mas procurei me concentrar nos moradores de
Copacabana. Não utilizei gravador em um primeiro momento, pois
achei que as pessoas poderiam se sentir intimidadas. O ambiente da
praia não criava uma atmosfera favorável para o uso do gravador.
No entanto, percebi que a riqueza de suas falas não estava sendo con-
templada em minhas notas. Passei a utilizar o gravador, perguntando
ao entrevistado se ele permitia a gravação. Todos concordaram sem
nenhum problema.

A observação do jogo de vôlei e as entrevistas com alguns participantes proporcionaram questões interessantes não apenas para a pesquisa que desenvolvi sobre o bairro de Copacabana. Também ajudaram a refletir sobre como os indivíduos podem enfrentar o envelhecimento de maneiras que nem sempre correspondem às expectativas sociais.

O jovem, símbolo do vigor físico, é aquele que deveria se destacar na prática do esporte nas areias da orla. O aspecto do jogo que mais me chamou a atenção no primeiro dia de trabalho de campo foi justamente a presença de idosos praticando com pessoas muito mais jovens um esporte que depende de bom condicionamento físico.

Essa observação me ajudou a repensar sobre o que significa ser jovem e velho. É comum ouvirmos a expressão "Fulano tem um espírito de velho", querendo definir aquela pessoa que mesmo jovem não pratica esportes, não costuma sair com amigos, tem uma vida social pouco ativa, entre outras características. Durante o trabalho de campo, pude verificar o inverso da frase: "Fulano tem um espírito jovem", mostrando que envelhecer não significa abandonar as atividades que são significativas para cada um.

Perguntei a uma moça de 19 anos, que também joga vôlei, o que significa ser jovem e ser velho.

> Para mim a juventude está nas atitudes, e não na idade. Eu posso ser uma menina de 19 anos com uma cabeça de 60, 80 anos. Tem muitas pessoas aqui que têm 60, 70 anos e que são jovens. A juventude não está na idade. Por exemplo: a pessoa que tem 40 anos é nova: "Ah, eu não vou jogar porque eu estou velha, não posso, não consigo." Já está se colocando para baixo. Agora aquela pessoa de 60 anos que sabe que não pode se esforçar muito, mas fala: "Eu vou jogar porque eu gosto." Você vê que a pessoa é jovem na cabeça, no espírito, em tudo.

O jogo de vôlei que observei era muito ágil e dinâmico: a bola ia de um lado da rede ao outro com força, jogadores corriam para alcançá-la, jogavam-se na areia, caíam... Um homem de 70 anos correu para tentar pegar a bola, jogou-se na areia, mas não conseguiu. Essa cena se repetiu em diversos dias, em diferentes jogos. Os membros de um time demonstram companheirismo e cumprimentam os esforços daqueles com quem jogam. Ao mesmo tempo, celebram juntos com palmas e cumprimentos o ponto marcado.

Um dos entrevistados disse que, apesar de algumas pessoas serem melhores jogadoras do que outras, ninguém ridiculariza ninguém por não saber jogar, o respeito é muito importante na rede. Diz que gosta de jogar, que é bastante competitivo, mas que a amizade é mais relevante. Ganhar é importante, mas não é o mais importante durante o jogo.

Conversando com um homem de 73 anos, perguntei se ele preferia jogar com pessoas que fossem da sua idade, mais novas ou se a idade era indiferente para a sua preferência de jogo.

> Eu gosto de jogar com pessoas que me deixam jogar. Esse negócio de jogar com pessoas que ficam me cobrindo, ficam achando que eu não vou dar conta, que não me dão oportunidade... Infelizmente o negócio aqui é ganhar. Eu acho que ganhar ainda é importante, mas o importante também é deixar todo mundo jogar, todo mundo brincar. Dar oportunidade a todos. Se não você vai perdendo o ritmo também. Você entra no campo e começa a ser coberto... Eu já participei de partida aqui que eu não toquei na bola, só saquei. Isso chateia um pouco, mas o que você vai fazer? São ossos do ofício.

Enquanto um entrevistado afirmou que na rede, acima da competitividade, está a amizade, outro destacou que nem sempre isso acontece. Ele disse que algumas pessoas de mais idade podem ser excluídas do jogo por receio dos outros participantes de que elas venham a atrapalhar a partida.

Em minhas observações, percebi que esse esporte praticado na praia de Copacabana proporciona um ambiente amigável, ainda que competitivo. Diferentes gerações participam de um jogo em um ambiente que, em um primeiro momento, parece harmonioso. Apesar de ser uma disputa, enquanto estive ali não presenciei brigas ou discussões.

O mesmo não poderia afirmar do jogo de cartas que observei na Praça Serzedelo Correia, também em Copacabana. As brigas e discussões em voz alta eram muito frequentes na praça, inclusive com acusações entre os jogadores de que estavam roubando o jogo.

No entanto, deve-se destacar que um ambiente com 40 ou 50 adeptos não está livre de conflitos. Um pesquisado me disse que na rede existem muitos "tipos": os palhaços, os legais, os inconvenientes. Os inconvenientes tendem a ser afastados aos poucos do grupo. São aqueles que ultrapassam os limites das brincadeiras, não sabem se comportar, só querem chamar a atenção, "aparecer".

Um dia presenciei um dos participantes reclamando do outro, dizendo que foi cumprimentar sua mulher como faz com todos os outros jogadores e que foi agredido verbalmente com palavrões por ter sido "inconveniente". Os amigos que ouviam a história logo disseram: "Deixe para lá" e se dirigiram a mim indicando que há alguns conflitos na rede sim, mas que são raros.

O jogo de vôlei, mesmo que competitivo, inclui uma parceria entre os quatro membros de um time contra o time adversário. Como esses times não são fixos, o adversário do jogo de agora poderá ser o parceiro no próximo. Eu acreditava que essa rotatividade impedisse a formação de "panelinhas". A rotatividade favoreceria o contato entre os diversos participantes da rede, criando vínculos entre eles e um ambiente amistoso. No entanto, um pesquisado disse que existem, sim, "panelinhas", pessoas que se encontram com mais frequência fora do ambiente da rede. Mas disse que isso é normal e que não prejudica a boa convivência de todos.

Um homem de 65 anos é um dos organizadores da rede. Perguntei sobre os conflitos e ele declarou que nunca houve nada sério.

> Nessa rede nunca ninguém saiu no tapa com ninguém. Eu sou uma das pessoas mais briguentas daqui. Mas existe uma regra: não pode passar da rede. Se quer discutir, discute você com seu time aqui. Não pode sair, atravessar. Acabou o jogo vai todo mundo para casa. Acabou o jogo, acabou. Essa rede aqui tem alguns contatos sociais, tipo jantar de fim de ano, quatro torneios anuais e a gente comemora os aniversários de todos do mês em um dia só e cada um traz uma coisinha. A rede não é socialmente unida. Porque tem vários grupos, porque tem gente que é do Flamengo, não são todos de Copacabana. Então, por exemplo, eu tenho o meu grupo.

Acredito que o ambiente da praia é favorável à formação de redes de amizade e de sociabilidade. O clima de descontração, o sol, o mar e a fuga da rotina são elementos que compõem esse cenário. Além do mais, há uma grande disponibilidade de elementos favoráveis para que isso ocorra, como os bares e quiosques, o calçadão para se caminhar, a ciclovia para andar de bicicleta, o mar para nadar, as redes para se jogar vôlei, frescobol e futebol. A praia de Copacabana oferece ampla possibilidade para a formação de grupos de amigos.

Os idosos, às vezes sozinhos, por serem viúvos, aposentados ou divorciados, também utilizam a praia com essa intenção. A grande maioria realiza caminhadas no calçadão, outros tomam água de coco nos quiosques e há ainda aqueles que praticam esportes. O que pude observar durante o trabalho de campo é que alguns deles não jogam vôlei. Apenas sentam, conversam com outras pessoas ou com os funcionários do quiosque, observam o jogo e fazem comentários sobre ele ou outros assuntos.

Observei ainda que na rede de vôlei não há preocupação com a exposição do corpo envelhecido na praia. É comum durante os jogos os homens ficarem sem camisa e de sunga, e as mulheres, de biquíni, exibindo corpos que não são considerados pela sociedade carioca como atraentes por serem velhos.

Mirian Goldenberg destaca o sofrimento da mulher brasileira ao lidar com o processo de envelhecimento. Para a autora, o corpo em nosso país é um capital não apenas físico, mas também simbólico, econômico e social. Ela propõe a seguinte questão: "Quais os principais medos das brasileiras ao envelhecerem?" O corpo, para a autora, particularmente em uma cidade como o Rio de Janeiro, é a verdadeira roupa, sendo constantemente trabalhado, exibido, manipulado, produzido e imitado. Em uma cultura na qual o corpo é um capital para a mulher, envelhecer está associado a um processo de perdas. Para Mirian Goldenberg, o marido também se configura como um capital, e sua ausência e a decadência do corpo estão presentes nos discursos das brasileiras como perdas do envelhecimento.[14]

No jogo de vôlei praticado na rede, o corpo não é um capital e não tem muita importância no momento do jogo. Nenhum participante é escolhido para um time por ser mais "sarado" ou estar em melhor forma. O que é relevante na rede é o jogo em si e a sociabilidade. Ter um companheiro de jogo que saiba jogar e demonstre entusiasmo e ao mesmo tempo seja uma pessoa agradável para se compartilhar uma manhã de sábado, com quem se possa conversar nos intervalos das partidas, são os requisitos determinantes para se participar da rede. As pessoas "inconvenientes" tendem a ser afastadas do grupo.

No entanto, deve-se destacar que essa talvez seja uma peculiaridade da rede que observei. Em algumas redes de vôlei, principalmente na praia de Ipanema, é comum encontrar apenas jovens jogando. A exibição do corpo envelhecido e o estabelecimento de relações intergeracionais não é comum a todas as redes de vôlei ou na prática de outros esportes pela orla carioca.

VELHO É LINDO!

Contudo, ainda sobre essa rede, um dos participantes declarou que gosta de ir à praia para ver corpos bonitos. Segundo ele: "Não apenas ver, mas também sentir, cheirar." Os outros homens que estavam à mesa riram e concordaram com ele. Ele ainda destacou: "A rede é um ímã, um polo de atração de relacionamentos." Para ele, ali, o tema central é a rede, o jogo, mas algumas pessoas se conhecem, namoram, se casam. Outras se mudam, mas criam relações com a rede e sempre que estão na cidade vão até lá jogar. Ele contou que os participantes estavam organizando um encontro de música, pois muitas pessoas da rede sabem tocar algum tipo de instrumento. Também disse que geralmente após o jogo alguns se encontram em um bar ali perto para tomar cerveja e conversar.

Ao falar sobre os participantes da rede, destacou que a maioria tinha nível superior: eram engenheiros, advogados, desembargadores... Falou que a grande maioria era classe média e alta e que pessoas de outras classes também eram bem-vindas, mas acabavam não se sentindo confortáveis e não se integravam de fato ao grupo. Após a análise dessa composição, ele concluiu que a rede "é o ponto de encontro de todo esse relacionamento – sexual, financeiro, social – que existe em Copacabana". Quando perguntei a ele por que achava que havia tantos idosos no bairro, ele formulou a ideia de que o sujeito idoso tem condições, estrutura financeira, para morar em Copacabana. Pessoas jovens ainda estariam construindo suas carreiras e famílias e Copacabana era um bairro que exigia maior poder aquisitivo e estabilidade.

Outro participante, de 53 anos, um dos organizadores da rede, discordou.

> Aqui, da mesma forma que tem do mais velho ao mais novo, de ambos os sexos, tem de todas as classes sociais, se é que ainda podemos distinguir isso. Estou falando mais em termos de poder econômico. Tem de todos os níveis.

A percepção dos participantes em relação ao grupo como um todo e em relação aos seus componentes também pode variar. Enquanto uns acreditam que seja um grupo mais homogêneo em termos financeiros e sociais, outros já apontam para uma maior heterogeneidade.

Refletindo sobre as relações estabelecidas entre pessoas jovens e idosas, acrescento que não há disputas entre as gerações. Durante o trabalho de campo, não percebi serem formados times apenas de pessoas jovens ou apenas de pessoas idosas. A integração era total. Os times apresentavam jogadores de todas as idades disputando entre si.

Ao contrário do que geralmente se espera, os jovens não eram melhores jogadores do que os idosos. O vôlei parece ser um jogo em que o vigor físico não é o requisito essencial para ser um bom jogador. Estratégia e determinação são fatores importantes a serem considerados. Com frequência, observei homens com mais de 70 anos se jogando na areia para não deixar que o time oponente marcasse ponto.

Entrevistei um homem de 81 anos que observava o jogo. Perguntei se ele também jogava. Disse que no momento apenas assistia, pois estava com o ombro machucado. Costumava jogar com pessoas mais novas e tentava acompanhar o ritmo delas, por isso acabou se machucando. Perguntei se achava que a idade atrapalhava, ajudava ou era indiferente durante o jogo. Ele disse que normalmente a idade atrapalha por causa da diminuição da capacidade física, mas também que é um jogo de inteligência: "Quando a pessoa usa a inteligência no jogo, se torna um ótimo jogador." Por outro lado, fiz a mesma pergunta a um homem de 18 anos, que respondeu que a juventude pode ajudar durante o jogo, mas às vezes o excesso de agilidade e afobação pode atrapalhar. A pessoa mais velha, na visão dele, seria mais inteligente, sabendo conduzir melhor o jogo.

Perguntei a uma mulher de 55 anos se ela percebia mudanças na prática do esporte ao longo do tempo, considerando que ela jogava desde os 13 anos.

VELHO É LINDO!

> Eu estou envelhecendo e claro que já tive, vamos dizer assim, segurança em jogar vôlei, eu sabia mais das minhas qualidades. Mas você pega peso com o tempo, menopausa, essas coisas todas atrapalham e fazem com que você perca a agilidade. Então você fica mais vagarosa. A cabeça quer, mas o corpo não faz. Então você vai perdendo ao longo do tempo, vai perdendo sim... O importante é você não desistir e tentar fazer sempre o melhor possível.

Um homem de 65 anos disse que cada um tem de entender suas limitações. Perguntei a ele, que estava sentado, o motivo de não estar jogando vôlei. Respondeu que estava com problema no coração e que naquele dia não estava se sentindo muito bem, preferindo então descansar. Perguntei até quantos anos ele pretendia continuar jogando.

> Não, isso já não me pertence mais. Eu acho que é melhor você entender que a vida são ciclos, são momentos. Meu momento de vôlei está acabando, meu momento agora é curtir meu neto, não deixar de vir à praia, curtir o bar já sem bebida. Porque a bebida com os remédios dá reação. E vou levando.

Juventude e velhice podem ser, segundo os pesquisados, quesitos importantes para uma pessoa ser considerada boa jogadora. A juventude proporciona a agilidade, o vigor físico e a disposição. A velhice, por outro lado, proporciona a inteligência, a experiência e a maturidade.

Pode-se pensar que um dos atrativos para os idosos frequentarem essa rede de vôlei seja justamente o fato de ser um ambiente em que ser mais velho não acarreta nenhum tipo de preconceito ou desvantagem. Ao contrário, sua experiência com o tipo de esporte que é praticado pode trazer prestígio entre os participantes. Sentados à mesa, os idosos me apontavam no jogo quem se destacava, sendo considerado bom jogador. Mesmo que a pessoa não jogue mais, como é o caso de algumas que entrevistei, ela ainda pode conversar, tomar uma bebida no quiosque, reencontrar velhos amigos.

Para Simone de Beauvoir, o velho é sempre o outro.[15] Acredito que homens e mulheres não desejam constatar que o corpo está envelhecendo, pois sabem as perdas às quais a velhice constantemente está associada: perda de vigor físico, perda de memória, morte de parentes e de amigos, solidão. No entanto, eles também constatam que pessoas idosas praticam esportes com os amigos e não se envergonham de exibir o corpo que não é mais jovem. Há a percepção de que novos scripts podem ser formulados e a velhice pode ser reinventada.[16]

Em um dos dias de observação do jogo de vôlei, um homem de 60 anos, mancando e com o joelho enfaixado, chegou, cumprimentou todos os jogadores e pessoas ao redor, sentou-se perto da rede e assistiu aos jogos, conversando e rindo muito. A mensagem que estava sendo transmitida para todos aqueles que observavam a cena é a de que o envelhecimento não está associado à perda de contato com o mundo social. Mesmo impossibilitado de jogar, aquele homem ainda fazia parte de um grupo de amigos que frequentava a praia do bairro onde morava.

Ver e experimentar cenas como essas pode ser um dos motivos que fazem com que os idosos queiram morar em Copacabana. Velho pode ser o outro, mas, quando se observa uma pessoa da mesma idade que esteja integrada socialmente e ainda com vigor físico para praticar esportes com pessoas mais novas, esse idoso pode passar a valorizar os aspectos positivos dessa fase da vida.

Perguntei a um dos jogadores se ele achava que as pessoas idosas que assistem ao jogo poderiam se sentir motivadas a jogar. Ele disse que acha muito difícil, pois se a pessoa não pratica alguma atividade o corpo não tem estrutura para começar a jogar. Faz-se necessária uma pesquisa mais aprofundada que busque indagar os fatores que influenciam idosos a praticarem novos esportes e quais os limites para aqueles que já se encontram em idade mais avançada. A idade atrapalha a prática do esporte?

VELHO É LINDO!

> Atrapalha. Eu jogava em dupla, agora eu jogo só quadra porque eu acho que eu já não tenho o ritmo que eu tinha. Por isso que eu acho que atrapalha, você perde um pouquinho de mobilidade, você perde ritmo. Então isso é muito importante no voleibol. Eu acho que perante o grupo você gera desconfiança no grupo por causa da idade. É um problema sério isso aí, me afeta bastante. Mas tudo bem, eu vou enfrentando as situações. (Homem, 73 anos)

Outro pesquisado, de 53 anos, também disse que a idade atrapalhava, apesar de ele ser bem mais jovem. Durante a conversa, ele apontou para um homem de 70 anos que foi treinador de times de vôlei e que jogava muito bem.

> A idade faz com que a pessoa seja mais lenta nos seus movimentos. Mas a gente sabe que é assim que todos nós vamos ser. É muito relativo, tem muita gente de muito mais idade que joga muito mais que gente nova. Como eu falei, aquele de cabeça branca ali é um terror, um terror. E joga muito. Já esse que joga aqui, que é bem jovem, joga muito mal.

Considerações finais

Simone Pereira mostra os imaginários construídos em relação ao bairro de Copacabana, identificando "três distintas articulações simbólicas".

> A primeira, a de balneário salubre, quando atraía enfermos que fugiam dos surtos epidêmicos que dizimavam a população aglomerada nos cortiços do centro da cidade; a segunda, por volta das décadas de 1920 e 1930, a de um elegante refúgio residencial à beira mar, onde famílias abastadas construíam mansões e os vizinhos (ainda) conheciam-se

todos uns aos outros. E finalmente, no pós-guerra, década de 1950 adentro, a imagem de cidade cosmopolita e moderna, superpopulosa, dotada de completa infraestrutura de comércio, lazer e atividades culturais; quando o bairro ultrapassa as suas próprias fronteiras, tornando-se internacionalmente conhecido como o mais primoroso cartão-postal do país.[17]

Seguindo sua sugestão de pensar Copacabana por meio de metáforas e analisando a forma como essas metáforas são construídas, acredito que atualmente o bairro esteja sendo elaborado como o "paraíso da terceira idade". Creio ainda que essa construção faça parte de uma estratégia imobiliária, uma nova forma de "vender" o espaço. Deve-se considerar o bairro como um produto que vinha perdendo força desde a década de 1960 para seus concorrentes Ipanema e Leblon e que, por meio de uma nova estratégia, reinventa os usos do seu espaço, buscando um novo consumidor: o idoso.

Considero que a sociedade começou a perceber o bairro como o "lugar da terceira idade" porque o envelhecimento populacional passou também a ganhar cada vez mais espaço nos meios midiáticos, políticos, econômicos e culturais. Uma vez que os dados, como os do Censo do IBGE, corroboram essa percepção de que a população carioca está vivendo cada vez mais, a sociedade passa a se voltar para como vivem esses idosos, onde vivem, seus hábitos e o que fazer para se chegar a uma velhice "saudável".

Procurei apresentar neste artigo algumas reflexões fundamentais para compreender o envelhecimento no bairro de Copacabana, como o relacionamento que essas pessoas têm com seus corpos, com os moradores do bairro e com a forma como envelhecem.

Notas

1. Um balcão na capital: memórias do comércio na cidade do Rio de Janeiro. Disponível em: <http://www.museudapessoa.net/sescrio/artigos_sul.shtml>. Acesso em: 1º mar. 2016.
2. Gilberto Velho, *A utopia urbana*.
3. *Idem*, "Os mundos de Copacabana", *in Antropologia urbana*, p. 15.
4. *Idem*, p. 14.
5. Disponível em: <http://portalgeo.rio.rj.gov.br/bairroscariocas/index_bairro.htm>. Acesso em: 1º mar. 2016.
6. Disponível em: <http://www1.folha.uol.com.br/folha/turismo/noticias/ult338u476.shtml.>. Acesso em: 1º mar. 2016.
7. Disponível em: <http://g1.globo.com/bomdiabrasil/0,,MUL1348872-16020,00-COPACABANA+E+A+CAPITAL+BRASILEIRA+DOS+IDOSOS.html>. Acesso em: 1º mar. 2016.
8. Fabiane Ribeiro Ferreira *et al.*, "Aging And Urbanization", *in Journal of Urban Health: Bulletin of the New York Academy of Medicine*.
9. Vincent Caradec, "Sexagenários e octagenários diante do envelhecimento do corpo", *in Corpo, envelhecimento e felicidade*, p. 35.
10. Guita Debert, *A reinvenção da velhice*.
11. Myriam Lins de Barros, *Velhice ou terceira idade?*, p. 158.
12. Pierre Bourdieu, "A 'juventude' é apenas uma palavra", *in Questões de sociologia*.
13. Guita Debert, "A antropologia e o estudo dos grupos e das categorias de idade", *in Velhice ou terceira idade?*, p. 51.
14. Mirian Goldenberg, *Coroas*: corpo, envelhecimento, casamento e infidelidade.
15. Simone de Beauvoir, *A velhice*.
16. Guita Debert, *A reinvenção da velhice*.
17. Simone Pereira, *Os anos dourados*, p. 97-98.

Referências bibliográficas

BARROS, Myriam Moraes Lins de. *Velhice ou terceira idade?* Rio de Janeiro: Editora FGV, 2006.
BEAUVOIR, Simone. *A velhice*. Rio de Janeiro: Nova Fronteira, 1990.
BOURDIEU, Pierre. "A 'juventude' é apenas uma palavra". *In*: BOURDIEU, Pierre. *Questões de sociologia*. Rio de Janeiro: Marco Zero, 1993.

CARADEC, Vincent. "Sexagenários e octagenários diante do envelhecimento do corpo". In: GOLDENBERG, Mirian (Org.) *Corpo, envelhecimento e felicidade*. Rio de Janeiro: Civilização Brasileira, 2011.

DEBERT, Guita Grin. *A reinvenção da velhice*: socialização e processos de reprivatização do envelhecimento. São Paulo: Fapesp, 1999.

DEBERT, Guita Grin. "A antropologia e o estudo dos grupos e das categorias de idade". *In*: BARROS, Myriam Moraes Lins de (Org.). *Velhice ou terceira idade?* Rio de Janeiro: Editora FGV, 2007.

FERREIRA, Fabiane Ribeiro *et al*. Aging And Urbanization: The Neighborhood Perception and Functional Performance of Elderly Persons in Belo Horizonte Metropolitan Area – Brazil. *Journal of Urban Health: Bulletin of the New York Academy of Medicine*, Nova York, 2009.

GOLDENBERG, Mirian. *Coroas*: corpo, envelhecimento, casamento e infidelidade. Rio de Janeiro: Record, 2008.

PEREIRA, Simone Maria Andrade. *Os anos dourados*: Copacabana e o imaginário urbano dos anos 50. Dissertação (Mestrado em Comunicação) – Programa de Pós-graduação em Teoria da Comunicação e da Cultura, Escola de Comunicação, Universidade Federal do Rio de Janeiro, Rio de Janeiro, 1991.

VELHO, Gilberto. *A utopia urbana*: um estudo de antropologia social. Rio de Janeiro: Jorge Zahar Editor, 1973.

VELHO, Gilberto. Os mundos de Copacabana. *In*: VELHO, Gilberto. *Antropologia urbana*: cultura e sociedade no Brasil e em Portugal. Rio de Janeiro: Jorge Zahar Editor, 2006.

8. "Jovens há mais tempo"

Fernanda Carmagnanis

As representações sobre a velhice mudam e ganham significados diferentes de acordo com o contexto social, histórico e cultural. Nas sociedades tradicionais, não havia marcação clara nas transições da vida. De acordo com Tamara Hareven, o fim do século XIX e o início do século XX foram determinantes para o rompimento da noção de velhice como processo natural da vida e para a formação de uma visão em que a velhice aparece como período distinto da vida, caracterizado por aspectos negativos, principalmente relacionados ao trabalho e à força de produção do indivíduo.[1] Com a expansão da industrialização e o surgimento da geriatria como especialidade médica, a velhice aparece como estágio distinto e como problema social. A pobreza, a dependência e a exclusão passam a ser consideradas problemas de ordem pública e surge então a preocupação com a previdência e a assistência à velhice. Nesse momento, o Estado passa a incluir a velhice em sua pauta.

Pierre Bourdieu disse que a juventude é apenas uma palavra, e que as divisões entre as idades são arbitrárias e manipuláveis pela sociedade. Pode-se pensar que a velhice também é apenas uma palavra. O autor afirma que qualquer tipo de classificação social faz parte de uma estrutura de poder e que essas classificações "acabam sempre por impor limites e produzir uma ordem na qual cada um deve se manter em seu lugar".[2]

Guita Debert afirma que há uma reprivatização da velhice. Para ela, na sociedade contemporânea, destacam-se as organizações privadas ou públicas destinadas a cuidar do velho, que passa a ser chamado de idoso. As ressignificações da velhice tiram o peso do Estado no cuidado desse personagem social e o responsabilizam por sua velhice. Debert chama a atenção para um duplo movimento nas novas formas de gestão da velhice. Por um lado, há uma socialização dessa gestão, com a criação de intervenções do Estado e organizações privadas. Por outro, coloca-se a velhice como responsabilidade individual.[3]

Debert ressalta que cada vez mais os indivíduos são os principais responsáveis pela própria saúde e bem-estar. O cuidado do corpo assume um papel que não existia, a juventude deixa de ser estágio etário para se transformar em valor. A tendência é enxergar o envelhecimento como responsabilidade individual, associando a ele aspectos positivos e revendo os estereótipos.

Foi com base nessa discussão que analisei o programa *Bonde Alegria*, da Universidade da Terceira Idade da Universidade do Estado do Rio de Janeiro (UnATI/Uerj). A UnATI/Uerj é uma das universidades da terceira idade com maior destaque no Brasil. Ela funciona como centro de convivência para a população idosa e também como centro de produção de conhecimento sobre o envelhecimento. Está localizada em uma universidade pública e um de seus eixos estruturantes é voltado para a elaboração de políticas públicas para a população idosa. Tem como objetivo mostrar para a sociedade de forma geral e, em particular, para os seus alunos e frequentadores uma visão positiva sobre o envelhecimento.

Com a oferta de cursos e de palestras marcada por essa visão, há, ao mesmo tempo, uma tendência à individualização e um incentivo à sociabilidade. O programa *Bonde Alegria* pode ser visto como uma produção que individualiza e responsabiliza o idoso por sua velhice. O programa mostra que uma velhice feliz e saudável é conseguida, principalmente, por meio das atitudes e empenho de cada idoso. Sendo assim, o Estado reduz seu papel no cuidado e assistência à velhice.

O programa *Bonde Alegria*

O objetivo principal dos idealizadores do *Bonde Alegria* foi criar um produto audiovisual no qual os idosos atuassem em todo o processo. Sua realização está dividida em duas etapas. A primeira cabe aos jornalistas idealizadores do programa, que ministram aulas na Oficina de Produção e Apresentação para TV na UnATI, realizada desde junho de 2008. A segunda etapa do programa é a sua produção e gravação, na qual estão envolvidos mais dois profissionais do setor, totalizando quatro. De 2008 a 2015, foram produzidos 143 programas.

Foram realizadas 11 entrevistas com os alunos-participantes do programa *Bonde Alegria*, oito mulheres e três homens. Concomitantemente às entrevistas realizei uma observação participante no período de nove meses, quando fiz parte da equipe de produção do programa.

Pude notar que até o quinto programa os assuntos principais eram os aspectos do envelhecimento saudável e outros como: preconceito, desvalorização da mulher na mídia, literatura. Os temas eram discutidos por idosos, professores de diversas áreas, médicos e assistentes sociais.

O sexto e o sétimo programas contaram com pautas quase exclusivamente relacionadas ao envelhecimento. Do oitavo ao décimo primeiro, o programa contou com entrevistas de artistas idosos consagrados. Houve também a introdução de um quadro culinário, o "Bom de boca", procurando trazer mais entretenimento. O único quadro fixo do programa foi o "Encontro de gerações", em que os idosos são entrevistados por jovens alunos da Uerj. A importância desse quadro deve-se em grande parte ao investimento do programa no convívio entre os jovens e os idosos dentro da universidade. Vale destacar que os próprios idosos participantes do programa valorizam muito esse encontro de gerações.

O *Bonde Alegria* começou com algumas ideias soltas, temas que eram sugeridos pelos idosos participantes do projeto. Parece que, no início, a única preocupação era inserir os idosos no contexto da produção, apresentação e reportagem, sendo este seu maior diferencial em relação a outros programas, ou seja, um programa feito pelos idosos.

Como diz Theca, de 72 anos:

> Eu acho que o *Bonde Alegria* é o primeiro programa criado pelas pessoas mais idosas, apresentado, produzido, assistido por uma equipe. O *Bonde Alegria* é um programa fora de série.

Ela fala sobre o preconceito que acredita existir na mídia televisiva:

> Esse programa quebra isso, esse preconceito. É um preconceito, não deixa de ser, você tem que ser muito lindinha, tem que ser magrinha. O *Bonde Alegria* traz todos os tipos de pessoas, falando de vários assuntos, fazem a gente pesquisar, correr atrás.

Com o tempo, o programa foi ganhando estrutura, com quadros fixos e matérias externas. Isso coincide com uma temática voltada mais para os idosos, a partir do quinto programa.

As entrevistas do programa sempre foram feitas em forma de conversas, com os idosos debatendo os temas com profissionais de diversas áreas da universidade com base em suas próprias experiências. O quadro "Encontro de gerações" trata da transmissão de suas experiências para os jovens. O quadro de entrevistas com artistas idosos é o que mais agrada aos alunos. Ao mesmo tempo que eles tentam dar um caráter informativo e cultural a esse quadro, é possível perceber que existe uma visão nostálgica do passado.

Os participantes tratam de diversos assuntos e, mais do que isso, mexem com a emoção dos idosos e dos mais jovens, ao se lembrarem do passado e contarem suas histórias.

Ângela Mucida afirma que, se a velhice é tratada em cada época e cultura de forma diferente, os significantes que a nomeiam também diferem, provocando efeitos diferentes nos sujeitos.

> Se reconhecer-se como contador de sua história é importante a todo sujeito, na velhice isso é primordial, já que a tendência da cultura atual é de despojar o idoso de sua posição de sujeito desejante. Como salientado, a velhice é também efeito dos discursos.[4]

A velhice no programa estudado é contada e recontada pelos próprios atores dessa história, tendo um importante interlocutor para tal: o jovem. Assim, passado, presente e futuro são importantes, como diz Martha, de 79 anos, em sua participação no quadro "Encontro de gerações":

> Essa história de "meu tempo" eu não gosto, o meu tempo é agora. Enquanto eu estiver viva, eu estou no meu tempo!

Para os pesquisados, uma das maiores contribuições do *Bonde Alegria*, que constitui também uma importante diferença de outros programas, é a transmissão das experiências dos idosos aos mais jovens. E vice-versa.

É importante destacar alguns temas que apareceram na pesquisa, como: o papel da família, as diferenças de gênero, as categorias da velhice, os objetivos do programa, a invisibilidade da velhice e a juventude como valor.

Família

Dos 11 idosos pesquisados (oito mulheres e três homens), todos os homens moram com suas famílias, cinco mulheres vivem sozinhas e três com suas filhas.

"JOVENS HÁ MAIS TEMPO"

Pude constatar que a entrada dos homens na UnATI se deu no início da aposentadoria, e a das mulheres aconteceu após a viuvez.

Sabe-se que, devido à maior longevidade das mulheres em relação aos homens, elas geralmente ficam viúvas mais cedo.

Na UnATI aproximadamente 80% dos participantes são mulheres, das quais 44% são viúvas. Já entre os homens, 68% são casados. Mais de 25% dos alunos moram sós, 32% com filhos e/ou netos, 22% com o cônjuge e 7% vivem com o cônjuge, filhos e netos.

É importante destacar que a viuvez e o impacto do luto para as mulheres é um fator determinante para a entrada na UnATI, como relatam quatro entrevistadas: Theca, Maria Felício, Iaraci e Dulce. Elas falam sobre a tristeza que sentiram quando perderam seus companheiros de anos de convivência e como isso preocupou suas famílias. Além da tristeza da perda, elas se sentiram "sem chão", tendo de mudar suas expectativas e projetos, principalmente por serem donas de casa, com filhos já criados, e também pelo fato de que seus sonhos e desejos sempre estiveram relacionados ao marido.

Em quase todos os casos, os responsáveis pela entrada das pesquisadas na UnATI foram amigas e até mesmo o médico de família. Algumas entrevistadas não conheciam a UnATI e tiveram de ser "convidadas" por outras mulheres que percebiam que a rede de sociabilidade e o convívio com outros idosos e jovens seria de grande valor para amenizar o sofrimento experimentado com a perda do cônjuge.

Como afirma Tamara Hareven, a família nuclear se estabelece como um ideal e, à medida que os filhos se casam e formam seus próprios núcleos, torna-se cada vez mais fragmentada.

> As mudanças socioeconômicas e culturais do século passado levaram gradualmente a uma separação do trabalho de outros aspectos da vida e a um abandono da predominância dos valores familiares em favor do individualismo e da privacidade. A expulsão gradual dos mais velhos

VELHO É LINDO!

da força de trabalho, no começo do século vinte, e o declínio em suas funções paternas, nos últimos anos da vida, tenderam a separá-los de seus descendentes. Uma das mudanças mais importantes a afetar os idosos, portanto, foi a crescente associação de funções com a idade e a formação de grupos etários segregados.[5]

A família também aparece como grande incentivadora dos entrevistados com relação à entrada na UnATI e na frequência de suas atividades. Como diz Cida, de 66 anos, que trabalhou como economista:

> Eu sempre fui muito formal, severa e até preconceituosa, até por conta de profissão. Mas, quando fiz 65 anos, meu filho reclamava muito das minhas atitudes formais e aí então um dia ele me apareceu com o edital da Uerj, dos cursos da UnATI, aí eu fui lá e me inscrevi.

Já para os homens entrevistados a entrada na UnATI deve-se ao fato de terem se aposentado, mas permanecerem em busca de diversificar suas atividades e interesses, para não ficarem "parados". Eles também ingressaram na UnATI por meio de indicações de amigos, mas esse fator não foi tão decisivo quanto para as mulheres.

Guita Debert aponta para a diferença entre homens e mulheres no envelhecimento. Para ela, os homens mais velhos se mobilizam mais na luta pelos direitos dos cidadãos, enquanto as mulheres se interessam mais por mudanças culturais amplas.[6]

Dos três homens entrevistados, apenas Carlindo é divorciado. Cid e Carlinhos são casados e dizem que suas esposas não os acompanham na UnATI porque precisam cuidar da casa e da família. Quando pergunto sobre a ausência da esposa na UnATI, Cid, de 71 anos, responde:

"JOVENS HÁ MAIS TEMPO"

É, aí é que tá, bem que ela queria, essa é outra rotina dela, mas é meio complicado por causa da minha neta, que a gente cria desde pequena. Ela até poderia vir, mas tem o horário meio ruim pra ela. É meio difícil, porque quando a gente tem família e a gente é dedicado à família, é meio complicado.

Mesmo em uma fase vista por muitas mulheres como livre de amarras sociais e familiares, como a criação dos filhos, as que estão casadas permanecem cuidando da casa e agora ajudando na criação dos netos.

É interessante destacar o que Myriam Lins de Barros mostra em sua pesquisa sobre a memória da cidade:

As diferenças sensíveis entre os relatos de homens e mulheres surgem no momento em que os domínios além da vizinhança parecem interditos às mulheres, que com a vida de casadas e com a criação dos filhos se restringiram ao espaço da casa.[7]

Myriam Lins de Barros realizou pesquisas na cidade do Rio de Janeiro, entre 2001 e 2005, baseadas em narrativas de memórias e projetos de vida de jovens e velhas mulheres. Constatou que a possibilidade de entrada na universidade para as mulheres jovens representava uma visão de autonomia. Sair do "mundinho", expressão usada por algumas de suas entrevistadas, representava uma mudança, uma abertura para a construção de um projeto de vida, que as gerações anteriores não tiveram. Não se trata de mudança apenas de uma trajetória individual, mas também familiar e de toda uma geração de mulheres.

É importante ressaltar a importância da universidade, lugar de aprendizado, lugar de experimentações e saberes, de novas redes de interação e sociabilidade. A UnATI também possui esse status, lugar onde os alunos com mais de 60 anos têm a possibilidade de mudar. Lugar onde os idosos podem conviver e se aproximar das gerações mais jovens, por escolha própria, e não por um dever familiar.

Diferenças de gênero

Cerca de 80% dos alunos da UnATI são mulheres. Elas são 70% dos participantes do programa *Bonde Alegria*. Esses números podem refletir um dado demográfico, pois há um número maior de mulheres nessa faixa etária no Brasil. As mulheres vivem cerca de oito anos a mais que os homens. Nos dados do IBGE vemos que, em 1991, as mulheres correspondiam a 54% da população de idosos; em 2000, passaram para 55,1%. No ano 2000, para cada 100 mulheres idosas havia 81,6 homens idosos.

Porém, outros fatores são importantes para a maior participação de mulheres em grupos de convivência, como a construção social dos papéis de gênero em nossa sociedade.

Para além da estatística de maior longevidade das mulheres em relação aos homens, parece existir também maior facilidade para elas em aderir a projetos sociais e culturais.

De acordo com Guita Debert, alguns autores defendem que o envelhecimento feminino é mais suave do que o masculino por existirem vínculos afetivos mais fortes entre as mulheres e seus filhos e por elas não experimentarem uma ruptura tão forte quanto os homens na relação com o trabalho, com a aposentadoria. A mulher também teria vantagens na adaptação às mudanças causadas pelo envelhecimento.

Os controles sobre a mulher na velhice são afrouxados, posto que ela já não detém a função procriativa e, mesmo nas sociedades em que são elas as transmissoras de herança, o controle é sempre maior ao longo de sua vida jovem e adulta do que na velhice."[8]

Essa visão da velhice como um momento livre de amarras sociais aparece nos discursos das pesquisadas. Como disse Maria Luiza, de 72 anos:

> Percebo que a mulher hoje tem muito mais independência que na nossa época, as mulheres de hoje ganharam espaço em tudo.

Wilma, de 71 anos, afirmou:

> Olha, eu percebo que tem dias que a gente não está muito bem, mas está sendo melhor do que eu esperava. Pensei que eu fosse me acabar muito, sabe, mas não. Hoje eu me dou ao luxo de brincar, de rir, quando eu era mais jovem não podia. Naquela época era feio, mulher não podia nada, agora pode tudo, né?

O fato de os homens terem uma participação menos expressiva nos programas para os idosos, como as UnATIs, pode ser em função das diferenças nos papéis sociais de gênero. De acordo com os entrevistados, os homens tendem a ser mais inibidos do que as mulheres. A representação da velhice para os homens também parece ser diferente da representação da velhice para as mulheres.

De acordo com Guita Debert, os homens mais velhos se mobilizam mais pelos direitos dos cidadãos e se reúnem em associações de aposentados, tendendo a ter uma visão distinta sobre a imagem do idoso. A velhice, nessas associações, não é tratada com um estereótipo negativo. O aposentado se representa como alguém que trabalhou durante toda a vida e que agora luta para sobreviver e manter a família.[9]

Nos grupos de idosos nos quais as mulheres se sobressaem, há uma experiência de celebração do envelhecimento, uma espécie de ataque aos preconceitos contra os idosos. O discurso é de que os idosos têm voz, mas ela não necessariamente é política, é uma voz que busca realização pessoal e autossatisfação.

> Se a autonomia e a liberdade são valores celebrados pelas mulheres, a lucidez é o que garante que os homens de mais idade não são velhos e que, apesar da idade, têm um conhecimento profundo da realidade social e política em que vivem.[10]

Em pesquisa sobre as mudanças e permanências de valores na família contemporânea no Rio de Janeiro, Myriam Lins de Barros mostra a importância das avós na afirmação da família como um valor social. A família constitui-se como espaço em que se confrontam e se mesclam valores que privilegiam o indivíduo e outros que acentuam a importância do grupo social.[11]

Muitas mulheres mais jovens precisam do suporte da mãe para cuidar dos filhos enquanto trabalham, e as avós tradicionalmente assumiam esse papel. Porém, com a abertura de outras possibilidades fora da família, muitas idosas se recusam a cuidar de seus netos o tempo todo. É o que parece acontecer com as frequentadoras da UnATI, como mostra Cida, de 66 anos:

> Por que o idoso vai cuidar do neto? Não! Esse idoso, essa idosa já cuidou dos filhos, então vamos deixar que os pais cuidem desses filhos e deixem os avós ter uma vida mais alegre, menos compromissada com almoço, com colégio, leva, busca, sobe escada, desce. Eu acho que os pais é que têm de cuidar de seus filhos, e não os avós.

Cristiane Barbosa, em seu estudo sobre o envelhecimento masculino, aponta para o fato de que a representação que cada idoso tem do próprio envelhecimento é resultado de uma construção sociocultural. A autora acredita que a participação maior das mulheres em grupos de idosos se deve a uma questão importante e objetiva, que é o cuidado com a saúde dos idosos em nosso país. Ela mostra alguns dados que revelam que a busca por cuidados e tratamentos para a saúde do homem idoso ainda é rara. E que a promoção de saúde para a mulher idosa avança mais do que a promoção de saúde para o homem idoso.

> As mulheres procuram mais os grupos de idosos, pois foram sociabili-
> zadas desde sempre para cuidar de sua saúde e da do outro, e isto traz
> consequências para a forma como ela entende e valoriza sua participa-
> ção nesses grupos. Por outro lado, os homens foram socializados com
> a imagem de que os grupos de convivência de idosos não são espaços
> masculinos, e que não é necessário o cuidado com sua saúde, apesar de
> também apresentarem problemas em seu envelhecer.[12]

Minha pesquisa evidencia a maior concentração de mulheres na participação em grupos de idosos, como a UnATI e o programa *Bonde
Alegria*, devido não apenas à maior longevidade delas, mas também
devido a representações sociais diferentes sobre a velhice dos homens
e das mulheres.

Categorias da velhice

Se a velhice pode ser considerada diferente de acordo com cada contexto
histórico e cultural em que está inserida, os termos que são usados para
ela também se modificam ao longo do tempo e das mudanças sociais.

A categoria terceira idade começou a ser utilizada na França no
início dos anos 1970 e ganhou força no Brasil a partir de meados dos
anos 1980. Clarice Peixoto diferencia as categorias velhice e terceira
idade com base em pesquisa sobre as representações sociais francesas
e brasileiras. A autora aponta para uma distinção na França do século XIX entre as palavras velho (*vieux*), velhote (*vieillard*) e idoso
(*personne âgée*) para designar o grupo de pessoas da mesma idade.
Os dois primeiros termos eram usados para os indivíduos de baixa
renda e o último designava em geral os velhos abastados. Os velhos
eram definidos pela diminuição de sua força de trabalho, e, portanto,
a representação social da velhice é marcada pela inserção do indivíduo
de mais idade no processo de produção.

VELHO É LINDO!

Com a criação dos fundos de aposentadorias, o velho passou a ser considerado incapaz para o trabalho, o que o estigmatizou. Em meados do século XX, depois da guerra, a França passou por um período de agravamento das condições de vida da população idosa. Entre 1945 e 1960, de acordo com Clarice Peixoto, houve uma revisão nas políticas sociais da velhice e uma elevação das pensões, o que aumentou o prestígio dos aposentados. Ela destaca a política de integração da velhice na França em 1962, com importantes modificações político-administrativas e uma consequente transformação da imagem dos velhos. Surge, então, um novo vocábulo para representar os aposentados de maneira mais positiva e respeitosa, diferente daquela associada à degradação e às camadas populares, a categoria terceira idade.

> A invenção da terceira idade – nova fase do ciclo de vida entre a aposentadoria e a velhice – é simplesmente produto da universalização dos sistemas de aposentadoria e do consequente surgimento de instituições e agentes especializados no tratamento da velhice, e que prescrevem a esse grupo etário maior vigilância alimentar e exercícios físicos, mas também necessidades culturais, sociais e psicológicas.[13]

A autora destaca que a palavra velho no Brasil também tinha uma conotação negativa, com um caráter ambíguo, podendo apresentar tanto um modo de expressão afetivo quanto pejorativo, dependendo da entonação ou do contexto.

Em fins da década de 1960, o Brasil passou a sentir os reflexos das mudanças da imagem da velhice vindos da Europa. As instituições governamentais adotaram uma nova nomenclatura em substituição ao termo velho. A categoria idoso passou a fazer parte dos textos oficiais. O termo idoso tornou o velho mais respeitado, como o *personne âgée* na França, porém alguns autores o criticam por seu caráter generalizante, que homogeneíza todas as pessoas mais velhas.

"JOVENS HÁ MAIS TEMPO"

Guita Debert mostra a ligação entre o aposentado como importante ator social e o surgimento da categoria terceira idade. Para ela, a tendência contemporânea é a de colocar o envelhecimento como responsabilidade individual, associando a ele aspectos positivos e revendo os seus estereótipos. A terceira idade surge como principal categoria desse novo processo de construção social.[14]

O termo idoso então simbolizaria um respeito maior às pessoas mais velhas, enquanto terceira idade designaria os "jovens velhos", uma imagem mais positiva dos aposentados dinâmicos, como na representação francesa. Em relação aos participantes do programa *Bonde Alegria*, é fácil perceber que as categorias idoso, terceira idade e melhor idade estão longe de ser unanimidade.

Theca, de 72 anos, é participante muito ativa do programa. Sempre diz que as pessoas não podem ser resumidas a um número dado pela sociedade, pois estão o tempo todo construindo sua história. Ela não gosta de usar o termo terceira idade.

> Por que eu não gosto? Porque a sociedade tem o péssimo hábito de rotular. Claro que nós somos idosos, nós já temos uma história e quando eu digo que eu não gosto desse termo, não é porque eu quero ser garotinha, porque eu não sou. Sou uma mulher de 72 anos bem vividos, eu tenho uma família, eu tenho uma história.

Theca fala em "jovens há mais tempo" para mostrar que ela ainda está ativa e produtiva, mesmo sabendo de suas limitações, principalmente as físicas. Mostra que ser jovem é um valor positivo.

> O ser humano tem a história dele, ele constrói a história. O organismo vai envelhecendo, eu não posso fazer as mesmas coisas que você faz na sua idade. Você podia ser minha neta. Eu não vou poder ter a força que você tem, mas eu tenho uma boa memória, eu sei conviver com meus

VELHO É LINDO!

limites, então eu não sou uma pessoa que posso ser descartada. Então eu uso o "jovens há mais tempo" porque você é uma jovem há menos tempo, eu sou uma jovem há mais tempo. A minha mente está ativa, meu corpo está ativo, estou produzindo, estou estudando.

Cida, de 66 anos, também gosta do termo "jovens há mais tempo". Entretanto, ela não se incomoda com os outros termos utilizados, como idoso e terceira idade.

Eu uso todas, acho lindo esse negócio de a Theca usar "jovens há mais tempo", acho lindo. Às vezes eu uso também, aproveito, digo, olha, vou plagiar a Theca, somos "jovens há mais tempo".

A maioria dos entrevistados não se incomoda com a utilização dos termos terceira idade ou idoso. Porém, quando se trata da categoria "melhor idade", a aceitação não é a mesma. É interessante que nenhum dos entrevistados classifica a fase de vida em que estão como "melhor idade", apesar de estar presente em seus discursos uma grande satisfação com essa fase de vida. Todos mostram um desconforto com "melhor idade", pois reconhecem no próprio envelhecimento perdas e limites. Eles afirmam que a velhice pode ser transformada em uma boa velhice, entretanto não pode ser considerada a melhor idade, sendo, para eles, a melhor idade relacionada à juventude, como mostra Cid, de 71 anos:

Não, melhor idade me incomoda, aí tranquilamente acho que incomoda qualquer idoso, porque não é a melhor idade. Melhor idade é a sua, a dos jovens. Você só vai dar valor à melhor idade quando você tiver a minha idade, aí você vai dizer: eu tive a melhor idade. Eu acho que chega a ser um certo deboche, é ironia, porque você imagina uma pessoa toda torta com problemas cardíacos, é sacanagem, alguém bolou isso de sacanagem, porque não é melhor idade.

Objetivos do programa

Para os entrevistados, o programa *Bonde Alegria* tem o objetivo de informar, com temas referentes ao envelhecimento, mas também de entreter, com temas variados, de interesse geral. Ele é considerado um programa pioneiro, pois é feito pelos idosos, mas não é destinado somente ao público idoso. Isso é bastante marcado como diferencial do programa, pois traz diversos assuntos, bem como valores éticos, culturais e artísticos. O que aparece em todas as entrevistas é a importância de mostrar no *Bonde Alegria* as experiências de vida dos idosos, principalmente para os jovens. Eles acreditam que as histórias do passado desses idosos e suas experiências podem contribuir para a orientação e o aprendizado das gerações mais jovens.

Quando iniciei essa pesquisa, tinha em mente algumas concepções sobre o programa *Bonde Alegria*. Uma delas era a de que tanto os criadores do programa quanto os seus participantes tinham os mesmos objetivos ao fazer o programa, e o principal deles seria o de transmitir uma imagem positiva da velhice.

Guita Debert chama a atenção para os objetivos das iniciativas voltadas para construir e consolidar novas imagens do envelhecimento.[15] Nesses programas a velhice passa a ser vista como processo não só de perdas, mas também como possibilidade de exploração de novas identidades. Essa positivação da velhice deve-se em grande parte a uma lógica individualista da modernidade, que teve na invenção do termo terceira idade seu apoio e sustentação. Um dos grandes objetivos dos programas para os idosos, como as UnATIs, é o de produzir discursos que derrubem os estereótipos da velhice, objetivo que ganha espaço cada vez maior na mídia.

Minha ideia de que um programa de TV feito pelos idosos seria usado por eles para chamar a atenção para uma nova imagem da velhice se mostrou equivocada ao longo da pesquisa. Pude perceber que os idosos que faziam o programa não tinham objetivos claros. O que me pareceu mais evidente era a vontade muito grande de aprender coisas novas, produzir ideias, participar do programa. Evidentemente que em todos os programas existe um discurso positivo sobre a velhice. No entanto, parece um discurso que eles apenas repetem. Quando perguntados sobre os objetivos do programa, os entrevistados não souberam responder. Se há algum objetivo, isso era problema "deles", como se referiam aos criadores e diretores do programa.

O que os entrevistados destacam é o objetivo de mostrar a experiência dos mais velhos para os mais jovens. Em muitas entrevistas, tive a percepção de que os jovens tinham uma importância fundamental como público. Parece que a intenção de mostrar um idoso capaz é muito mais para o jovem do que para seus pares, outros idosos.

O que ficou evidente na pesquisa foi o fato de os idosos não se preocuparem em transmitir essa ou aquela imagem, e sim divulgar conhecimentos, informações e, acima de tudo, entreter. Do mesmo modo, ficou evidente que os jovens têm um papel fundamental na realização do programa, pois ao mesmo tempo que participam de sua produção e de um bloco fixo dele, o "Encontro de gerações", eles também são um público considerado importante para os idosos.

Invisibilidade da velhice

Ao longo da pesquisa, a questão da invisibilidade surgia sempre que buscava compreender os objetivos do programa *Bonde Alegria*.

Nas últimas décadas, as imagens associadas à velhice passaram por diversas transformações, e novas possibilidades de nomeação, cuidado, sociabilidade e lazer foram apresentadas à sociedade, dando à velhice maior visibilidade. Entretanto, as mudanças sociais são lentas e difíceis de consolidar no seio da sociedade. Muitos aspectos que colocam a velhice como "invisível" na sociedade ainda estão presentes, seja de forma objetiva e política, como no cuidado do Estado; seja na forma mais individual, como no cuidado das famílias com seus velhos. Uma grande parcela da população que envelhece em nosso país não tem recursos básicos para um bom envelhecimento, por isso não pode ter as mesmas representações positivas da velhice que os frequentadores de um projeto como a UnATI têm.

Eu acreditava que dar visibilidade aos idosos era o maior objetivo de todos que participavam do programa *Bonde Alegria*. No entanto, os entrevistados demonstram que não há esse objetivo de forma explícita. Porém, percebi a vontade que têm de se exibirem diante das câmeras. Voltei então a pensar na questão da visibilidade e da invisibilidade e sua relação com a velhice.

Mirian Goldenberg afirma que o corpo na sociedade brasileira é um capital físico, simbólico, econômico e social. O corpo é um valor, desde que jovem, magro, sexy e em boa forma.

> A cultura brasileira, particularmente a cultura carioca, a partir da valorização de determinadas práticas, transforma o que é "natural", o corpo, em um corpo distintivo: "o corpo". "O corpo" surge como um símbolo que consagra e torna visíveis as diferenças entre os grupos sociais.[16]

Entre as brasileiras a preocupação com o rejuvenescimento cresceu muito nos últimos vinte anos, tornando-as as maiores consumidoras de cirurgias plásticas em 2013, segundo dados da International Society of Aesthetic Plastic Surgery.

Se o corpo é um capital na cultura brasileira, seu declínio é visto como perda. Mirian Goldenberg, em pesquisa comparativa com mulheres brasileiras e alemãs na faixa etária de 50 a 60 anos, constatou que entre as brasileiras a ideia de invisibilidade apareceu marcadamente.

VELHO É LINDO!

Em primeiro lugar, a ênfase na decadência do corpo e na falta de homem é uma característica do discurso das brasileiras. A ideia de falta, de invisibilidade e de aposentadoria só apareceu no discurso destas. As alemãs enfatizaram a riqueza do momento que estão vivendo, em termos profissionais, intelectuais e culturais. Acham uma "falta de dignidade" uma mulher querer parecer mais jovem ou se preocupar em "ser sexy", uma infantilidade incompatível com a maturidade esperada para uma mulher nessa faixa etária. O corpo, para elas, não é tão importante, a aparência jovem não é valorizada, e sim a realização profissional, a saúde e a qualidade de vida.[17]

Matéria[18] publicada em uma revista brasileira, com o título "Respeito ao tempo", mostra que as mulheres francesas envelhecem diferentemente das brasileiras. Nove personalidades daquele país, como as atrizes Isabelle Huppert, Juliette Binoche e Anouk Aimée, são apresentadas como exemplos de quem consegue "envelhecer com dignidade".

A reportagem chama a atenção para uma hipervalorização da juventude na sociedade brasileira. Na sociedade europeia, valorizam-se mais a personalidade, a individualidade e a experiência. Portanto, na França, a passagem do tempo não é vista como ameaça, o que torna possível viver todas as fases da vida plenamente e envelhecer com dignidade.

No programa *Bonde Alegria*, a imagem do idoso é valorizada. É como se os participantes do programa dissessem: "Minha velhice é boa e estou aqui, esse sou eu!" Eles e elas querem ser visíveis para a sociedade, como mostram Theca, de 72 anos, e Martha, de 79 anos:

> Porque a televisão estipula o seguinte: você tem que ser jovem, bonita, ter uma presença que a mídia exige pra você fazer um programa de TV. Esse programa não, nesse você tem que ter competência, você tem que estudar, se preparar.

> Não é uma imagem negativa na TV, ao contrário, é uma imagem de pessoas felizes vivendo com plenitude.

O release do programa evidencia que seu objetivo é dar visibilidade e voz aos idosos. Com a produção de novas imagens da velhice, colocando o idoso como importante ator social e consumidor, a visibilidade tem aumentado. Mas a imagem do idoso ainda é associada a um declínio não apenas corporal, mas de suas capacidades cognitivas e produtivas.

Para Cid, de 71 anos, o programa *Bonde Alegria* é útil ao mostrar que o idoso ainda é capaz de produzir e deve ter seus direitos respeitados. Para ele, a importância do programa é a de proporcionar a visibilidade do idoso para a sociedade de forma ampla, não ficando restrito apenas ao âmbito da UnATI. Ao avaliar o programa, Cid disse:

> Aqui, não é só mostrar o idoso. Eu acho que tem que divulgar, na internet tem que ter e na mídia em geral. Qualquer acontecimento, por menor que seja, que ele seja transformado num fato importante.

A juventude como valor

A juventude, assim como a velhice, é construída socialmente. Vivemos um momento histórico marcado pela fragmentação, pela incerteza e pela velocidade das informações. Nesse momento, que alguns autores chamam de pós-modernidade e outros de modernidade tardia, a juventude aparece como valor.

Segundo Guita Debert, na contemporaneidade, os indivíduos são responsáveis por sua própria saúde e bem-estar. A juventude deixa de ser estágio etário para se transformar um valor. A valorização da juventude é associada a estilos de vida, e não propriamente a um grupo etário. De acordo com a autora, as novas imagens mais positivas do envelhecimento no contexto brasileiro possibilitaram a abertura de espaços em que os idosos podem buscar a autoexpressão e explorar identidades de um modo que era exclusivo da juventude.[19]

Maria Rita Kehl afirma que a mudança da ênfase na competência produtiva para a ênfase na liberdade consumista, a partir de meados do século XX, começou a produzir outro tipo de adulto, voltado mais para o prazer do que para o dever. Hoje, diz ela, fala-se em "adultescência", o adulto desconfortável com a maturidade e a responsabilidade que o crescimento impõe:

> Na passagem dos anos 1970 para a década de 1980, ser jovem virou slogan, virou clichê publicitário, virou imperativo categórico – condição para se pertencer a uma certa elite atualizada e vitoriosa.[20]

Everardo Rocha e Cláudia Pereira, em pesquisa sobre os anúncios publicados na revista *Veja*, entre 1989 a 2009, constataram que a juventude vem sendo tratada como conceito publicitário. Os autores fizeram uma análise de trinta peças publicitárias que não tinham os jovens necessariamente como público-alvo e constataram que há uma influência do conceito de juventude, que não se limita a uma fase da vida, mas sim a um conjunto de valores e práticas imitados pelos adultos.[21]

A promessa da eterna juventude movimenta o mercado de consumo e acaba criando padrões.

> A juventude passa a ser símbolo de um status social, ou melhor, de uma *aura*, uma *simpatia pública*, que estende o conjunto de valores presentes na ideia de *ser jovem* para outras faixas etárias. Para os adultos, a *juvenilização do mundo* viabiliza a transformação – do velho no novo, do feio no belo, do infeliz no feliz, do antigo no moderno.[22]

Andréa Moraes Alves acredita que o termo terceira idade apresenta uma pluralidade grande de identificações, mas isso não implicaria a indiferenciação entre as idades.

> Interpretar a velhice como um produto da relação entre gerações revela, a meu ver, um ponto essencial do envelhecimento contemporâneo: a fragmentação da experiência da velhice. Cada vez mais novas possibilidades, algumas nem tão novas assim, vão se abrindo para a criação/domesticação do corpo e da vida dos velhos; cada vez mais, exige-se um comprometimento do indivíduo com seu próprio processo de envelhecer.[23]

A autora acrescenta:

> O projeto de um envelhecimento ativo não representa uma diluição das fronteiras etárias, uma indistinção entre juventude e velhice, mas, antes, uma pluralidade de julgamentos sobre o que é ser velho.[24]

No caso dos participantes do *Bonde Alegria*, a diferenciação entre juventude e velhice é reconhecida, principalmente, quanto aos aspectos físicos. No entanto, os idosos identificam em suas velhices valores predominantemente jovens, o que faz com que se aproximem cada vez mais das novas gerações. Eles se percebem como indivíduos autônomos, ativos, abertos para a aprendizagem – características que combinam com a ideia de que eles não são velhos, mas, sim, "jovens há mais tempo".

Considerações finais

Ao realizar a pesquisa sobre o programa *Bonde Alegria*, imaginava encontrar determinada imagem da velhice construída para o público. Entretanto, ao longo da investigação, fui percebendo que não existia um desejo explícito dos idosos em transmitir qualquer imagem da velhice.

Na análise das entrevistas e dos programas, encontrei uma exaltação não da velhice, mas das novas formas de ser velho. Essas novas formas incluem um indivíduo ativo, com novas possibilidades de aprendizagem, convívio e lazer.

Para esses idosos, a interação que têm com os mais jovens, que se dá tanto na UnATI, quanto na produção do programa *Bonde Alegria*, é muito importante. Ela vai além de uma proximidade física e troca de experiências e supera, em importância, qualquer construção de imagem a ser transmitida.

A imagem que os idosos transmitem no programa confunde-se com a própria relação deles com os mais jovens. Eles se identificam com o valor atribuído à juventude que querem "orientar". A juventude é uma categoria que abrange a alegria, a atividade, o otimismo, a produtividade, a curiosidade e o aprendizado. A ideia de aprendizado aparece diversas vezes em seus depoimentos. Eles não pretendem passar uma imagem idealizada da velhice, como eu imaginava no início da pesquisa. O que parece acontecer é um desejo cada vez maior de fazer o programa, pois querem demonstrar que ainda podem aprender algo novo, assim como os jovens.

Os idosos reconhecem os problemas relacionados ao próprio enve-lhecimento, por isso rejeitam a categoria "melhor idade". Entretanto, atribuem a si mesmos a definição de "jovens há mais tempo".

Os grupos de convivência para os idosos surgem, juntamente com a categoria terceira idade, com o objetivo de criar uma nova imagem da pessoa idosa. A UnATI é um lugar que atua na redefinição de valores e imagens da velhice e das relações entre as gerações. Isso permite que os idosos pesquisados se aproximem das gerações mais jovens, ocasionan-do um intercâmbio de conhecimentos. Eles querem ensinar e aprender com os jovens. Principalmente, querem que os jovens construam uma imagem positiva deles.

Mesmo que não exista a intenção explícita de divulgar essa ou aquela imagem no programa *Bonde Alegria*, a figura de um idoso alegre, ativo e autônomo é inevitavelmente transmitida. Todos os pesquisados afirmaram que se sentem muito bem nessa fase da vida e essa disposição é percebida tanto nos corredores da UnATI quanto no programa do qual participam.

É evidente que não existe homogeneidade dos idosos em um país como o Brasil, onde as experiências sociais, culturais, afetivas e materiais são as mais variadas. Nem todos os indivíduos com mais de 60 anos podem ou querem se enquadrar na ideologia da terceira idade.

Os idosos pesquisados neste trabalho, além de reforçarem essa ideologia, ainda querem mostrar que podem produzir, ser ativos. Eles parecem usar o programa *Bonde Alegria* como meio de se tornarem mais visíveis para a sociedade, principalmente para as gerações mais jovens, na tentativa de amenizar a barreira geracional que os separa.

No início da pesquisa, meu olhar era de estranhamento em relação aos idosos da UnATI, pela forma sempre positiva com que eles se referiam à velhice. Acreditava que existia algo duvidoso nesse discurso tão positivo, talvez construído para se protegerem dos estereótipos e da discriminação da sociedade. Porém, ao longo do trabalho, pude olhar para esses idosos de outra forma.

Percebi que o discurso sobre a velhice não era tão positivo assim, que os idosos reconheciam as limitações e perdas dessa fase da vida. O que mais aprendi com os pesquisados foi a possibilidade de não temer tanto a alteridade que a velhice coloca. Afinal, o que mais ouvi desses idosos foi: "Não somos tão diferentes assim de vocês, jovens! Somos só jovens há mais tempo!"

VELHO É LINDO!

Notas

1. Tamara Hareven, "Novas imagens do envelhecimento e a construção social do curso da vida", *in Cadernos Pagu*.
2. Pierre Bourdieu, "A 'juventude' é apenas uma palavra", *in Questões de sociologia*, p. 112.
3. Guita Debert, *A reinvenção da velhice*.
4. Ângela Mucida, *O sujeito não envelhece*, p. 59.
5. Tamara Hareven, "Novas imagens do envelhecimento e a construção social do curso da vida", *in Cadernos Pagu*, p. 34.
6. Guita Debert, "Gênero e envelhecimento", *in Estudos Feministas*.
7. Myriam Lins de Barros, "Gênero, cidade e geração", *in Família e gerações*, p. 23.
8. Guita Debert, "Gênero e envelhecimento", *in Estudos Feministas*, p. 33-34.
9. *Ibidem*.
10. *Idem*, p. 49.
11. Myriam Lins de Barros, "Velhice na contemporaneidade", *in Família e envelhecimento*.
12. Cristiane Barbosa, "Saúde, qualidade de vida e envelhecimento", *in Série Documenta*, p. 107-108.
13. Clarice Peixoto, "Entre o estigma e a compaixão e os termos classificatórios", *in Velhice ou terceira idade?*, p. 76.
14. Guita Debert, *A reinvenção da velhice*.
15. Guita Debert, "A invenção da terceira idade e a rearticulação de formas de consenso e demandas políticas", *in Revista Brasileira de Ciências Sociais*, n. 12, 1997, p. 34.
16. Mirian Goldenberg, *Coroas*, p. 22.
17. *Idem*, p. 33-34.
18 Revista *Lola*, Editora Abril, n. 4, jan. 2011.
19. Guita Debert, *A reinvenção da velhice*.
20. Maria Rita Kehl, *A fratria órfã*, p. 10.
21. Everardo Rocha, Cláudia Pereira, *Juventude e consumo*.
22. *Idem*, p. 98.
23. Andréa Moraes Alves, "Mulheres, corpo e performance", *in Família e gerações*, p. 67.
24. *Idem*, p. 72-73.

Referências bibliográficas

ALVES, Andréa Moraes. "Mulheres, corpo e performance: a construção de novos sentidos para o envelhecimento entre mulheres de camadas médias urbanas". In: BARROS, Myriam Lins de (Org.). *Família e gerações*. Rio de Janeiro: Editora FGV, p. 76-88, 2006.

BARBOSA, Cristiane R. M. "Saúde, qualidade de vida e envelhecimento: a inclusão do homem idoso em programas para a terceira idade". *Série Documenta*, Rio de Janeiro, UFRJ, v. IX, n.14-15, 2003-2004.

BARROS, Myriam Lins de. "Gênero, cidade e geração: perspectivas femininas". *In*: BARROS, Myriam Lins de. *Família e gerações*. Rio de Janeiro: Editora FGV, 2006.

BARROS, Myriam Lins de. "Velhice na contemporaneidade". *In*: BARROS, Myriam Lins de (Org.). *Família e envelhecimento*. Rio de Janeiro: Editora FGV, 2004.

BOURDIEU, Pierre. "A 'juventude' é apenas uma palavra". *In*: BOURDIEU, Pierre. *Questões de sociologia*. Rio de Janeiro: Marco Zero, 1993.

DEBERT, Guita Grin. "Gênero e envelhecimento: os programas para a terceira idade e o movimento dos aposentados". *Estudos Feministas*, Rio de Janeiro, v. 2, n. 3, 1994, p. 33-51.

DEBERT, Guita Grin. *A reinvenção da velhice*: socialização e processos de reprivatização do envelhecimento. São Paulo: Edusp/Fapesp, 2004.

GOLDENBERG, Mirian. *Coroas*: corpo, envelhecimento, casamento e infidelidade. Rio de Janeiro: Record, 2008.

GOLDENBERG, Mirian. *O corpo como capital*: estudos sobre gênero, sexualidade e moda na cultura brasileira. Barueri: Estação das Letras e Cores, 2007.

GOLDMAN, Sara Nigri. "Universidade para a terceira idade: uma lição de cidadania". *Textos Envelhecimento*, n. 3, v. 5, 2001.

HAREVEN, Tamara K. "Novas imagens do envelhecimento e a construção social do curso da vida". *Cadernos Pagu*, n. 13, 1999.

IBGE *Perfil dos idosos responsáveis pelos domicílios no Brasil 2000*. Rio de Janeiro: IBGE, 2002.

KEHL, Maria Rita. *A fratria órfã*: conversas sobre a juventude. São Paulo: Olho d'Água, 2008.

MUCIDA, Ângela. *O sujeito não envelhece*: Psicanálise e velhice. 2. ed. Belo Horizonte: Autêntica, 2006.

PEIXOTO, Clarice Ehlers. "Entre o estigma e a compaixão e os termos classificatórios: velho, velhote, idoso, terceira idade...". *In*: BARROS, Myriam Moraes Lins de (Org.). *Velhice ou terceira idade?* Rio de Janeiro: Editora FGV, 2007.

ROCHA, Everardo; PEREIRA, Cláudia. *Juventude e consumo*: um estudo sobre a comunicação na cultura contemporânea. Rio de Janeiro: Mauad X, 2009.

9. Nós somos uma família

Thiago Barcelos Soliva

O surgimento de formas de sociabilidades homossexuais masculinas no Rio de Janeiro e em São Paulo data do século XVII. Estudos como os de James Green e Carlos Figari buscaram resgatar essa vibrante vida social travada entre homens em "deriva" por desejos que só poderiam ser realizados se soturnamente negociados nas ruas, fora dos olhares da sociedade mais ampla. Esses trabalhos trouxeram à baila a história íntima de homens que amavam outros homens, revelando como foi se constituindo um novo tipo social forjado pela ciência e incorporado pela opinião pública da época, o homossexual.[1]

Entre as décadas de 1950 e 1970, algumas "turmas de homossexuais" começaram a surgir no Rio de Janeiro. Em seu estudo sobre o jornal *O Snob*, Rogério da Costa contabilizou nove "turmas" atuantes nos dois primeiros anos de existência daquela publicação (1963-1964).[2] Essas turmas adotavam, quase sempre, o nome da localidade da qual seus membros faziam parte: Turma do Catete, Turma de Copacabana, Turma da Zona Norte, Turma do Leme, Turma da Glória e Turma de Botafogo.

Esses grupos se reuniam nos apartamentos daqueles membros que abriam suas portas para receber amigos e outros convidados. Recebiam ainda integrantes de outras turmas, animando uma agitada vida social baseada em laços de amizade. Eram reuniões informais nas quais conversavam sobre amenidades, trocavam ideias, riam e flertavam. Cada um levava um prato que era compartilhado por todos os presentes. Ali todos eram conhecidos, eram amigos, portanto podiam "ser eles mesmos", sem precisar esconder suas preferências sexuais.

As atividades das turmas não se restringiam apenas a reuniões sociais, mas também a jantares e às esperadas "festas temáticas". Estas demandavam muito tempo e esforços para serem organizadas. As festas eram o coroamento máximo dessas reuniões, e foi onde surgiram os concursos de miss (gay), espetáculos e outras atividades lúdicas. A popularidade gerada por essas festas temáticas provocou a necessidade de criar um jornal, *O Snob*, dedicado a divulgar o calendário de festas e outras atividades promovidas por essas turmas.

A possibilidade de existir como homossexual era um dos principais objetivos perseguidos por esses grupos, diante de uma sociedade com poucos espaços onde poderiam "ser eles mesmos". Nessas reuniões, ocorria muito mais do que o encontro de indivíduos que se reconheciam em função de suas preferências sociais, ali se aprendia a ser "homossexual", assim como, mais tarde, em reuniões semelhantes, aprendeu-se a ser "militante homossexual".

A Turma OK surgiu como tantos outros desses coletivos. Ela foi fundada em 13 de janeiro de 1961. Esse momento é chamado pelos sócios mais antigos de "primeiro período", caracterizado pelos encontros nos apartamentos e pelo medo de serem flagrados pela vigilância dos tempos da ditadura. Em 1962, o grupo reforçou seus quadros com a entrada de homens que participavam de outros grupos da Zona Sul. Eles vieram principalmente do Grupo do Snob. Na ocasião, aderiram à Turma OK personagens como Carlos Miranda (Ceeme), Agildo Guimarães, Zozô, José de Assis, Sérgio Fernando e outros.

Situo esta pesquisa no âmbito da tradição de estudos sobre sociabilidades gays no Brasil. Os primeiros estudos no país sobre sexualidade, erotismo e sociabilidade gay foram fortemente influenciados pelos modelos analíticos desenvolvidos pela antropologia urbana, sobretudo aqueles da chamada Escola de Chicago. Entendidos anteriormente como temas de menor prestígio acadêmico, esses estudos começaram a aparecer de forma mais regular na década de 1970 e articulavam ciência e ativismo político em um esforço de compreensão das novas possibilidades de organizar a experiência sexual e o prazer.

A escolha da Turma OK

Este estudo é baseado em uma abordagem qualitativa e utiliza como método principal a observação participante. Escolhi a Turma OK para a pesquisa por se tratar de um dos grupos gays mais antigos ainda em atividade no Brasil. O estudo também se justifica em função da exiguidade de trabalhos que desvendam a vida social de homens homossexuais na segunda metade do século XX. Outro dado que chamou a atenção para esse grupo se relaciona à forma como seus sócios interagem entre si, evocando a ideia de "família" para representar sua adesão e laços de amizade.

Para Mirian Goldenberg, a pesquisa qualitativa tem a capacidade de revelar questões que não poderiam ser evidenciadas pelo uso de estratégias quantitativas de coleta de dados.[3] Neste estudo, a história de vida e as entrevistas em profundidade foram métodos importantes que, associados à observação participante, produziram um rico material de pesquisa. A trajetória de vida de três sócios-fundadores da Turma OK: Agildo Guimarães, Anuar Farah e José Rodrigues foi reconstruída. Eles fizeram parte do momento que foi classificado pelos entrevistados como "primeiro período" da Turma OK (década de 1960), quando esses homens se reuniam em apartamentos para fins de diversão. Por meio dessas trajetórias, foi possível recompor um contexto ainda pouco explorado pelas pesquisas que tratam da história da homossexualidade no Brasil.

Analisei dados de fontes documentais, orais e de observação participante. Também foram reunidas fotografias de eventos importantes promovidos pelo grupo, como os registros dos concursos Lady OK, Mister OK, Rainha OK, Rainha da Primavera e Musa OK.[4] Essas imagens combinam-se ao material etnográfico, assim como às anotações do caderno de campo. Também foi essencial a análise de documentos da instituição, como o Estatuto da Turma OK, o Regimento Interno e as atas das Assembleias Mensais de Sócios, que ofereceram dados para entender a estrutura da associação. Em relação às fontes orais, a realização de entrevistas em profundidade, assim como as histórias de vida, forneceram materiais importantes para compor o "esqueleto", a "carne" e o "sangue" desta pesquisa.

Denise Tainah foi a primeira pessoa entrevistada, no dia 15 de dezembro de 2010. Denise é uma travesti negra que conheceu a Turma OK em 2002, quando participava de um grupo formado por *crossdressers*, o Brazilian Crossdresser Club. Na ocasião, Denise se dizia *crossdresser*.[5] Contudo, sua inserção em grupos de militância gay fez com que passasse a se identificar como travesti. Na época da entrevista, Denise tinha 51 anos e trabalhava como secretária no Centro de Referência contra Homofobia do Estado do Rio de Janeiro. Frequentava a Turma OK desde 2008.

Conheci Denise em uma das muitas noites em que estive na Turma OK, quando fazia questão de sentar-me à mesa com pessoas desconhecidas para conversar e colher informações sobre o grupo. Logo que a conheci, apresentei-me como pesquisador, expondo os objetivos de minha pesquisa. Ela mostrou-se sempre muito solícita e, por sua sugestão, cheguei a Anuar.

Liguei para Anuar e expliquei a ele os objetivos do estudo. Anuar pareceu-me seco na conversa, disse que não queria mais falar sobre a Turma OK, mas o faria única e exclusivamente pelo apreço que nutria por Denise. Em 26 de janeiro de 2011, às 15h, estava em frente ao apartamento dele, na Tijuca. Ao tocar a campainha, fui recebido por um senhor moreno, de cabelos curtos e grisalhos, alto, um pouco acima do peso e com voz suave. Anuar tinha 72 anos, mas aparentava ter menos idade. Seu apartamento pequeno, de um quarto apenas, era decorado com quadros e estátuas de inspiração homoerótica. Na época, Anuar dividia espaço com um filho de criação, que não cheguei a conhecer, mas com quem falei por telefone algumas vezes.

Meu contato com Anuar foi bastante frequente. Todos com quem conversei na Turma OK perguntavam se eu já tinha falado com ele. Tive certeza de que ele era peça fundamental para escrever este trabalho. Passei a ligar para Anuar quando tinha dúvidas em relação a algum episódio do passado.

Ao me receber pela primeira vez, Anuar disse novamente que não queria falar sobre a Turma OK, pois havia saído da associação muito magoado, em função de problemas que enfrentara com alguns dos sócios, e reiterou que aceitara conceder a entrevista em função da amizade que tinha com Denise. Mais uma vez agradeci e, depois de contar a ele sobre o meu interesse de pesquisa, começamos a conversar. Para a entrevista, adotei o formato de roteiro semiestruturado, com perguntas sobre a trajetória da Turma OK e a dinâmica das interações entre seus sócios.

Como resultado, obtive uma versão singular da história da Turma OK, que se relaciona com um contexto mais amplo de transformações socioculturais pelas quais passava a sociedade brasileira nos anos 1960. Talvez essa mesma história fosse contada de forma diferente se aqueles que detêm a "autoridade narrativa" fossem exclusivamente sócios mais novos, ou mesmo ativistas do movimento homossexual contemporâneo.

Essa história se inscreve em um processo que Michel Pollak identifica como "enquadramento de memória":

NÓS SOMOS UMA FAMÍLIA

O trabalho de enquadramento da memória se alimenta do material fornecido pela história. Esse material pode sem dúvida ser interpretado e combinado a um sem-número de referências associadas; guiado pela preocupação não apenas de manter as fronteiras sociais, mas também de modificá-las, esse trabalho reinterpreta incessantemente o passado em função dos combates do presente e do futuro.[6]

Esta é o que se pode classificar como "história autorizada". Trata-se de uma versão da história traduzida pelos indivíduos que a vivenciaram e a narram a partir de sua experiência. A memória que esses homens constroem tem o objetivo de manter a coesão desse grupo, ao mesmo tempo que define fronteiras de significados em relação a outros grupos, como as outras turmas do passado e, logo depois, com os ativistas do moderno movimento homossexual.

A autoridade da qual são investidos esses indivíduos em relação aos rumos da história narrada os torna, ainda de acordo com Michel Pollak, "profissionais da história",[7] ou, como sugere Myriam Lins de Barros, "guardiões da memória".[8] São indivíduos encarregados de reter a memória do grupo, sob pena de ela se perder.

Pude observar a atuação desses "profissionais da história" quando Álvaro Marques disse que gostaria de ler minha dissertação antes que eu a defendesse. Presumi que Álvaro estivesse preocupado com o tipo de informação que poderia estar contida no trabalho. Essa preocupação se justifica em função da imagem que esses homens querem transmitir ao público.

No fim da entrevista, perguntei a Anuar se sabia onde se encontrava Agildo Guimarães, outro antigo sócio da Turma OK. Ele disse que Agildo estava muito doente, morando na casa de parentes no bairro de Campo Grande. Não conseguia falar, por isso não poderia receber a visita de um pesquisador interessado em sua trajetória. Essas informações foram confirmadas por outros sócios da Turma OK que eram próximos de Agildo, como José Rodrigues.

VELHO É LINDO!

Decidi recorrer a outra estratégia para ter acesso às informações dele. Tinha lido a dissertação de mestrado de Rogério da Costa sobre o jornal *O Snob* alguns meses antes de iniciar meu trabalho de campo. Ele entrevistou Agildo Guimarães, além de analisar o conteúdo de *O Snob*.[9]

Escrevi um e-mail a Rogério, no qual expus a impossibilidade de entrevistar Agildo e solicitei o material que ele tinha. Rogério cedeu as entrevistas que tinha realizado com Agildo em duas ocasiões. As perguntas se aproximavam daquelas que eu havia feito a Anuar, girando em torno do contexto sociopolítico da época, dos encontros entre homossexuais nos apartamentos, relatos do que acontecia nessas turmas, bem como sobre os pequenos jornais que editavam.

Agildo nasceu em Pernambuco, chegou ao Rio de Janeiro em 1952, onde fundou o jornal *O Snob*, uma publicação de circulação restrita, responsável por veicular notícias do "gueto". Ele é um personagem central para se compreender o surgimento da Turma OK. Não pude conhecê-lo pessoalmente, mas as duas entrevistas me emocionaram muito, especialmente quando revelou sua idade, 79 anos.

Por intermédio de Anuar, fiz contato com José Rodrigues. Ele foi presidente da Turma OK depois de Anuar, além de ter feito parte de outras gestões como diretor cultural. Quando nos falamos, José Rodrigues tinha 86 anos, estava aposentado, após trabalhar em uma empresa de exportação. Chegou ao Rio de Janeiro em 1962, vindo do Recife. De família humilde, perdeu a mãe muito cedo, e foi morar com uma tia. Logo que chegou ao Rio, José Rodrigues trabalhou em diferentes funções. Conseguiu alugar o seu primeiro apartamento em Copacabana com Agildo. Assim que começou a trabalhar em uma empresa multinacional, pôde comprar um imóvel na Avenida Nossa Senhora de Copacabana, onde ainda residia.

Em 19 de junho de 2011, voltei a me encontrar com Anuar. Como na entrevista anterior, ele foi muito simpático, apesar de parecer um pouco chateado em falar novamente sobre a Turma OK. Fui entrevistá-lo para saber mais sobre os concursos e o Prêmio JL, criações dele. A conversa, dessa vez, teve a duração de uma hora e dez minutos. Anuar estava aborrecido, pois, após um tempo sem frequentar a sede da associação, tinha ido lá para prestigiar um amigo e achou o casarão em estado decadente. Ao fim da entrevista, Anuar me presenteou com um DVD que continha um especial promovido por alguns sócios da casa sobre a vida e obra de Liza Minelli. Segundo ele, eu poderia ver como a Turma OK era sofisticada quando ele era presidente.

Realizei outras entrevistas em profundidade com sócios ativos da Turma OK. Uma delas foi com Pedro Paz,[10] considerado um dos sócios mais antigos da associação. Com 63 anos, estava na Turma OK desde 1985. Participou durante alguns anos de grupos ativistas engajados no reconhecimento dos direitos homossexuais. Sua trajetória está intimamente ligada ao movimento; foi fundador de duas das associações mais antigas destinadas a esse fim, o Grupo de Apoio à Pessoa com Aids do Rio de Janeiro (Gapa-RJ) e a Associação Brasileira Interdisciplinar de Aids (Abia). Poeta e escritor, Pedro foi um dos mais assíduos frequentadores da Turma OK. Quase todas as noites em que estive lá, eu o encontrei em uma mesa de frente para o palco com seu copo de refrigerante. Entrevistei Pedro em uma dessas mesas, um pouco antes de começar o show.

Família e amizade

A relevância teórica das relações de amizade para a antropologia foi tradicionalmente construída em contraposição às relações de parentesco. A distinção entre esses dois tipos de relação se estrutura na forma como ambas organizam o vínculo social. Enquanto as relações de parentesco são entendidas como prescritivas, obrigatórias e assimétricas, as de amizade são marcadas pela escolha individual e consciente dos indivíduos. Essa discussão evidencia uma tensão importante para os estudos que tomaram a amizade como objeto de investigação, o suposto caráter individual, portanto não coletivo, das amizades.

Os estudos de Claudia Barcellos Rezende em dois diferentes contextos urbanos (Londres e Rio de Janeiro) oferecem subsídios para a análise da centralidade da amizade para se compreender a organização social. A autora mostra como a "escolha" dos amigos respeita determinados marcadores sociais que estruturam a vida em sociedade, como classe, gênero e cor. Ao revelar os complicados esquemas sociais que se ocultam na ideia de "escolha", realça o aspecto social dessas relações.[11]

Entendendo as relações familiares e as relações entre amigos como interações dotadas de sentido atribuído pelos indivíduos que delas participam, busquei compreender como o sentido de família presente na Turma OK se combina com o de amizade. Dessa forma, procurei analisar essas amizades, comumente representadas como relações privadas, afetivas, voluntárias e igualitárias, não como opostas às relações familiares (entendidas como assimétricas e prescritivas), mas como forma de construir outra gramática dos afetos, na qual esses indivíduos encontram amor, proteção e solidariedade.

Famílias de escolha

A literatura sobre homossexualidades tem dedicado atenção à importância das amizades entre homens que se sentem atraídos sexualmente por outros homens no processo de definição da identidade homossexual. Um dos estudos pioneiros sobre o tema no Brasil foi o de José Fabio Barbosa da Silva, que, já em 1958, identificou em São Paulo o que chamou de "grupos homossexuais primários", formados por amigos cujo "impulso de sociabilidade" se estabelecia em função de interesses comuns por práticas sexuais consideradas desviantes. José Fábio Barbosa da Silva constatou que esses "grupos homossexuais primários" surgiam e possuíam relativa continuidade em função da existência de processos cooperativos internos por meio dos quais esses indivíduos encontravam apoio e aceitação entre eles mesmos.[12]

A pesquisa de Carmem Dora Guimarães sobre um grupo de "entendidos" na década de 1970 é outro exemplo de um trabalho que colocou em destaque a relação entre amigos que compartilham das mesmas práticas sexuais. Para a autora, a opção metodológica pela *network* oferece uma possibilidade de se estudar, dentro do grupo, suas práticas e os significados atribuídos a elas.[13]

As pesquisas de James Green e Carlos Figari, ricas em dados históricos sobre a sociabilidade homossexual no Rio de Janeiro e em São Paulo, também destacam as relações de amizade entre homens homossexuais. Nesses trabalhos, encontramos valiosos registros sobre como as redes de amigos gays estruturaram um tipo específico de sociabilidade que se desenvolveu nas duas maiores cidades brasileiras. Essa sociabilidade envolvia não somente os espaços privados, como os cafés, bares e cinemas, mas também espaços públicos, como a praia de Copacabana, onde essas redes de amigos podiam contar com uma relativa segurança para se relacionarem.[14]

Os trabalhos de Kenneth Plummer sobre a periodização da homossexualidade também mostram o lugar dos amigos gays na conformação de uma "identidade desviante". Para o autor, a aproximação com iguais em uma fase que chama de "subculturalização" seria imprescindível para a afirmação da identidade homossexual, tendo como consequência a total "saída do armário". Essa fase consistiria na ida a locais frequentados por indivíduos que compartilham as mesmas preferências sexuais. A primeira ida à boate, por exemplo, seria uma espécie de "divisor de águas" na vida de grande parte dos homens homossexuais.[15]

Pesquisas mais recentes, como as de João Bosco Hora Góis e Thiago Barcelos Soliva entre jovens universitários estudantes da Universidade Federal Fluminense, mostram uma variedade de histórias de vida nas quais as amizades gays são pontos centrais na construção de redes de apoio face aos diferentes tipos de violências. As entrevistas evidenciam ainda como esses jovens utilizam o espaço da universidade para constituírem "zonas de conforto" onde podem ser "eles mesmos", através da experimentação de diferentes formas de sociabilidade (reuniões, encontros, festas, almoços etc.).[16]

A sociabilidade foi certamente uma importante dimensão por meio da qual esses homens começaram a construir laços intensos e longevos. Os encontros em casas de amigos, as festas, os concursos e outros momentos foram aos poucos estruturando relações mais densas que puderam progressivamente substituir as relações de consanguinidade. Como afirma Rita de Cassia Colaço Rodrigues, os espaços de sociabilidade homossexual constituíram formas estratégicas para elaboração e disseminação de políticas e projetos de proteção social.[17] Esses espaços estimulavam tanto a consciência de si e a participação política quanto o associativismo. Alguns pesquisadores norte-americanos chamam a atenção para a formação dessas "associações de amigos". Esses estudos concluem que essas associações foram as bases do movimento de defesa dos direitos para gays e lésbicas que floresceu naquele país.

Para Claudia Barcellos Rezende, um dos principais marcadores que opõem família e amizade é o monopólio da socialização assumido pela primeira.[18] Para os homossexuais, essa lógica parece não se aplicar, pelo menos não totalmente. Muitas pesquisas apontam para a centralidade das amizades gays para o aprendizado da homossexualidade. Meu interesse é compreender como essa sociabilidade possibilitou outra forma de ter "acesso ao parentesco", redefinindo a própria ideia de família. Nessa tarefa, foram de extrema valia as análises de Kath Weston sobre as relações que chama de "famílias de escolha".[19]

De acordo com a autora, a tradição ocidental fez com que durante muitos anos (acredito que entre alguns setores da sociedade esse pensamento ainda persista) a descoberta da identidade homossexual fosse vista como uma rejeição ao conceito de família. A percepção de que os gays eram seres mais sexuais do que sociais colocou esse grupo em uma situação marginal em relação ao convívio familiar. Essas ideias se baseiam na tese de que a experiência homossexual (como uma essência) causaria o isolamento dos indivíduos, o que não possibilitaria a sua inserção integral no tecido social.

Para Kath Weston, esse pensamento tem uma razão simbólica comum: a suposta ameaça que os homossexuais representariam à reprodução e à manutenção da sociedade. Se as relações entre homossexuais não são consideradas produtivas, não sendo legitimadas pela reprodução, elas ameaçariam o crescimento natural da humanidade. De acordo com essa visão, não poderiam produzir famílias, células sociais por excelência, e, portanto, tenderiam a minar a sociedade.[20]

Essas ideologias, como a autora aponta, têm implicações importantes na forma como os homossexuais interpretam a própria família. Uma das consequências mais imediatas desse entendimento seria a de que, negando a família, o indivíduo negava o amor. Quando se entregasse ao desejo homossexual, esse indivíduo estaria rejeitando seu grupo familiar, bem como o amor que emana dele. A negação do amor familiar, por conseguinte, resultaria no isolamento do indivíduo, que não mais contaria com uma rede de proteção capaz de suprir suas necessidades em face de uma situação de doença ou outro problema.

A construção dessa ideia está fortemente baseada na suposta relação de contiguidade entre consanguinidade e afinidade. Essa combinação prescreve que todas as relações de parentesco configuram laços lineares entre o sangue (biológico) e o afeto (social). No plano das relações cotidianas, essa concepção resultou na expulsão ou saída voluntária de vários jovens gays dos domínios familiares para outros espaços. No estudo de Kath Weston, a região da Baía de São Francisco foi um desses espaços de recepção de homens afastados da família.

Contudo, o isolamento desses "seres sexuais", amplamente proclamado pelos defensores da família tradicional, produz outros tipos de arranjos afetivos formados por esses homens. Kath Weston se propõe a compreender o processo de construção das relações de amizade entre gays que colocam em xeque a legitimidade do parentesco baseado no sangue. Para a autora, a base desse processo foi a "saída do armário", que teria alcançado nos Estados Unidos certa institucionalização.

Para ela, o parentesco gay é entendido como o fruto de uma transformação histórica. Essa mudança se relaciona com a política de revelação da homossexualidade, a "saída do armário", vivenciada por um dado grupo, e resultou na desconstrução da ideia de que o parentesco seria dado tão somente pela procriação, logo, pela heterossexualidade. As famílias gays têm mostrado outra forma de "acessar o parentesco", na qual a eleição e a escolha seriam componentes fundamentais para a formação dos arranjos familiares e para a construção de uma lógica do amor.

Esse tipo de família agrega diferentes tipos de pessoas que se unem em função do reconhecimento de uma forte identidade coletiva. O sangue aqui é o componente que menos importa, tanto no que se refere ao seu caráter prescritivo quanto ao seu caráter de interdição. Afinal, as relações sexuais são admitidas pelo grupo, sendo frequente a passagem do status de "amante" para "amigo". A "família gay" é basicamente formada por amigos que compartilham uma experiência de vida comum e que se ligam por uma "história de cooperação". Essas amizades são formadas por vínculos duradouros marcados por uma trajetória de afirmação de uma identidade sexual considerada desviante do ponto de vista da sociedade mais ampla.

No Brasil, alguns estudos apontam para o florescimento de relações de amizade estruturadas por essa lógica de cooperação. Carmem Dora Guimarães mostra a importância das amizades nas histórias de vida de homens homossexuais. Os motivos que os levaram a se reunir foram basicamente os mesmos apontados por Kath Weston: a descoberta da própria homossexualidade, o afastamento da família biológica e a construção de "núcleos solidários" que envolviam amigos, amores e ex-amores.[21]

Esses "núcleos solidários" marcaram uma intensa interação entre diferentes tipos de pessoas, incluindo aquelas que não pertenciam ao mesmo "grupo de status" da rede analisada pela autora. Essas relações permitiam o contato estreito entre mundos sociais distintos, sem perder, no entanto, o substrato com o qual essas relações são nutridas: o afeto. Partindo dessa lógica de afetos, as relações de amizade permitiam dividir experiências de vida, oferecendo um espaço de trocas simbólicas entre esses homens.

> As relações de amizade homossexual, distintas das do celibatário, implicam não somente reciprocar afetos, alegrias, infortúnios e confidências, "normais", como constituem também uma rede vital de troca das intimidades proibidas – os "babados", as "baixarias", os sucessos da "divina" – reservadas aos ouvidos entendidos.[22]

Essa "rede vital" é animada por um conjunto de interações sociais responsáveis pela transmissão de códigos, símbolos e revelações pessoais, o que a autora chama de "intimidades proibidas", que só ocorrem em função de um profundo conhecimento em relação ao amigo. Claudia Barcellos Rezende afirma que para seus pesquisados (homens e mulheres heterossexuais) a amizade é construída em função de um conjunto de premissas, sendo a mais importante as revelações mútuas de sentimentos entre indivíduos que se percebem como amigos.[23] Essas revelações têm como alicerce a confiança, baseada em um conjunto de expectativas positivas em relação aos amigos, que inclui a esperança de serem aceitos (como eles são) e compreendidos em suas atitudes. Entre os amigos gays, essa possibilidade de "abrir-se", ou seja, expor as suas intimidades a outro, é uma peça-chave na constituição de uma "rede vital". É mediante a confiança depositada no amigo que se começa a tecer essa rede de trocas de intimidades fundamental para suportar o contexto hostil imposto aos homossexuais.

Sociabilidade, solidariedade e proteção

Na Turma OK é muito comum ouvir dos sócios que a associação não é um grupo, mas sim uma "família". Essa noção se aplica tanto aos sócios que acabaram de aderir ao grupo quanto aos que já estão lá há mais tempo. A ideia de "família" está intimamente ligada à forma como esses homens compreendem as relações de amizade e as trocas afetivo-materiais que se estabelecem no grupo. Essas relações se fundam a partir de uma constante interação, na qual o "estar junto", o "comer junto" e o "fazer coisas juntos" organizam dinâmicas interativas de caráter obrigatório entre eles. Foram muitas as narrativas que comprovaram essa ideia. A fala de José Rodrigues ilustra muito bem os contornos dessas relações de amizade:

> A Turma OK era assim, para o pessoal gay, muito interessante. A gente se reunia e era uma sociedade em que as pessoas se encontravam lá. Era amizade mesmo, né? Tinha, evidente que tinha, como em todos os lugares tem, fofoca, essas coisas assim. Mas a Turma OK, a gente era como se fosse uma grande família, entendeu?

José Rodrigues destaca o caráter agregador da Turma OK, sem desconsiderar o conflito que lá existia. Sua narrativa se apoia na lembrança de um passado marcado por intensa interação entre esses amigos. A expressão que adota para explicar o mote dessas relações de amizade, "grande família", constitui-se a partir de um eixo de referências simbólicas de onde se deduzem dois elementos importantes para a configuração de um núcleo familiar: a "solidariedade" e a "lealdade" entre seus membros.

As manifestações dessa "solidariedade familiar" foram muitas, mas talvez a mais importante seja aquela que se liga à dinâmica do cuidado com o outro, associada a certa concepção de "doação" que poderia ser tanto afetiva como de tempo, ou mesmo material. O cuidado com os amigos, conta Agildo, era uma preocupação recorrente entre os membros da Turma OK. Ele revela que, em muitas festas que oferecia em seu apartamento, ele mesmo não aproveitava, nem bebia, com o objetivo de cuidar da segurança dos amigos. Agia como "mãe", observando sutilezas que colaboravam para o bom andamento das festas, incluindo a segurança de seus participantes.

As "mães" são, geralmente, homossexuais mais velhos e considerados mais experientes, uma vez que já teriam atravessado as fases difíceis pelas quais passam todos os homossexuais. Na turma OK, às "mães" cabia uma função socializadora. Eram elas que iniciavam os mais novos nas normas e rotinas que dirigiam o grupo, zelando para que as regras internas não fossem transgredidas. Elas seriam ainda portadoras de um capital material maior, que incluiria uma vida financeira estável, com apartamento próprio, emprego etc.

Além dessas posses materiais, as "mães" teriam a oferecer um conjunto de "valores sociais" (alegria, afeto, boa conversa etc.) responsáveis por facilitar a socialização dos neófitos no grupo. O status de "mãe" se aproxima muito do da "rainha" identificada por José Fábio Barbosa da Silva na década de 1950, quando estudou um grupo homossexual em São Paulo.[24] A "rainha" tem como característica ser uma espécie de núcleo a quem todos os outros membros do grupo primário estariam ligados. A diferença, contudo, é que as "rainhas" são únicas em um dado grupo homossexual, enquanto as "mães" podem ser muitas.

O principal objetivo dessas "mães" nas reuniões era o de controlar as "bichas", impedindo que ocorressem eventos que pudessem chamar a atenção dos vizinhos ou mesmo da polícia. Esse controle era exercido com a proibição de falarem alto ou de provocarem quaisquer outros transtornos. Em função disso, as "mães" tinham de ficar a noite toda sem ingerir álcool ou outra substância que provocasse alterações em seu comportamento.

O uso da nomenclatura de parentesco não se limita apenas à expressão "mãe". É comum entre esses homens se chamarem de "irmã". O emprego dessa linguagem tem reflexos importantes na forma como se relacionam. Ela impede, por exemplo, que o interesse e a consumação sexual ocorram entre eles. É como se acreditassem que as relações de amizade fossem submetidas a uma espécie de tabu. Minha observação sugere que o uso da expressão "irmã" é mais frequente entre aqueles homens homossexuais que têm um comportamento mais feminino, sendo o tabu do incesto uma reificação da antítese "bicha/bicha". Ou seja, a rejeição da atividade sexual entre dois homens que têm comportamento feminino. Talvez em função dessa semelhança, baseada no gênero, essas amizades tenham sido tão intensas e duradouras.[25] Afinal de contas, como já havia mostrado Émile Durkheim a propósito da "solidariedade mecânica", o indivíduo tende sempre a procurar aquele que a ele se assemelhe, pois é nele que se reconhece e se completa.[26]

Outra chave para interpretar a rejeição da sexualidade entre esses amigos estaria nas supostas consequências negativas que a relação sexual traria às amizades. Para Claudia Barcellos Rezende, o sexo aproximaria não apenas corpos, mas colocaria em evidência uma parte do *self* de ambos os parceiros.[27] Essa exposição não controlada do *self* desequilibraria substancialmente a forma como lidariam com a amizade depois do envolvimento sexual, podendo, inclusive, encerrar a relação. Vale ressaltar que a autora, ao analisar essas interdições, está se referindo a amigos de sexos diferentes. Para os amigos gays, essa lógica parece não se aplicar como entre os heterossexuais. São muitos os casos nos quais as relações inicialmente baseadas na interação sexual se tornaram amizades longas e intensas, ajudando a refutar a ideia de que as relações homossexuais são efêmeras e guiadas exclusivamente pelo interesse sexual.

O uso da expressão "irmã" evoca ainda uma noção de irmandade, uma confraria, semelhante à que existiu entre os negros norte-americanos dos grandes centros urbanos como Nova York e Chicago. Como escreve Kath Weston, a prática de "se fazer irmão" pode ser tão real para essas pessoas quanto são os vínculos consanguíneos.[28] Dessa forma, a noção de irmandade foi fundamental para a formação de uma identidade coletiva entre os indivíduos que compunham esse grupo social. Essa identidade, por sua vez, foi essencial para a contestação de um passado segregador. A exemplo do que ocorrera com os negros norte-americanos, a noção de irmandade foi importante para a construção de uma percepção de "nós" entre os homossexuais. Esse "espírito coletivo" estaria na base das organizações pelos direitos gays que viriam. Dito de outra forma, a percepção de que existiria uma família para além do sangue foi estruturante para a constituição de um "espírito coletivo" consolidado por contatos íntimos de amizade.

Para Ernesto Meccia, as transformações mais recentes pelas quais passam as representações sobre as homossexualidades têm revelado certo arrefecimento desse "espírito coletivo", em função da progressiva diferenciação biográfica que ocorre no interior dos grupos. O autor define esse processo como "gaycidade". A "gaycidade" tenderia a transformar em "categoria social" o que outrora era definido como um grupo ou uma coletividade.[29] Em outros termos, a experiência homossexual passaria a ser determinada antes como uma marca de "distinção", no sentido de Pierre Bourdieu,[30] do que como uma coletividade agregada por sentimentos de pertencimento a um dado conjunto de atributos comuns.

VELHO É LINDO!

A Turma OK talvez seja um exemplo interessante da permanência desse "espírito coletivo". Essa associação tem se constituído, desde a sua fundação até a época da pesquisa, pela solidariedade que liga seus membros. Claro que essa solidariedade foi construída a partir do reconhecimento de interesses comuns, sobretudo associados à homossexualidade, mas não se limitou a ele. Essa característica a aproxima muito mais da dinâmica do movimento antiaids, que se organizou no Brasil a partir da década de 1980, do que daquela do movimento homossexual brasileiro que teria se baseado em uma política de identidade.

O "estar juntos" e o "fazer coisas juntos" são realidades vivenciadas intensamente pelos integrantes da Turma OK. José Rodrigues revelou que a convivência entre ele e os seus amigos da Turma OK era muito intensa. Eles chegavam a passar todo o fim de semana reunidos.

> Era assim, era sexta, sábado e domingo a Turma OK funcionava, assim, a todo o vapor. Então, quando apareceram todos esses modismos de dançar, de cantar, karaokê, essas coisas todas, a gente estava sempre lá. E fazia uns almoços, assim, fantásticos. A gente começava sexta e sábado à noite, mais ou menos. No domingo, começava por volta de duas horas da tarde, mais ou menos, tinha o almoço, aí ficava todo mundo por lá, via um pouco televisão lá dentro mesmo, assistia a um jogo e tal. E de noite... e isso ia até 11 horas, meia-noite.

Esses encontros não se limitavam apenas à sede da associação. José Rodrigues disse que durante o período em que frequentou mais assiduamente a Turma OK participou de diferentes atividades organizadas pelo grupo. Eram passeios pela cidade, piqueniques, excursões, viagens de ônibus pelo interior do estado. Eles saíam de manhã e só retornavam à noite. Os destinos eram variados, indo de cidades da Baixada Fluminense até aquelas situadas na Região dos Lagos. Algumas viagens se estendiam por um período maior. Nessas ocasiões, o grupo dormia em algum hotel da região visitada, sendo a diária incluída no preço do pacote. Os integrantes da Turma OK não eram os únicos a participar dessas excursões. Muitos levavam consigo familiares ou mesmo namorados. Algumas mães também acompanhavam seus filhos nesses eventos, como podemos ver no relato de José Rodrigues.

> Nós fomos muito, muito unidos, muito bom! A gente fazia festas incríveis, a gente fazia piquenique, ia para fora. Vinha um ônibus, e pegava a gente. A turma toda ia, assim, para fora. Estivemos em Magé uma vez. E, às vezes, a gente ia para o lado das praias de lá de Cabo Frio, entendeu? E às vezes ia para montanha, Petrópolis, Teresópolis. A gente saía, dois ou três ônibus cheios, lotados. Ia muita família, porque as famílias do pessoal gay, também irmãos, mãe, irmã, se juntavam e ia todo mundo, né? E a gente passava o dia por lá e comemorava, e almoçava por lá, e tudo mais, e voltava à noite.

Animados também eram os piqueniques e os passeios pela cidade, atividades frequentes do grupo. Os lugares escolhidos eram geralmente parques de grande circulação, como o Aterro do Flamengo ou a Quinta da Boa Vista. Ir a esses encontros representava uma forma de afirmar a homossexualidade em um período em que expressar a identidade gay poderia ter como resultado até mesmo a cadeia. Estar nesses espaços era tornar público algo considerado privado, a sexualidade. Ao mesmo tempo, parece que esses encontros nos parques da cidade, amplamente frequentados por outras famílias (biológicas), era uma maneira de reforçar a ideia de "família", uma vez que podiam compartilhar com os amigos esse universo afetivo do cotidiano familiar.

Assistir à televisão juntos, algo bem característico do estar em família, era prática comum entre os sócios da Turma OK. Com o tempo, porém, essa prática foi sendo colocada de lado. Estranhei muito quando na primeira vez em que estive na sede vi uma televisão em uma pequena cômoda ao lado do piano, no salão de entrada. Não era um lugar onde esperava ver uma televisão. Pouco tempo depois, descobri alguns possíveis significados. Assistir à televisão é um momento em que a família pode estar reunida. Essa lógica também se aplica à Turma OK. Presumo que o aparelho de TV é uma forma de entrar no "espírito familiar". Seria uma forma de "estar em casa", transcendendo o confinamento desse espaço. Nunca vi a televisão ligada. Porém, ela ainda está lá, talvez como lembrança de que ali podemos nos sentir em casa.

Uma dimensão significativa dessa sociabilidade é aquela que se relaciona à comensalidade. Foram muitas as ocasiões nas quais a comida fez parte das festas e outras rotinas do grupo. Durante as assembleias, por exemplo, era muito comum alguns sócios levarem sanduíches e bebidas. Geralmente, as assembleias de sócios eram momentos tensos, marcados por desavenças entre eles. Ao fim de todas as reuniões que frequentei havia um lanche. Dona Nildinha era a responsável pelos sanduíches, enquanto Dona Odete levava o café em uma garrafa térmica. Essa iniciativa, acredito, funcionava como uma espécie de "rito de agregação"[31] para harmonizar as relações após a tensão ocorrida. Nesse momento, os desafetos eram suplantados pelo afloramento dos sentimentos coletivos característicos do estar junto à mesa.

A comida se fazia presente até mesmo nas noites de shows. Alguns sócios ofereciam, no dia do seu projeto ou quando outro amigo fazia uma apresentação, algo para comer à plateia. Essa iniciativa contava com o consentimento de Benito. Era ele o responsável pela compra e preparação dos petiscos distribuídos ao público. Nessas ocasiões, a Turma OK podia lucrar com o sócio que solicitou a comida e com o bar, já que estimulava os frequentadores a comprar bebidas como acompanhamento para a comida.

O "comer junto" vai muito além da necessidade de aplacar uma carência fisiológica ou de agradar ao espectador que está na casa: a atividade é plena de significados. Nessas situações, homens e mulheres podem forjar uma "lealdade familiar", semelhante à que é vivenciada por algumas famílias biológicas. A "lealdade familiar" consiste na obrigação moral de "estar junto" quando se passa por um dado conjunto de situações sociais caracterizadas pela dor ou pelo prazer, tais como: adoecimento, morte, datas comemorativas, festas etc.

As celebrações são situações sociais importantes para manifestar essa "lealdade familiar". O comparecimento às festas de final de ano (Natal e ano-novo), consideradas datas familiares por excelência, são bons exemplos dessa opção pela "família de escolha" em detrimento daquela constituída pelo sangue. Essas festas eram celebradas desde a fundação da Turma OK. Muitos desses homens moravam sozinhos e estavam longe de suas famílias biológicas, que se encontravam em outros estados. Outros moravam em bairros diferentes daqueles nos quais os parentes residiam ou então simplesmente não queriam passar essa data com suas famílias biológicas.

Agildo conta que as reuniões natalinas concentravam um grande número de pessoas. Cada qual trazia um prato de comida para a ceia. Também havia troca de presentes. José Rodrigues disse que as festas de fim de ano eram cuidadosamente planejadas durante todo o ano. Eles guardavam dinheiro em uma "caixa", que só era aberta no mês de dezembro, para preparar a festa.

Durante muitos anos, essas festas foram produzidas por Anuar na sede da associação. Segundo ele, a comemoração do Natal era a "menina dos seus olhos". Em função disso, empenhava todos os seus esforços para fazer uma festa inesquecível para todos que dela participassem. Na época da entrevista, apesar de o evento não ser mais realizado em um apartamento na noite do dia 24 de dezembro, muitos sócios costumavam se organizar para passar o fim de ano juntos. Geralmente, eles se cotizavam em torno de algum sócio que tinha casa fora do município do Rio de Janeiro, na Região dos Lagos, por exemplo.

O Dia das Mães, assim como o Natal e o ano-novo, era uma festividade que reunia e despertava o interesse de quase todos os sócios. O Departamento Feminino organizava tudo o que era necessário para esse dia. Eram as mulheres que ficavam com a incumbência de enfeitar a sede, preparar a comida e organizar as atrações do dia. Muitas mães de sócios compareciam nessa ocasião. Era um momento em que a "família biológica" se encontrava unida à "família de escolha".

Nessa ocasião também era entregue o prêmio de Melhor Mãe do Ano. Foi em uma dessas oportunidades que Hilmar, então com 64 anos, fez seu primeiro show "montado" tendo como audiência a sua mãe, Dona Hilma. Isso se deu em 2001, quando, por iniciativa de Anuar, Hilmar decidiu se apresentar para a sua mãe como Patrícia Saint-Laurent. Até essa data, ele mantinha segredo sobre a sua prática de "vestir-se do outro sexo". Ele confeccionava suas roupas com um alfaiate, pois tinha vergonha de ir a lojas comprar roupa feminina para vestir. Outra forma encontrada por ele para se "montar" era comprar roupas e acessórios fora do país. Em suas viagens de compras a Nova York e Paris, tendo sua mãe como companhia, dizia comprar roupas femininas para as amigas no Brasil.

Mas não era somente no Dia das Mães que as famílias biológicas e as famílias de escolha se encontravam. Ao longo dos anos, a Turma OK acabou por se transformar em um espaço de encontros entre diferentes famílias. Já viúva, Dona Ercília era vista como uma precursora nesse processo. Com 96 anos à época da pesquisa, ela não só frequentava o casarão como levava consigo o marido e a filha, Nininha, que chegou a ser secretária em uma das gestões de Anuar. Em entrevista para um jornal da prefeitura do Rio, Dona Ercília se referiu à Turma OK como parte fundamental da sua vida. Ela disse:

> Minha vida sem o OK não valeria nada. Esse lugar me ensina e me consola. Aqui eu aprendo a amar todo mundo. Sou uma mãe para os rapazes, pois algumas famílias não os aceitam.

O caminho aberto por Dona Ercília foi seguido por outras mulheres que compunham o Departamento Feminino, como Theca de Castro e sua filha Engel de Castro. Theca era então diretora do Departamento Feminino. Ela e Engel frequentavam assiduamente a sede da associação, comemorando os seus aniversários entre os sócios.

Os aniversários de Dona Ercília reuniam seus parentes de sangue e aqueles de afinidade, os "okeis". Nessas ocasiões, o salão da Turma OK ficava lotado de mães, irmãos e outros parentes, que assistiam às apresentações de seus filhos vestidos do outro sexo no palco.

Outras celebrações importantes eram os concursos, sobretudo o Miss OK. Não ir ao Miss OK era como faltar a uma reunião familiar. Afinal, todos estariam presentes ao evento. É durante essa celebração que os "okeis" podiam estar com aqueles a quem não viam fazia muito tempo. Alguns desses homens, sobretudo aqueles que deixaram de frequentar o casarão, compareciam ao Miss OK. Trata-se de uma oportunidade única de colocar a conversa em dia, de se atualizar sobre as fofocas e matar as saudades dos amigos.

Entretanto, não foi apenas em situações festivas que se manifestou essa "lealdade familiar". Em momentos difíceis, como em caso de morte e adoecimento, os integrantes da Turma OK encontraram proteção e acolhimento nos amigos. Diante de tais situações, esses sócios desenvolveram estratégias coletivas de apoio, que podiam ter tanto um caráter material quanto emocional. Foi o que aconteceu, por exemplo, quando

VELHO É LINDO!

por iniciativa de Anuar (presidente na época) foram desenvolvidas diferentes formas de enfrentar a aids. Todas as ações, segundo Anuar, contavam única e exclusivamente com o dinheiro dos sócios. Pedro Paz falou sobre essa questão:

> Quando um ok, uma pessoa sócia da Turma OK, adoecia de aids e tinha problemas financeiros, a Turma OK sempre se mobilizou no sentido de ajudar financeiramente essa pessoa. E, se não tinha parentes, a Turma OK mandava pessoas, pessoas se empenhavam em ajudar diretamente essa pessoa, assim como o Gapa, assim como outros grupos, as chamadas ONGs da aids. A Turma OK, esclareça-se, jamais foi uma ONG, é uma associação, é um clube com associados que pagam mensalidades. E a Turma OK sobrevive graças a essas mensalidades e doações, e venda de, não se pode falar em ingresso, mas venda de permissões para que pessoas não sócias frequentem a Turma, e venda de bebidas, enfim, de coisas na sede.

O mesmo ocorria com a doação de medicamentos. Anuar contou que o dinheiro dos sócios servia também para custear o tratamento médico daqueles que precisavam tomar alguma medicação específica, não necessariamente relacionada à aids. Além dessas iniciativas, os sócios também organizavam visitas para confortar o amigo doente. Essas visitas criaram um sistema de proteção, minimizando a sensação de "estar sozinho" naquele momento difícil.

Na época deste estudo, a Turma OK desenvolvia medidas de apoio aos indivíduos infectados pelo vírus. Com a distribuição gratuita, pelo poder público, de medicamentos que combatem a doença, a Turma OK desincumbiu-se da tarefa de oferecê-los. Sua ação se concentrou na tarefa de proporcionar suporte emocional a esses indivíduos, o qual é feito por meio de visitas ao doente. Outra forma encontrada pelo grupo de prestar solidariedade é por meio da comunicação. A Turma OK sempre permite a fixação de material informativo em seu quadro de avisos (campanhas do Ministério da Saúde, por exemplo) e também a disponibilização de materiais instrucionais na sede.

Em situações envolvendo morte de um sócio ou de seus parentes biológicos, a Turma OK se mobilizava para assegurar apoio. Anuar contou que durante a sua gestão desenvolveu uma espécie de plano funeral para aqueles sócios da Turma OK que não tinham recursos para enterrar seus entes queridos. O dinheiro usado nesse projeto vinha das contribuições mensais dos sócios e do lucro obtido com as vendas do bar. Ele disse que o plano beneficiou não somente os sócios, mas outros que tinham alguma ligação com o "circuito gay" da região da Lapa. Foi o caso de uma travesti que vivia da prostituição e que, segundo Anuar, seria enterrada como indigente. Para evitar esse destino, Anuar disse ter providenciado todo o funeral, incluindo pessoas para velar o corpo, evitando que a travesti fosse enterrada sem a devida dignidade.

Essas ações geraram um aumento substancial das despesas de manutenção da associação. Para manter as atividades regulares da sede e não interromper as "ações assistenciais", como chamava Anuar, aqueles sócios que dispunham de uma vida econômica mais confortável pagavam o valor correspondente a duas mensalidades. Esses sócios eram chamados "benfeitores". Eles não só pagavam voluntariamente uma taxa maior, como se cotizavam para quitar contas pendentes quando havia algum desequilíbrio nas finanças.

Ainda que tenham mencionado que emprestavam dinheiro para os amigos, todos com quem conversei se negaram a dizer quanto e por que razões o fizeram. Acredito que essa negativa tenha a ver com a obrigação moral de guardar a informação de forma a não expor o amigo devedor a uma situação de constrangimento. Durante o período em que estive em campo, nunca assisti ou ouvi falar de brigas ou desentendimentos entre sócios em função de alguma dívida não honrada.

A assistência material não se restringe ao empréstimo de dinheiro. Pagar ou confeccionar as roupas de um amigo que quer fazer um show, mas que não conta com recursos materiais para isso, é uma prática comum. Isso ficou evidente durante a entrega dos títulos de Rei e Rainha do Carnaval de 2011. Nesse evento, a Rainha do Carnaval, Sissy Diamond, foi mencionada publicamente pelo Rei do Carnaval, Carlos Flores, por ter custeado o tecido e confeccionado a roupa que ele trajava naquela noite. Os agradecimentos foram seguidos por muitos aplausos da plateia, manifestando o reconhecimento da solidariedade de Sissy não somente àquele sócio em particular, mas à associação.

Outras práticas movimentam essa forma de generosidade. A assistência na "montaria", ou seja, o empréstimo de maquiagem e perucas, é uma forma de retribuir gentilezas entre os sócios. Talvez essa característica, a doação, é o que faça com que a Turma OK seja identificada como uma espécie de "celeiro de novos talentos". É nesse espaço que meninos considerados desajeitados e feios aprendem a se "transformar" em lindas mulheres. Muitos rapazes que se "montam", ainda desconhecidos do "circuito gay carioca", buscam essa assistência. Na Turma OK eles encontram o aprendizado necessário para ingressar no mundo dos artistas transformistas.

À medida que foram envelhecendo, os "okeis" criaram um sistema de proteção no qual podiam encontrar amparo e companheirismo em face de algum problema particular. Muitos deles continuaram morando sozinhos. É o caso de José Rodrigues. Mas eles não ficaram sós. Ele, por exemplo, disse que liga constantemente para os "amigos antigos", mesmo para aqueles que não vê há muito tempo. Suas ligações são sempre retribuídas com mais ligações, o que evita que se sinta sozinho. Pelo que percebi quando alguém perguntava por um sócio que não frequentava mais a sede, sempre sabiam sobre o paradeiro, as condições e, sobretudo, a respeito da saúde do amigo afastado. São amizades de mais de trinta anos. Os contatos telefônicos eram não somente uma oportunidade de falar com o amigo, mas também de oferecer suporte em uma situação de doença ou mesmo para aplacar a sensação de solidão.

Parece que, para os sócios mais antigos, a sede da Turma OK deixou de ser, com o tempo, um espaço de encontros. Os motivos são os mais variados. Agildo reclama do horário em que ocorrem as atividades do grupo e da falta de transporte do Centro para a Zona Sul. José Rodrigues destaca a violência urbana como um dos principais inibidores de suas saídas à noite. Todos relacionaram a dificuldade de sair à noite como um dos reflexos da velhice. José Rodrigues declarou não possuir mais a vitalidade que tinha para ficar fora de casa até tarde: logo fica com sono. Apesar da pouca disponibilidade para sair à noite, esses homens continuam tendo uma agitada vida social, com participação em clubes, idas ao cinema, caminhadas, eventos sociais etc.

Ouvi de muitos sócios que, ainda que distantes, a Turma OK sempre faria parte de suas vidas. Essa ideia evidencia um tipo de pertencimento que não se limita ao uso de um espaço específico. Ao contrário, ele o transcende. Trata-se de ligações duradouras, responsáveis pela constituição de um "eu" a partir de um "nós". O sentimento de confiança construído entre eles diminuía os reflexos dessa distância, possibilitando a existência de vínculos mesmo sem uma convivência constante. Apesar dessa base, os sócios mais antigos falaram com nostalgia daquele "clubinho de amigos", dos "períodos áureos" dos concursos de beleza etc.

Esses e outros exemplos de cooperação e de solidariedade entre os sócios da Turma OK apontam para a construção de uma sociabilidade forjada por fortes e duradouros laços de amizade amarrados por uma "história de cooperação" com a qual esses homens se identificam. Essa história possibilitou modificar trajetórias de vida que possivelmente seriam silenciadas pela história oficial. Falando da importância da Turma OK para a sua trajetória individual, Agildo destacou:

Nossa, muito importante, eu queria aquilo e consegui. Eu acho que é muito importante, porque convivendo em sociedade você vai viver do mesmo jeito, você vai tendo certeza do que é. Essa coisa de esconder que se é homossexual é terrível, porque a gente não pode dizer nada, sabe? Tem que omitir tudo. Então sendo sincero, sendo você, pelo menos no clube, num clubezinho como o nosso e tal, você tem uma chance de ser você, e não ficar com medo. Pelo menos ali nós éramos nós mesmos. Muito importante. Eu acho que nós fomos os bandeirantes dos homossexuais aqui no Rio de Janeiro. E, com isso, nós tínhamos relacionamentos nos outros estados onde a gente distribuía o jornal O *Snob* e eles iam tomando conhecimento de nós. São Paulo, Sergipe, Minas Gerais, até no Amazonas... Então, a Turma OK foi realmente a nossa liberdade, porque com isso a gente pôde existir um pouco. Se não foi total, pelo menos um pouco.

A aproximação desses homens em função de suas preferências sexuais teve como consequência um reconhecimento de "si" no "outro", conferindo uma sensação de alívio entre eles, reforçando os sentimentos de identificação com um grupo social destoante do conjunto da sociedade envolvente. O que Agildo chama de "clubezinho" é um importante espaço de "construção de si", sem o qual ele não existiria, como o próprio afirma. Por meio de pequenas iniciativas (jornais, passeios entre amigos, festinhas etc.) protagonizadas por esses homens, esses "bandeirantes", constituiu-se uma forte identidade coletiva que, ao longo do tempo, foi se consolidando como uma poderosa identidade política.

Considerações finais

Este trabalho analisou as relações de amizade e os significados atribuídos a elas pelos sócios da Turma OK. A percepção desses indivíduos como integrantes de uma família traz implicações importantes para o tipo de sociabilidade, bem como para a qualidade dos vínculos afetivos constituídos. Pensados a partir da noção de família, os sócios da Turma OK oferecem exemplos da não naturalidade dos laços familiares, bem como do caráter social das relações de amizade.

A ideia principal que percorreu este ensaio é que as relações de amizade entre os homens homossexuais estudados puderam estruturar vínculos tão sólidos quanto aqueles formados pelas relações familiares. Em se tratando de indivíduos reconhecidos por suas preferências homossexuais, os amigos gays são importantes como possibilidades de reconstrução do laço social fragilizado pelo pertencimento a um grupo socialmente estigmatizado. Foram muitas as situações nas quais a Turma OK pôde forjar uma "lealdade familiar" baseada em sentimentos coletivos comuns, como a solidariedade, a cooperação, a confiança e o auxílio mútuo. Nessas situações, ficou patente o lugar de destaque ocupado pelos amigos gays na constituição de laços tão duradouros e intensos de afetos que se aproximam ou até mesmo transcendem as relações familiares, julgadas pelo senso comum como espaço de existência desse tipo de sentimentos.

Esses homens, que hoje têm mais de 60 anos, encontraram nas relações de amizade respostas para algo que se encontrava latente em suas vidas: o desejo por outros iguais. A ideia corrente de que a homossexualidade rejeitaria as relações familiares e, portanto, ofereceria um destino social marcado pela solidão e por uma velhice sem cuidados familiares não encontra respaldo nas trajetórias desses indivíduos. A velhice para eles foi reelaborada a partir da experiência do convívio afetivo com outros iguais.

A Turma OK acabou por se constituir como um espaço de sociabilidade não somente para velhos homossexuais, mas também para outros velhos, sobretudo mulheres, que puderam encontrar nesse espaço a liberdade para inventar personagens e brincar de ser divas. O palco da

VELHO É LINDO!

Turma OK é um espaço de liberdade e de criatividade, no qual a velhice perde seu conteúdo negativo em troca de uma percepção mais ativa, lúdica e artística.

Nesse espaço, ser velho é um momento de novas possibilidades, não de limitações. Essas possibilidades não se restringem ao palco, mas preenchem a vida desses indivíduos enlaçados em uma sólida rede de amigos.

Notas

1. James Green, *Além do carnaval*; Idem, "Mais amor e mais tesão", *in Cadernos Pagu*; Carlos Figari, *@s outr@s cariocas*.
2. Rogério da Costa, *Sociabilidade homoerótica masculina no Rio de Janeiro na década de 1960*.
3. Mirian Goldenberg, *Toda mulher é meio Leila Diniz*; Idem, *A arte de pesquisar*.
4. Nestas competições, é reproduzida a lógica dos concursos de Miss Brasil. Lady OK, Rainha OK, Rainha da Primavera e Musa OK adotam como principal critério que os participantes sejam homens sem nenhuma intervenção cirúrgica no corpo. Os concorrentes usam vestidos e outros acessórios para produzir uma performance feminina.
5. De acordo com Anna Paula Vencato, *crossdressing* seria a prática de vestir-se com roupas e assessórios que socialmente são identificados como do sexo oposto ao da pessoa que as usa. Nessa prática, vestir-se do outro sexo não implica manter relações homossexuais.
6. Michel Pollak, "Memória, esquecimento, silêncio", *in Estudos Históricos*, p. 9.
7. *Ibidem*.
8. Myriam Lins de Barros, "Memória e família", *in Estudos Históricos*.
9. Rogério da Costa, *Sociabilidade homoerótica masculina no Rio de Janeiro na década de 1960*.
10. Nome fictício. Este foi o único pesquisado que pediu para omitir seu nome verdadeiro no trabalho.
11. Claudia Barcellos Rezende, *Os significados da amizade*.
12. José Fabio Barbosa da Silva, "Homossexualismo em São Paulo", *in Homossexualismo em São Paulo e outros escritos*.
13. Carmem Dora Guimarães, *O homossexual visto por entendidos*; Idem, "Casos e acasos", *in Anais do IV Encontro Nacional de Estudos Populacionais*.

NÓS SOMOS UMA FAMÍLIA

14. James Green, *Além do carnaval*.
15. Kenneth Plummer, O tornar-se gay, *in Teoria e prática da homossexualidade*.
16. João Bosco Hora Góis; Thiago Barcelos Soliva, "Como amigos, como amantes", *in Anais do IV Congresso da Associação Brasileira de Estudos da Homocultura*; Idem, "Entre amigos", *in Anais do VIII Seminário Internacional Fazendo Gênero*.
17. Rita de Cassia Colaço Rodrigues, *Poder, gênero, resistência, proteção social e memória*.
18. Claudia Barcellos Rezende, *Os significados da amizade*.
19. Kath Weston, *Las familias que elegímos*.
20. *Ibidem*.
21. Carmem Dora Guimarães, *O homossexual visto por entendidos*.
22. Idem, "Casos e acasos", *in Anais do IV Encontro Nacional de Estudos Populacionais*, p. 578.
23. Claudia Barcellos Rezende, *Os significados da amizade*.
24. José Fabio Barbosa da Silva, "Homossexualismo em São Paulo", *in Homossexualismo em São Paulo e outros escritos*.
25. Para alguns sócios, a fundação da Turma OK carrega consigo a identificação com certo modelo de feminilidade, já que foram aqueles homens que apreciavam a arte de se "montar" os responsáveis por começar a organização desse mundo.
26. Émile Durkheim, *Da divisão do trabalho social*.
27. Claudia Barcellos Rezende, *Os significados da amizade*.
28. Kath Weston, *Las familias que elegímos*.
29. Ernesto Meccia, "La sociedad de los espejos rotos", *in Sexualidad, Salud y Sociedad*.
30. Pierre Bourdieu, *A distinção*.
31. Arnold Van Gennep, *Os ritos de passagem*.

Referências bibliográficas

BARBOSA DA SILVA, José Fábio. "Homossexualismo em São Paulo: estudo de um grupo minoritário". *In*: GREEN, James; TRINDADE, Ricardo (Org.). *Homossexualismo em São Paulo e outros escritos*. São Paulo: Editora Unesp, 2005.

BARROS, Myriam Moraes Lins de. "Memória e família". *Estudos Históricos*, Rio de Janeiro, v. 2, n. 3, 1989, p. 29-42.

BOURDIEU, Pierre. *A distinção*: crítica social do julgamento. São Paulo: Edusp; Porto Alegre: Zouk, 2011.

VELHO É LINDO!

CHAUNCEY, George. *Gay New York*: Gender, Urban Culture, and the Making of the Gay Male World, 1890-1940. Nova York: Basic Books, 1994.

COSTA, Rogério da Silva Martins da. *A "Turma OK"*: um espaço de sociabilidade gay. Monografia (Especialização em Sociologia Urbana) – Departamento de Sociologia, Instituto de Filosofia e Ciências Sociais, Universidade do Estado do Rio de Janeiro, Rio de Janeiro, 2008.

COSTA, Rogério da Silva Martins da. *Sociabilidade homoerótica masculina no Rio de Janeiro na década de 1960*: relatos do jornal O Snob. Dissertação (Mestrado em Bens Culturais e Projetos Sociais) – Programa de Pós-graduação em História, Política e Bens Culturais, Centro de Pesquisa e Documentação de História Contemporânea do Brasil, Fundação Getulio Vargas, Rio de Janeiro, 2010.

DURKHEIM, Émile. *As formas elementares da vida religiosa*. São Paulo: Martins Fontes, 2000.

DURKHEIM, Émile. *Da divisão do trabalho social*. São Paulo: Martins Fontes, 2003.

FIGARI, Carlos. *@s outr@s cariocas*: interpelações, experiências e identidades homoeróticas no Rio de Janeiro (séculos XVII ao XX). Belo Horizonte: Editora UFMG; Rio de Janeiro: Iuperj, 2007.

GÓIS, João Bôsco Hora; SOLIVA, Thiago Barcelos. "Como amigos, como amantes: sociabilidade e sexualidade entre um grupo de jovens amigos". *In*: Congresso da associação brasileira de estudos da homocultura – retratos do brasil homossexual, 4. *Anais...* São Paulo: USP, 2008a.

GÓIS, João Bôsco Hora; SOLIVA, Thiago Barcelos. "Entre amigos: experiências de violência e sociabilidade entre jovens homossexuais na universidade". In: Seminário internacional fazendo gênero, 8: corpo, violência e poder. Florianópolis, 25 a 28 de agosto de 2008. *Anais...* Florianópolis: UFSC, 2008b.

GOLDENBERG, Mirian. *Toda mulher é meio Leila Diniz*. Rio de Janeiro: Record, 1995.

GOLDENBERG, Mirian. *A arte de pesquisar*: como fazer pesquisa qualitativa em Ciências Sociais. Rio de Janeiro: Record, 1997.

GOLDENBERG, Mirian. "Gênero e corpo na cultura brasileira". *Psicologia Clínica*, Rio de janeiro, v. 17, n. 2, 2005, p. 65-80.

GREEN, James N. *Além do carnaval*: a homossexualidade masculina no Brasil do século XX. São Paulo: Editora Unesp, 2000a.

GREEN, James N. "Mais amor e mais tesão: a construção de um movimento brasileiro de gays, lésbicas e travestis". *Cadernos Pagu*, Campinas, n. 15, p. 271-295, 2000b. Disponível em: <http://www.ifch.unicamp.br/pagu/sites/www.ifch.unicamp.br.pagu/files/n15a12.pdf>. Acesso em: 5 jul. 2011.

GUIMARÃES, Carmem Dora. "Casos e acasos". *In*: Encontro nacional de estudos populacionais, 4. Caxambu, 1984. *Anais...* Caxambu: Abep, 1984. v. 1. Disponível em: <http://www.abep.nepo.unicamp.br/docs/anais/pdf/1984/T84V01A24.pdf>. Acesso em: 13 jan. 2011.

GUIMARÃES, Carmem Dora. *O homossexual visto por entendidos*. Rio de Janeiro: Garamond, 2005.

KAZ, Roberto. "Turmas do Rio: a cidade agrega as diferenças". *Rio Artes*. Secretaria Municipal de Culturas, Prefeitura do Rio de Janeiro, Rio de Janeiro, ano 15, n. 42, maio 2006.

MACRAE, Edward. *A construção da igualdade*: identidade sexual e política no Brasil da "abertura" Campinas: Editora Unicamp, 1990.

MALINOWSKI, Bronislaw K. *Argonautas do Pacífico Ocidental*: um relato do empreendimento e da aventura dos nativos nos arquipélagos da Nova Guiné Melanésia. São Paulo: Abril, 1978.

MECCIA, Ernesto. "La sociedad de los espejos rotos: apuntes para una sociología de la gaycidad". *Sexualidad, Salud y Sociedad: Revista Latinoamericana*, n. 8, p. 131-148, ago. 2011.

MELATTI, Júlio Cesar. "Antropologia no Brasil: um roteiro". *Boletim Informativo e Bibliográfico de Ciências Sociais – BIB*, Rio de Janeiro, n. 17, 1º sem. 1984.

OKZINHO. *40 anos da Turma OK*. Rio de Janeiro, edição especial de aniversário, ano 18, n. 1, janeiro 2001.

PARKER, Richard. *Abaixo do Equador*: culturas do desejo, homossexualidade masculina e comunidade gay no Brasil. Rio de Janeiro: Record, 2002.

PLUMMER, Kenneth. "O tornar-se gay: identidades, ciclos de vida e estilos de vida no mundo homossexual masculino". In: HART, John; RICHARDSON, Diane (Org.). *Teoria e prática da homossexualidade*. Rio de Janeiro: Zahar, 1983.

POLLAK, Michael. "Memória, esquecimento, silêncio". *Estudos Históricos*, Rio de Janeiro, v. 2, n. 3, 1989, p. 3-15.

REZENDE, Claudia Barcellos. *Os significados da amizade*: duas visões de pessoa e sociedade. Rio de Janeiro: Editora FGV, 2002.

RODRIGUES, Rita de Cassia Colaço. *Poder, gênero, resistência, proteção social e memória*: aspectos da socialização de "gays" e "lésbicas" em torno de um reservado em São João de Meriti, no início da década de 1980. Dissertação (Mestrado em Política Social) – Programa de Estudos Pós-graduados em Política Social, Escola de Serviço Social, Universidade Federal Fluminense, Niterói, 2006.

SIMMEL, George. "Sociabilidade – um exemplo de sociologia pura e formal". *In*: MORAES FILHO, Evaristo (Org.). *Georg Simmel*: sociologia. São Paulo: Ática, 1983. (Grandes Cientistas Sociais.)

TURMA OK. *Estatuto da Turma OK*. Rio de Janeiro, 1985.

TURMA OK. Disponível em: <www.turmaok.com.br>. Acesso em: 1º mar. 2016.

VAN GENNEP, Arnold. *Os ritos de passagem*. Petrópolis: Vozes, 1978.

VANCE, Carole. "A antropologia redescobre a sexualidade: um comentário teórico". *Physis*, Rio de Janeiro, v. 5, n. 1, 1995, p. 7-32.

VENCATO, Anna Paula. "Existimos pelo prazer de ser mulher: uma análise do Brazilian Crossdresser Club". Tese (Doutorado em Sociologia e Antropologia) – Instituto de Ciências Sociais, Universidade Federal do Rio de Janeiro, Rio de Janeiro, 2009.

WESTON, Kath. *Las familias que elegímos*: lesbianas, gays y parentesco. Barcelona: Edicions Bellaterra, 2003.

*O texto deste livro foi composto em
Sabon LT Std Roman, corpo 11/17.*

*A impressão se deu sobre papel off-white
pelo Sistema Digital Instant Duplex da
Divisão Gráfica da Distribuidora Record.*